JN013190

小学校教師の専門性に
基づく授業構想

帝京大学初等教育研究会

現代図書

はじめに

　小学校教育においては、今次の学習指導要領が全面実施となって4年が経過しようとしている。今次の改訂は、生産年齢人口の減少、グローバル化の進展、AIの飛躍的な進化に代表される技術革新等により、社会の状況が急速に変化し、予測が困難な時代を迎える中で行われた。改訂に向けた中央教育審議会答申では、「よりよい学校教育を通じてよりよい社会を創る」という目標を学校と社会が共有し、連携・協働しながら、新しい時代に求められる資質・能力を子どもたちに育む「社会に開かれた教育課程」の実現を目指すことが示された。そして、学習指導要領や幼稚園教育要領が、学校、家庭、地域の関係者が幅広く共有し活用できる「学びの地図」としての役割を果たすことができるように、各学校が教育課程を軸に学校教育の改善・充実の好循環を生み出す「カリキュラム・マネジメント」の実現を目指すことが求められた。

　しかし、2020年4月の新学習指導要領全面実施は、我が国がこれまで経験したことのない試練の中での船出となった。同年1月に国内で初めて新型コロナウイルス感染症患者が確認されてから、急速な感染拡大に見舞われた。2月27日には、小学校、中学校等に対して、総理大臣が3月2日から春休みまでの臨時休校を要請した。新学期が始まる4月7日には、緊急事態宣言が発出された。

　各学校は、多くの教師が「学びの地図」としての学習指導要領の理念を鑑み、明確化された「知識及び技能」、「思考力、判断力、表現力等」、「学びに向かう力、人間性等」といった今後求められる資質・能力の育成を目指して、各教科等の指導計画の作成やその実施に、オンライン授業の工夫などと併せて尽力した。特にオンライン授業では、通常の授業とは異なる教材研究や教材準備、機器調整等が求められることになったが、労をいとわずによりよい授業を創造しようとする熱意には改めて敬意を表したい。

　さらに、自らの授業における児童の学習状況を把握して、主体的・対話的で深い学びの視点からの授業改善に努めている教師の姿も随所に見ることができた。このことは、全国各地で児童の教育指導に従事する本学初等教育学科、初等教育コース

の卒業生にも見られた姿であった。

　このような卒業生をはじめとする、多く教師の授業に向かう真摯な姿勢に応える
ため、本学教育学部初等教育学科初等教育コースにおいては、小学校教師として必
要な事柄を学ぶための各教科等の指導法の内容を中心として解説した書籍を編集・
出版することにした。これは、帝京大学教育学部初等教育学科初等教育コースの各
教科等の授業で使用するとともに、小学校教師を志望する高校生や大学生、あるい
は現職教師に、小学校教師として求められる専門性の具体について概観できるよう
な構成としたところである。また、本書は、前著『小学校教師の専門性探究』(2023)
の続編として、『小学校教師の専門性育成』(2020)掲載の第2部「授業づくり」の修
正・再録を図っている。

　是非とも、多くの皆様にお読みいただき、ご自身の研究・修養にお役立てくださ
れば幸いである。同時に、本書に対するご意見、ご感想も頂戴できればと願うとこ
ろである。

　なお、本書の上梓に当たって、多大なご尽力を賜った株式会社現代図書の石原恵
子氏に心より感謝の念を表する次第である。

　2024年3月
　　帝京大学初等教育研究会『小学校教師の専門性に基づく授業構想』編集委員会

目　次

第3部　特別支援教育の授業構想

第 1 部
教育課題への対応

1. 令和の日本型授業づくりの基本

1. はじめに

21世紀の教育に変革を迫る2つの出来事

「令和（というよりも、21世紀前半の、とする方が正確だろう）の日本型授業づくり」というテーマで何事かを述べるとすれば、最初に二つのことをおさえておく必要があると考えている。

1.1. 情報通信技術（とりわけ生成型 AI の）の発達

一つは、Society 5.0 を前提とした生成型 AI に代表される情報通信技術の発展が教育に与える影響である。試みに、「令和の日本型授業づくりに大切な視点をリストにして五つ示して下さい」と生成型 AI の代表である ChatGPT に問うたところ、わずか数秒で以下の回答を出してくれた。

1. 学習者の個別ニーズへの配慮
2. 協力と共感の重視
3. 技術の活用
4. 問題解決力と批判的思考の育成
5. 文化・価値観の尊重

それぞれについて、「もう少し詳しく」と追加したところ、例えば「1. 学習者の個別ニーズへの配慮」とは「学習者の能力、興味、学習スタイルに合わせた教育カスタマイズ」と「特別支援教育の必要な生徒への適切なサポート」であり、「2. 協力と共感の重視」とは「協力的学習とグループワークの推進」「エンパシーと共感を促進する教育環境の構築」を指すのだそうだ。

「学習者の個別ニーズへの配慮」という点についてさらに詳しく質問をすると、以下のような回答が返ってきた。「学習スタイルの適応」以外の説明は省略するが、それぞれについて、簡単に解説をしてくれている。

> ○ 学習スタイルの適応
>
> 　異なる人々は異なる学習スタイルを持っており、視覚的、聴覚的、読書的などの異なる方法で情報を理解しやすいことがあります。教材や指導方法を多様化し、学習者の好みに合わせたアプローチを提供することが大切です。
>
> ○ 能力と進度の調整
>
> ○ 特別なニーズのサポート
>
> ○ 評価方法の適応
>
> ○ コミュニケーションとフィードバック

　善し悪しの評価はともかく、これが、21 世紀の（Society 5.0 時代の）「知のつくりかた・つくられかた」なのであろう。それをまとめてみるならば以下のようになる。

〈これまで（Society 4.0）〉

　ある「知」を再生産するためには

・世界中に散在する情報（ネット、書籍、映像 etc.）を

・自分の力で収集し

・自分で取捨選択、整理統合をし

・自分で一つの「形」にまとめる

　ここで「形」とは、20 世紀であればほぼ 100 ％「文字にすること」であった。よほどの専門家でない限り、それ以外の、例えば絵画・映像・音声等々で表現することは難しかった。

〈これから（Society 5.0）〉

　ある「知」を再生産するためには

・適切な質問文を生成型 AI に投げかける

・生成型 AI が

　　情報を収集し、取捨選択し、整理統合し、「形」にする

・「形」も生成型 AI に依頼することで

　　映像、イラスト、写真、文章と、自由に選択が可能

　アメリカのレイ・カーツワイル氏は 2005 年に著書『The Singularity Is Near』の中で、「2029 年に AI が人間並の知能を備えるようになり、2045 年には技術的特異点（シンギュラリティ＝ AI の知能が人間を超える転換点）が訪れる」という予言をしている。この予言が正しければ、あなたが中堅教員になる頃には、一般的な人間

の文章力（以上）で日常的な文章は AI が作成してくれるはずだ。

　こうした情報通信技術の飛躍的な発展は、日本に留まらず世界中の初等・中等教育、というよりも 19 世紀に誕生し、「近代の知」を再生産してきた「公教育」というシステムそのものに変革を迫るだろう。

　19 世紀以来、公教育というものは（いくつかの例外はあるが）

　　　ア）等しい年齢の人間を一斉に集め

　　　イ）公権力（国）が定めた規準、内容、進度に従って

　　　ウ）同じく公権力が定めた資格を持った人間（＝教師）が

　　　エ）印刷物（＝教科書）を媒介として一斉に同じ内容を教授し

　　　オ）一つの規準に従って評価する

というシステムで運営されてきた。このシステムが 100 年以上続いた理由は、それがもっとも効率よく国民に「知」を伝える方法だったからである。しかし、知の有り様が前述のように変わったときに、果たして今の公教育が本当に「効率的」と言えるだろうか？

　このことを、21 世紀半ばまで教員を続ける皆さんは承知しておく必要がある。端的に言うならば、20 世紀型の一斉授業における教員の仕事というものは、実態からも、（そしておそらく）職業意識からも変わらざるを得なくなってくるということである。

1.2.「日本型」と、日本という国の２１世紀

　二点目におさえておくべきことは、「日本型」という以上、日本という国の 21 世紀の姿である。

　前書『小学校教師の専門性探究』で述べたように、義務教育とは「近代国家における基本的な教育制度として……（中略）……普通教育が民主国家の存立のために必要であるという国家・社会の要請」（中教審答申「新しい時代にふさわしい教育基本法と教育振興基本計画の在り方について」2003.3）で成立している。

　「国家・社会の要請」である以上、義務教育の制度や内容、方法はその国や社会の姿を反映する。であるならば、21 世紀の日本がどのような国・社会になっていくのか（どのような国にしたいのか）、という数十年後の姿を知っておく必要がある。

　このことを抜きにして、21 世紀の教育制度、内容、方法を論じても、それは視野の狭い議論になってしまうだろう。

　予言や予測ではなく、確実に捉えることができる日本の未来の姿の一つは、「少子化」である。国立社会保障・人口問題研究所が 2023 年 4 月に発表した「全国将来人口推計」によれば、0 〜 14 歳人口の推移は以下の通りとなっている。

　2020 年　1503 万人（学齢人口 6 〜 14 歳では 955 万人）

　2045 年　1103 万人（同　700 万人）＊統計より筆者が計算

　2065 年　836 万人（同　530 万人）＊同上

　我々の「常識」では小中の一学年というのは 100 〜 110 万人だったわけだが、既に 2016 年には 100 万人を割り込み（97 万 7 千人）、2023 年度には 80 万人を割ることが確実視されている。この数字が今後大きく変化することはないだろう。

　それに伴って、学校数も減少している。

　上のグラフは文科省の学校基本調査から、年度毎の小学校数（国公私立）の変化を示したものである。2001 年には 23964 校であった小学校は、わずか 22 年の間に、5000 校（21％）も減少しているのである。このことは全国的な傾向で、人口増といわれる東京都でも 2001 年の 1429 校から、2023 年には 1323 校と 100 校以上が減少となっている。そのほとんどは少子化に伴う学校の統廃合の結果である。

　現在、小学生の数はおよそ 600 万人で、学校数は 1 万 9 千校である。では 2045 年、小学生の数が 470 万人程度になったとき、小学校の数はどうなっているだろうか？　これは、皆さんが中堅教員となるであろうわずか 22 年後の話なのだということを想像してほしい。そこで問題である。

Q.　統廃合によって小学校（中学校）の数が減ることでどのような変化が起こると思いますか？

　私は大きく二つの「変化」を考えておくべきだと思っている。

　第一は、もちろん、学区域の広域化である。すでに関東でも 10km 先が学区域という小学校は出現している。当然だが徒歩通学は難しく、スクールバスを運用することとなる。このことは、学校の生活時程にも影響を与えていて、昭和の時代によく見られた「放課後に残って遊ぶ」「下校後に近所に集まって遊ぶ」などという姿は消滅している。

　第二は、「地域の学校」の消滅である。小学校といえば「近所の子どもが集団登校する様子を近所の老人が旗振りをしながら見守る」という姿を思い浮かべるかもしれない。また、学校は地域の拠点として機能してきた。例えば自治会の運動会会場として学校が使われている事例は、いくらでもある。災害時には学校が地域の避難場所として指定されている自治体も多いだろう。これらの事実から「地域に根ざした学校」を標榜する小中学校（校長）は現在も多い。

　しかし、学区域が広域化し、スクールバスで登下校する 10km 先の子どもたちにとっての「地域」とはそこではあるまい。もしかしたら、小学校と地域の関係はもっとドライなものになるのではないだろうか。

　これらのことが示すものは、分かりやすく言えば、「学校外から学校、教師、子どもの姿が見えづらくなってくる」ということである。

1.3. 変化をどう捉えるか

　もちろんこれらは「変化」であって、「だから悪い」ということではない。情報通信技術の発展は、これまでの学校教育では不可能だった豊かな授業をもたらす可能性もあるだろう。それを用いた「新しい学校像、地域像、学区域像」が誕生する可能性だってある。例えばオンラインを用いた授業、保護者面談、保護者会などは、2020 年（コロナ禍）以前だったら考えられないことだった。

　実は、これまで述べてきたことは 2017 年改訂指導要領の「総則　解説編」1 ページ冒頭に記されていることである。「生産年齢人口の減少，グローバル化の進展や絶え間ない技術革新」「変化の一つとして、人工知能（AI）の飛躍的な進化」「学校において獲得する知識の意味にも大きな変化をもたらす」等々……。

　すなわち、大事なことは、「自分が体験したものと同じ学校の姿が明日も（20 年後も）ある」とは思わないことだろう。21 世紀、学校は間違いなく変化する。それは教師としての有り様であり、授業のスタイルであり、学校そのものの価値である

かもしれない。「令和の日本型授業づくり」というテーマの前に、そのことを令和の（21世紀の）教育を担う教師として自覚してほしいと願っている。

2. 2017年改訂学習指導要領をどう読むか

　学習指導要領は戦後9回改訂されている。しかし、これまでの指導要領の改訂と今回の改訂では大きな「違い」があると筆者は考えている。それは「社会の不確実性」を前提としている点である。

　もっとも分かりやすいのは、1958年指導要領との対比であろう。1958年の指導要領は東西冷戦とスプートニク・ショックを前提に、「知識中心の系統主義、科学技術教育の向上」が重視された。これは、続く1968年改訂でも同様で、高度経済成長を背景に、「教育内容の現代化、工業化していく日本に必要不可欠な科学技術教育の充実」がテーマとなった。つまり、「これからの社会はこうなるから、こうした知識技術が大切になる。したがってこうした教育を導入する　キリッ！」という方向性が透けて見えていた。すなわち「コンテンツ・ベース」の教育観である。

2.1.「いかに社会が変化しようと」を枕詞としない

　ところが、2017年の指導要領は「いかに社会が変化しようと」とあるように、「これから先の社会の変化？　我々（中教審？　文科省？）にも分かりませんが……」という正直な（？）前提で、指導要領が編纂されているのである。

　教職課程を受講する学生の皆さんは、さしたる問題意識もなく「とりあえず指導要領に書いてあるから」ということで、この「いかに社会が変化しようとも」「予測困難な社会の変化」という文言を引用してレポートや論文の枕詞にする習癖がある。

　しかし、この言葉の背後には、「こうしたコンテンツ（例えば科学技術教育など）がこれからの教育では必要です」という予測ができなくなってきているという、ある種の恐ろしい社会認識がある、ということをどれだけ理解しているだろうか。変化が激しく、どう変化するかも予測ができないとなれば、今日、学校で授業した"役立つコンテンツ（知識・技能）"は、もしかしたらその子が大人になって社会に出る頃には役に立たなくなっているかもしれない。すなわち「コンテンツ・ベース」では教育をすることが難しくなっているのです、という宣言でもある。「あなたのスマホはあなたよりも知識豊富です」という言葉は、今日誰もが実感することなのだから。

　だからこその「コンピテンシー・ベース」なのである。「これから社会がどうなったとしても、それに対応できる資質・能力を育む」とは、もっと露骨な言い方をするならば「将来、自分にとってどのようなコンテンツ（知識・技能）が必要になった場合でも、それを獲得できるだけのコンピテンシー（資質・能力）を育む」という意味であり、それが 2017 年の指導要領の目指す内容である、ということを意味している。このことは、最初に挙げた「19 世紀以来の学校教育の役割＝知の再生産」からの変化を意味している。私たちはこの点に鈍感であってはならないだろう。

　だから、資質・能力の 3 つの柱にも同じく前提が付いている。これまた教職課程の皆さんは、ともすれば「知識及び技能」「思考力、判断力、表現力等」「学びに向かう力、人間性等」と、"省エネ" して覚えたり書いたりするケースが多い。しかし、それぞれには「生きて働く」「未知の状況にも対応できる」「学んだことを人生や社会に生かそうとする」という前提の言葉が加えられている。

　ここまでの文章を読んだなら、これらの前提が決して枕詞ではないことが理解できるだろう。個別の知識・技能の修得だけにとどまらず、それを未知の場面でも活用できることが前提であり、そうでない知識・技能ならば、日々アップデートされる「スマホ」や AI の方がはるかに優れている、人が覚えた知識などすぐに陳腐化してしまう、ということなのである。

2.2. 主体的・対話的で深い学び

　現場の授業実践を見ていて感じるのは「主体的」という言葉に対するある種の「誤解」である。これを「自分から進んで」「興味関心を持って」という意味で捉えている先生方はまだまだ多い。それ自体は大切であり、別に間違いではないが、それだけに留めてしまうと、教師の授業技術の問題や教材の面白さの問題に矮小化される。日々の教育実践の中で、どのように児童に「主体的に学ぶ力」（資質・能力）を育成していくのか、という問題意識が抜けてしまうのである。

　筆者は、主体的な学びを児童自身が獲得するためには三つの力を日々の授業の中で育成していく必要があると考える。以下にそれを述べていきたい。

① やればできる、という感覚の育成

　「自己効力感」「自己有用感」などの「自分はやればできる」という感覚。児童自身が自分に対して価値付けができているかどうかが大切だろう。どんなに面白そうな教材であっても、「やれるかどうか自信のない＝自己効力感の低い」児童は手が出ない。

そこで、「成功体験」＝できた・やりとげた、という体験を1年生から積み重ねていく実践が必要となる。

② 学習方略

　何かをまとめたり、考えたりするためには、その方法を知っていなければならない。「泳ぎなさい」と言うなら泳ぎ方を教えなければならないように、「考えなさい」というならどのように考えればよいのか、その方法をきちんと教える必要がある。「考えるための技法」と言ってもよい。

　大学生の皆さんなら、例えば「KJ法」「ウェビングマップ」等の技法を知っているかもしれない。これは特別なことではなく、実は小学校の日々の授業の中で、「仲間わけ」「特徴に応じた分類」などの技法は様々な教科で用いている。算数の図形の包摂関係などその典型であるし、1年生の生活科でも「秋をみつけよう」などの実践を通して「特徴に応じた仲間わけ」などはやっているはずである。

　しかしながら、それらを「考える能力の育成」という視点から授業している姿をあまり見かけない。教師自身が「今やっていることは、教科（生活科）の内容であると共に、思考方法（仲間わけ）を育成しているのだ」という意識があまりないのだろう。ここを意識化した実践が必要であろう。

③ メタ認知能力

　児童自身が、自分の学びがどれくらいうまく進んでいるかをモニタリングしてコントロールできる力である。計画を立て、進み具合をチェックし、必要に応じて修正し、その結果を評価する「自己モニタリング能力」のことである。

　これまでの学校教育の中でもっとも育成されてこなかった能力といってもよい。というのは、一斉授業の中では、これらは教師の仕事だったからである。「教師が」計画を立て、進み具合をチェックし、必要に応じて修正し、評価する。それが上手にできる人が、「授業のうまい教師」として評価されていた。「クラスの子どもを思う通り動かしている、俺って授業うまいなぁ……」。自省も込めて言うならば、筆者自身、現職の頃はそう思っていた。

　研究授業の協議会でも、

　・今日の授業の課題は子どもにとって身近なものだっただろうか
　・今日は子どもの発言を上手く拾って、黒板に構造的に整理することができていた
　・今日のまとめは子どもの発言が反映されていてよかった

等々、これらの議論はいかに「教師が」上手く授業をコントロールしていたかを検討

しているものである。これ自体は必要な議論であるが、これだけでは児童自身が自律的に学習する能力を育成することは難しいだろう。

　以上、「主体的」について取り上げて述べてきたが、同じことは例えば「対話的」でも言える。「話し合い」をすれば対話的なのか？　そこで何が生まれる必要があるのか、子どもがどう変わる必要があるのか、どのような力が育成される必要があるのか、等々の検討を抜きにして「話し合い」を設定することは決して「対話的」な授業ではない。

　「令和の日本型授業」とは、20世紀との断絶を意味するものではない。「特に義務教育段階はこれまで地道に取り組まれ蓄積されてきた実践を否定し、まったく異なる指導方法を導入しなければならないと捉える必要はない」と指導要領自体が述べているように、授業への視野を広げる、見方の角度を変えるだけでも様々なことが実現可能なのではないかと思っている。

3. データ活用の重要性と個に対する優しいまなざしの大切さ
（あなたへの宿題）

　「令和の日本型授業」を行う教師に大切な力とは何だろうか？　筆者は見出しにもある通り、「データ活用の大切さ」と「個に対するまなざしの大切さ」の両方を知る教師ではないかと思っている。

3.1. データ活用の大切さ

　「GIGAスクール構想」がスタートして3年あまりが経った。文科省は「児童生徒が学校や家庭において、学習やアセスメントができるCBTシステム」としてMEXCBT（メクビット）の試験運用を全国的に開始している。2023年8月の時点で全国の公立小学校の75%超がこのシステムに登録をしているとのことである。つまり、あなたが教壇に立つ頃には、MEXCBTは当たり前のように活用されていることだろう。

　文科省によれば「R5年度、中学校3年生を対象とした生徒質問紙の一部や英語「話すこと」調査においてMEXCBTを活用」「教員や児童生徒一人一人を対象とした大規模なアンケート調査（数十万人規模）を、MEXCBTを活用して実施」とのことで

あり、近い将来、全国学力・学習状況調査（学力テスト）のみならず、各種調査が 1
人 1 台端末を用いて実施されることも間違いない。

　今後、このようにして集積されたデータが学校にフィードバックされるようになる。
教師の「経験と勘と気合（3K）」のみに頼る指導から脱却し、客観的なデータに基づ
き「教育を科学する」（朝日新聞 2023 年 11 月 5 日）。このこと自体は間違いではな
い。しかしそのためには、データに振り回されず、それを活用できる力を教師が身に
つけておく必要がある。教師を目指すあなたへの宿題の一つ目はこのことである。

3.2.　個に対する優しいまなざしの大切さ

　「それってあなたの感想ですよね」。この言葉が意味するものは、「数値的・客観
的な有用性」（データ）を示せないものは、無意味、無価値なものとして議論から排
除する態度である。

　しかし、30 人の子どもがいれば 30 通りの感想（嬉しさ、悲しさ、怒り）があり、
それは等しく価値があるものなのだ、という学級担任としての当たり前の感性を忘
れてはならないだろう。一人一人の子どもの経験の中にある真実を大事にし、真摯
にそのことと向き合うことができるまなざしを持ちたい。

　このことは、先に述べた「データを大切にすること」と二律背反するものではない。
少しカッコいい言い方をするならば、「熱いハートと冷徹な頭脳」を兼ね備えた教師
でありたいね、ということである。むしろ、AI が最適解を導き、社会が否応なし
にそれに従わざるを得なくなる時代だからこそ、小学校教師に求められる必要な資
質・能力なのではあるまいか。個に対する優しいまなざしを知らない（忘れた）教師
が、どれだけ「客観的なデータ」に基づき「教育を科学」したとしても、良い「令和の
日本型授業」実践ができるとは、私には思えないのだ。

　そうしたまなざしを養うこと、これをあなたへの二つ目の宿題としておきたい。

（福島　健介）

〈引用文献〉
令和 5 年度学校基本調査（速報値）　文部科学省、2023 年 8 月
年次統計　学校基本調査　https://www.e-stat.go.jp/
「小学校学習指導要領（平成 29 年告示）解説総則編」文部科学省　2017 年 7 月
朝日新聞　朝刊 2023 年 11 月 5 日「時時刻刻」
文部科学省 CBT システム (MEXCBT：メクビット) について　文部科学省　2023 年 9 月

2. 小学校における教育方法論

1. はじめに──教育方法論を学ぶということ

1.1. 専門職の責任と方法論

　教師の仕事を語るとき、医者が引き合いに出されることがある(筆者もよくやる)。この二つの職業がなぜ比較されるのかといえば、両者の仕事内容が一見まったく異なるように見えて、その実よく似ているからなのだと思う。

　医者は、診察や検査結果から患者の病状を見抜き、その状態に応じてどんな治療や投薬が必要かを判断し、実行する。教師もまた目の前の、あるいは成果物にあらわれた子どもの状態を見抜き、その状態に応じた学習内容や形態を計画・準備し(あるいは即興で)実践として具体化する。やはりよく似ている。

　このようによく似ている二つの職業だが、決定的に異なる点もある。それは、教師の仕事はやろうと思えば適当にこなせてしまうという点だ(もちろん、現実の先生たちはそんなことはしないが)。適当とまでいかなくとも、例えば教科書に対応した指導書に従えば、それなりの授業はできてしまう。指導書には板書例から発問例、児童たちの反応予想まで親切に書かれているのだから当然である。要は勉強などしなくても、教師の仕事はできてしまうのである(教師なのに!)。

　医者であればこうはいかない。医療技術は日進月歩である。新しい治療法が開発されるかもしれないし、かつての治療法に決定的なリスクがみつかるかもしれない。そうして刷新された知識・技術を学んでいない医者に、誰がお世話になりたいと思うだろうか。だから医者は、必死になって勉強するのである。

　教師が勉強せずに済んでしまうことの背景には、因果関係のあいまいさがある。仮に怠け者の教師がいたとして、その担任クラスに学力の低い子どもがいたとする。しかしその原因はその子の先天的な能力かもしれないし、家庭環境かもしれない。第一、どんな教育がよかったかなどということはその子が大人になるまで、あるいは人生の最後までわからない。その子が将来成功者になって過去を振り返り「担任の先生が怠けている姿を見て、こうなるまいと奮起した」と言うかもしれない。最

良の反面教師である。つまり教師の仕事は、やろうと思えば何とでも責任逃れができてしまう。だから怠けることもできるのである。

　しかし忘れてはならないのは、教師が医者と同等の重い責任を負っているということである。医者は「命」を預かっているが、教師は子どもの「人生」を預かっている。両者はともに対象者の「生」に介入することで、その未来を左右しうる。確かに因果関係はあいまいである。子どもの将来なんて、ふたを開けてみるまでわからない。しかし、だからこそ教師は懸命にならねばならない。少しの怠惰が子どもの将来に決定的な影響を与えてしまうかもしれないのだから。その重い責任を果たすためにはやはり教師も、常に方法論を学ぶべきである。

1.2.　教師の「深い学び」

　では、教師はそのかくも重要な方法論をどのように学べばよいだろうか。まずは他者の実践から学ぶのが早い。身近に力のある先生がいるならその実践を見て学ぶのが早いだろうし、優れた実践事例を紹介した本や論文を読んでもいい。それだけでもあなたの技量はずいぶん豊かになるだろう。しかし、実践の学び取り方に「深み」をもたせれば、あなたの腕はもっと豊かになる。以下ではその「深い学び」を深めていくための二つのやり方を、具体例に即して紹介する。

　その二つの学び方とは、第一に「構造」に降りていく学び方、第二に「歴史」をさかのぼる学び方である。取り上げる例としては、いま求められている（ゆえに多くの教師が関心を寄せる）「主体的・対話的で深い学び」がいいだろう。

1.3.　「主体的・対話的で深い学び」とは何か

　教師自身の「深い学び」方の検討に入る前の準備作業として、そもそも「主体的・対話的で深い学び」とはどんな学び方を指すのかについて、行政文書から把握できる範囲のおおまかな内容をここで一度確認しておきたい。

　「主体的・対話的で深い学び」について、「それってどうやるの？」という疑問を抱えている教師（の卵）はきっと少なくないにちがいない。中教審の答申でも、「『主体的・対話的で深い学び』の実現とは、特定の指導方法のことでも、学校教育における教員の意図性を否定することでもない。……子供たちに求められる資質・能力を育むために必要な学びの在り方を絶え間なく考え、授業の工夫・改善を重ねていくことである」（中央教育審議会 2016: 49）と述べられていて、これだけだと正直、「資

質・能力を育むためには主体的・対話的で深い学びが必要だが、主体的・対話的で深い学びとは資質・能力を育むための学びのことである」と言われているような同語反復感が否めない。

　しかし、その直後には以下のように、「主体的・対話的で深い学び」を構成する「三つの学び」それぞれについて幾分か具体的な内容が記載されている。

① 学ぶことに興味や関心を持ち、自己のキャリア形成の方向性と関連付けながら、見通しを持って粘り強く取り組み、自己の学習活動を振り返って次につなげる「主体的な学び」が実現できているか。……（中略）……

② 子ども同士の協働、教職員や地域の人との対話、先哲の考え方を手掛かりに考えること等を通じ、自己の考えを広げ深める「対話的な学び」が実現できているか。……（中略）……

③ 習得・活用・探究という学びの過程の中で、各教科等の特質に応じた「見方・考え方」を働かせながら、知識を相互に関連づけてより深く理解したり、情報を精査して考えを形成したり、問題を見いだして解決策を考えたり、思いや考えを基に創造したりすることに向かう「深い学び」が実現できているか。

（中央教育審議会 2016: 50）

　以上のような次第だが、今度はむしろ盛り込み過ぎの感が否めない。例えば「主体的な学び」。これは字面だけから判断すれば、「興味・関心」を持つことで「意欲的・積極的」に学習活動に取り組むことくらいのイメージをもつが、上の規定では「当事者性」や「反省性」などの要素も盛り込まれている。

　しかしこれはあくまで「授業改善の視点」なので、これらすべてを満たすというよりも、いずれかの要素を（できるだけ多く）満たすような学習活動を実現することが現実的な目標となるだろう。転じて他者の実践からその実践方策を学び取る場合には、上の規定をフィルターとしながら授業を眺め、何かしらひっかかりのあった部分を「これだ！」と感知し記憶・記録しておけばよい

2.「主体的・対話的で深い学び」の構造

　確かにそのように授業を眺めるだけでも、「主体的・対話的で深い学び」の具体的なイメージを得ることにはつながるだろう。観察した「主体的・対話的で深い学び」の実践をしっかり記録しておけば、同じ実践を再現することすらできるかもしれない。しかしそのエッセンスのみを活かし、自分ならではの個性的な実践を形づくるのはこれだけではなかなか難しいし、できたとしてもかなり時間がかかるだろう。

　そしてまさに、この「他者の実践のエッセンスを活かした個性的な実践づくり」を可能にするのが、やりとりの「構造」まで降りていく学び方なのである。木に例えていえば、構造とは対象の「幹」に他ならず、そこを押さえておけば枝葉のつけ方次第でいくらでも多様な実践を生み出すことができるからである。では、「主体的・対話的で深い学び」の構造を看破する「見方」にはどのようなものがあるだろうか。ここでは一例として会話分析の視点を一部紹介しよう。

　会話分析には「行為連鎖」という考え方がある。例えば、あなたが友人に「質問」したにも関わらず「答え」が返ってこなかったとしよう。このときあなたは、ムッとしたり、逆に相手を怒らせた可能性を考えたりと、ともかくも「普通じゃなさ」を感じ取るだろう。これは「質問」が「応答」と結びつき、一つのまとまりを形づくっている証拠である。発言（がなす行為）には、しばしば複数結びついて初めて機能するものがある──これが行為連鎖の考え方だ。

　会話はこうした行為連鎖が複数、そして時に入れ子状に組み合わさることによって成り立っているが、授業もその大部分が発話の交換で構成されている以上、同じことが当てはまる。その授業を形づくる行為連鎖のなかでもっとも頻繁に登場し、かつ有名なのが IRE 連鎖である（Mehan 1979）。IRE とはそれぞれ、Initiation ＝開始、Reply ＝応答、Evaluation ＝評価の略記であり、その典型的な現象形態は「（教師の）発問→（児童の）解答→（教師の）正誤評価」である。例えば、以下の二つのやりとりを比較して、どちらが授業のやりとりに見えるか考えてみよう。

　　　Ａ：いま何時？　　　Ａ：いま何時？
　　　Ｂ：9時です。　　　Ｂ：9時です。
　　　Ａ：ありがとう。　　　Ａ：よくできたね。

　手がかりはやりとりそのものにしかないにも関わらず、答えは明白である。これは「正解」のやりとりが IRE 連鎖により形づくられているからだが、このことは IRE 連鎖が授業の本質的な「構造」であることを明確に示している。

　そのうえで大辻秀樹（2018）によれば、「主体的・対話的で深い学び」（が実現されているように見える授業）では、この IRE 連鎖が普通とは異なった現れ方をする。すなわち、以下の［事例 1 ］に見られるように、児童たち同士で交わされる「疑問－予想－妥当」連鎖というかたちで現象する。

　「疑問－予想－妥当」連鎖とは「疑問の提示→予想の提示→妥当性の評価」という流れの連鎖である。例えば 4 年生の児童たちが本で調べた「食べ物の秘密」をグループで報告し合っている以下の［事例 1 ］では、複数の児童たちが対話のなかで互いに情報を出し合うことで複数の知識が結び合い（01 ～ 04 行目：大豆の醤油にも魚醤にもたくさんの色がある）、そこから新たな「疑問」（05 行目）と「予想」（06・07 行目）が児童たち自身から主体的に生み出され、その「妥当」性が評価されている（08・09 行目）。（ここまでくれば児童たちが新たな調査──予想の「正しさ」の検証──に乗り出すのにも時間はかからないだろう。）

［事例 1 ］

01 S1 ： 茶色やー 黄色やー 黒い醤油がある

02 S2 ： へーー

03 S3 ： 魚醤にもあったんだけどー　魚醤もオレンジ色とか？

04 　　　 オレンジの魚醤とかー　茶色とかがあるんだって

05 S1 ： どうして色が変わるんだろうね

06 S2 ： なんかーー その使ってる材料

07 S3 ： きっとその材料って感じだよね

08 S1 ： ああ〜材料ね :::

09 S2 ： 材料によってちょっと違うかもね

（大辻 2018: 76 を一部改変）

　「対話」のなかでの情報共有が「主体的」な問題発見とその解法案の提示につながり、そのことで彼らの学びは当初の調査結果よりも一段と「深まり」を見せていく──「疑問－予想－妥当」連鎖によって形づくられた［事例 1 ］のやりとりは、確かに

「主体的・対話的で深い学び」に見える。ただしこの児童たちは、何の方向づけもない真空状態でこのやりとりを紡ぎ出したわけではなく、「そもそもそれ自体が教師の指示事項(＝Ⅰ群：引用者注)により引き出された、いわば『R群』と見なすことができる」(大辻　2018: 81)。

　では、児童たちの「疑問－予想－妥当」連鎖を引き出すために教師は、どんな「Ⅰ群」を用いればよいのか。その一例が、以下の［事例 2］に示す「演劇型デモンストレーション」(大辻 2018: 83)である。

［事例 2］
01 T：で実際にどんなふうにやるかーというのをちょっと見ててくださいね
02 　　……私の場合はトウモロコシからどんな食品ができるかってゆうことを
03 　　伝えていきたいので、コーンスターチの使われ方、私実はこれねー、
04 　　山田先生に……この本をみせてー((本を開く))……
05 　　もう一回説明したんです、山田先生に
06 　　山田先生、見て見て見て、ここにこう書いてあるんだよ
07 　　すごいでしょー？
08 　　すごいですねー
09 　　えっでもなんではじけるんですか？　なんで大きくなるんですか？
10 　　って聞かれたの、書いてなかった　どうして大きくなるか
11 　　よーしじゃーそれを調べようってゆうことでピンクを増やしたんです
12 　　((あらたな疑問を示すピンクの付箋を黒板の掲示物に貼る))

（大辻 2018: 83 を一部省略・改変）

　［事例 2］では 06 ～ 09、11・12 行目において、教師が自身と同僚の言動を「再演」することにより「調査結果の共有」→「疑問の提示」→「新たな調査課題の生成」という、事例 1 と呼応するようなやりとりの形式が効果的に伝達されている。
　「疑問－妥当－予想」を軸とした「主体的・対話的で深い学び」はこのように、演劇型デモンストレーションを一つの具体策とするようなⅠ群によって導かれる。このことを図式化するなら次のようになるだろう──Ⅰ群（「演劇型デモンストレーション」等）→R群（「疑問－予想－妥当」連鎖等）。この図式こそが「主体的・対話的で深い学び」の「構造」の一つに他ならない。そのうえで、こうした形で実践を把握でき

るなら、別の単元や教材にこれを適用することもできるだろうし、Ⅰ群を別のものに差し替えることもできるだろう（例えば、大辻は他に「児童見本型デモンストレーション」なども紹介している）。

　実践の「構造」を捉える学びはこんなふうに、個性的な実践づくりをサポートしてくれる。では次に「歴史をさかのぼる学び」を紹介していこう。

3. 歴史のなかの「主体的・対話的で深い学び」

　医学のようなハードサイエンスと異なり、教育方法学では研究成果の蓄積が必ずしも「過去の乗り越え」を意味しない。むしろ、歴史に名を遺す教師たちの教育方法が現代の要求水準をはるかに超えていることも多い。しかもそうした過去の著名な教育方法は、古ければ古いほど研究が分厚く蓄積されており、そのエッセンスが（会話分析的な「構造」とは別のかたちで）浮き彫りにされている。だとしたら、過去の偉大な教師たちに教えを請わない手はない。

　「主体的・対話的で深い学び」にしてもそうである。2016 年当時、あたかも最新のような顔をして登場してきたこの学び方にしても、過去の偉大な教師たちがとうの昔に実践してきている。例えば東井義雄がその一人として挙がる。豊田ひさき（2018）によれば、東井が現代でいう新卒の年齢から取り組んできた≪ひとりしらべ→みんなでわけあい・みがきあい→ひとりしらべ≫を軸とする実践はまさに、本来の「主体的・対話的で深い学び」であるというのである。では、それはいったいどのような実践であったのだろうか。

　豊田（2018）の分析を読み解くと、東井実践のエッセンスはさしあたり次のように要約できる。東井学級の子どもたちは授業前に各自、自分なりの「ひとりしらべ」を行ってくる。これは字面がほのめかすような軽いものではなく、子どもたち一人一人がそれぞれの生活のなかで得た経験や知識を総動員し全身全霊で取り組んだ（自らの「主体（＝生活の論理）にたぐりよせた」）非常に深みのあるものになっている。そのような「ひとりしらべ」の成果に裏づけられることで東井の授業は、「みがきあい」の呼称にふさわしく、子どもたちがたがいの意見を納得のいくまでぶつけ合う極めて「対話的」なものになる。

　その対話のなかで教師たる東井の役割は、徹底して児童と対等の立場にたつ「ファシリテーター」である。そのもとで東井が行うことは、第一に「刻々の評価活動（発

言ごとのねうちづけ）」によって子どもたちの対話の方向性とテンポをつくりあげることであり、第二にいざ彼らが教科の論理の「かなめ」にたどり着いたなら、その部分を「大写し」にして共有するために自らが眼前の壁となって「横たわる」ような「ゆさぶり」発問を打ち込むことであり、第三にその壁を乗り越えてくる者があればすかさずその発言を「ねうちづけ」、より深みを増した対話がそこから再燃していくような着火剤とすることである。

　そうした対話のなかで子どもたちは、教材のうちに既有知識や既習事項との、あるいは教材内部の言葉のあいだに「やまびこ」や「ひびきあい」を見いだし──これは言葉の機能を実際の使用場面に即して比較する高度な「見方・考え方」である──新たな発見を次々と引っ張り出してくる。授業はそんなふうに盛り上がりを見せたまま、無理にまとめられることもなく、むしろ新たな問いに開かれるかたちで終わる。子どもたちは授業で学んだこと、そして新たに与えられた問いを引っ下げ、再度ひとりしらべに向かうのである。

　以上が東井実践の方法論のあらましだが、以下の事例３にはそうした東井の「わざ」が垣間見える授業記録を一部引用した。この事例は小学校３年の国語で新美南吉「手ぶくろを買いに」の冒頭を検討している場面である。そこに垣間見えるのは「ゆさぶり」と「ねうちづけ」の往復による「対話の深まり」だ。

［事例３］
01 小山：　子ぎつねは、まだ雪のつめたいことを知っとらんのだね、きっと……
02 東井：　そんなしょうこがあるのかい？
03 小山：　それでも、そんな気がする
04 尾崎：　小山みっちゃんは、この子ぎつねは、
05 　　　　まだ雪のつめたいことも知らっとらんといいなったけど、
06 　　　　それは、「まもなく」ほらあなへもどってきたことからわかります
07 東井：　なるほど。みっちゃんは、気もちでみつけた。
08 　　　　尾崎のちいちゃんは“しょうこ”でみつけた。どっちもだいじだけど、
09 　　　　みっちゃんみたいに“しょうこ”までみつけてほしいな。
10 猛　：　大よろこびでとんででて、雪をいろった（触った）んだろう。
11 　　　　そしたら冷たいのでびっくりしてとんで帰ったんだろう
12 美之：　猛ちゃんの考えだったら、ちょっと雪にさわっただけで

13		もどってきたみたいだけど、わたしはちがうとおもいます
14	猛　：	それでも、ちいちゃんが言うたように、
15		「まもなく」いうて書いてあるぜ
16	美之：	そのことばだけ考えとったら、そう思えるけど、
17		そのつぎの「ぬれてぼたん色になった両手」をよんだら、
18		少しのま（間）、雪をいろって遊んどったことがわかります
19	東井：	今、美之ちゃんの言ったこと、とてもねうちのあること、
20		みんなわかったかい？　一つのことばだけを“しょうこ”にしないでね。
21		“こっちのしょうこ”と“またちがうべつのしょうこ”の
22		ひびきあいを、美之ちゃんは見つけだしているんだぞ

（東井義雄 1972、豊田 2018: 26-32、一部改変）

　［事例3］の 02 行目で東井は、小山の教材文に対する「読み」に“しょうこ”を求めるような「ゆさぶり」を入れる。それに対し小山が自分の論理を押し通そうとしたところに、尾崎が小山の読みを裏づけるような“しょうこ”を提示する。すると東井は両者の論理──“気もち”の論理と“しょうこ”の論理──の双方を「ねうちづけ」しつつも、後者のほうにより高い「ねうち」をつける。

　するとその後は“しょうこ”に基づく「読み」が次々ぶつけ合わされていき、最終的に 16 〜 18 行目で美之が提示する複数の“しょうこ”を支えとした「読み」にまで対話は深まっていく。すかさず東井は 19 行目以降、美之の発言を「ねうちづけ」ているが、これで対話はいっそう深まっていくはずである。

　以上、半世紀以上も前に「主体的・対話的で深い学び」を実践していた東井義雄の授業から、その方法論を学びとろうとしてきた。もちろん自分で優れた実践を展開するにはもっと多くの「学び」が必要だろうが、そのために歴史をさかのぼることの価値については理解してもらえたのではないだろうか。東井の著作をめくるのでも、他の著名な教師に関する研究書や解説書をめくるのでもいい。自身の腕を磨くために、今度は自ら過去を訪ねてみてほしい。

4. おわりに

　以上、教師の力量を高めてくれる「深い学び」方として、実践の「構造」に降りていく学び方と、「歴史」をさかのぼる学び方の二つを紹介してきた。取り上げた事例は「主体的・対話的で深い学び」だったが、これを道徳の教科化に伴って導入された「考え、議論する」の方針に置き換えても（中央教育審議会 2016）、「令和の日本型学校教育」の下で要請されている「個別最適で協働的な学び」の方針に置き換えても（文部科学省 2021）、やるべきことは変わらない。これらをよりよいかたちで実現するためのヒントは、同時代を生きる教師たちの実践のなかに、あるいは過去の名教師たちの実践のなかに、必ずある。（一例として「考え、議論する」道徳については森（2023）を参照してほしい。）

　「主体的・対話的で深い学び」も「考え、議論する」道徳も「個別最適で協働的な学び」も、広く捉えればすべて「アクティブラーニング」の一環と言えるが、その名で呼べるような実践はこれまで数多く考案され実践されてきた（小針 2018）。新しい教科が増え、教える内容が大きく変わろうが、タブレットのようにまったく新しい教具が導入されようが、おそらく教師と子どものやりとりの本質はそこから大きくは変わるものではない。だから、矢継ぎ早の改革に踊らされ「新しいやり方で教えなければならない！」と不安がる必要ははい。大事なのは、すでにある他者の実践から学び取るという態度なのである。

（森 一平）

〈引用文献〉

小針誠（2018）『アクティブラーニング―学校教育の理想と現実』講談社現代新書

Mehan, H. (1979) *Learning Lessons: Social Organization in the Classroom*, Harvard University Press.

中央教育審議会（2016）「幼稚園、小学校、中学校、高等学校及び特別支援学校の学習指導要領等の改善及び必要な方策等について（答申）」

――（2017）『小学校学習指導要領（平成29年告示）解説　特別の教科　道徳編』

――（2021）「『令和の日本型学校教育』の構築を目指して～全ての子供たちの可能性を引き出す、個別最適な学びと、協働的な学びの実現～（答申）」

大辻秀樹（2018）「『主体的・対話的で深い学び』の観察可能性」北澤毅・間山広朗編『教師のメソドロジー ―社会学的に教育実践を創るために』北樹出版、pp.71-85

東井義雄（1972）『東井義雄著作集4　授業の探究・授業の技術』明治図書

森一平（2023）「一斉授業における熟議の構成技法―『考え、議論する道徳』授業の定式化実践を事例に」『社会学評論』74(2): 279-296

豊田ひさき（2018）『東井義雄　子どものつまずきは教師のつまずき―主体的・対話的で深い学びの授業づくり』風媒社

3. 小学校における学校安全

1. はじめに

　前書では、小学校の「学校安全」について概観した。そこで、本稿では、より具体的な内容に踏み込みながら、理解を深めたい。なお、「学校安全」において取り扱う内容は幅広い。よって、本稿ではその一部を取り上げ、筆者のこれまでの経験も交えて解説する。なお、これから教職に就く読者にあっては、その後の各キャリアステージに応じて内容を補充し、力量の形成に努め続けてほしい。

2. 「学校安全」における「安全教育」

　前書では、「学校安全」が「安全教育」と「安全管理」、そしてこれらの活動を推進するための「組織活動」の三つの主要な活動から構成されることを紹介した。本節では、「安全教育」をさらに東京都教育委員会（2023:4）に基づき、「安全学習」と「安全指導」に分け解説する。ここで、小山健蔵ほか（2014:9）を参照すると、「安全学習」は、小学校体育の保健領域を中心として、教科等で取り扱われる。一方、「安全指導」は特別活動の学級活動や学校行事、課外指導などで適宜必要に応じて取り上げられることが多いとする。また、東京都教育委員会（2023:16-17）によれば、「安全学習」は「自分や他者の安全を守るためのよりよい行動などをじっくりと考えさせ、深め、追究させる学習活動」であるとし、「安全指導」は「日常的な安全指導」と「定期的な安全指導」に区分されている。

2.1. 「安全学習」

　では、「安全学習」とは具体的にどのようなものなのか。例えば、「体育」の「G保健」では、「けがの防止」について取り扱う。この中では、「簡単な手当」を取り扱うことにしている。また、「生活」では、「安全な登下校」を扱う。「安全学習」とは、こうした「簡単な手当」や「安全な登下校」が該当する。なお、「安全教育」は教育課題で

あることから、「体育」や「生活」だけでなく、教科横断的に学習を展開できる。その際の留意点としては、教科等の目標を達成しつつ、「安全教育」の目標を達成する授業を構成することである。しかし、こうした教育課題に対応する授業を計画すると、教師間で話題となるのが、両者の目標を達成するのが難しいという問題である。そして、学校を訪問した際に、指導計画などを拝見すると、一つの単元に教科の全観点（3観点）、教育課題の全観点（3観点）が入っている。教師が難しいと感じる原因の一つは、ここにある。では、この問題をどう解消したらよいのか。ここで大切なことは、教科の目標については原則的に単元や題材などのまとまりごとに評価する必要がある（ただし、文部科学省　国立政策研究所教育課程研究センター（2019:10）によれば「学習指導要領に定められた各教科等の目標や内容の特質に照らして、複数の単元や題材などにわたって長期的な視点で評価することを可能とする」場合がある例外が示されている）。一方、教育課題については、一単元に目標の3観点すべてが入っている必要はない。なぜなら、その単元、教科、学年ですべてを達成することを想定していないからである。例えば、前回（2008年）の学習指導要領改訂時に「食育」が教育課題としてクローズアップされたが、今回の学習指導要領改訂（2017年）でも「食育」は取り上げられ、「食に関する指導の手引－第二次改訂版」（文部科学省2019）が出されている。この手引「第4章　各教科等における食に関する指導の展開」を参照すると、3観点すべてを入れる必要がない、すなわち、一つの単元で指導が完結していない裏づけが取れる。この点に留意すれば、あとは多様な授業が展開できよう。

　また、学習指導要領は、最低基準であり、「学校において特に必要がある場合には、第2章（教育課程の基準）以下に示していない内容を加えて指導することができる」と小学校学習指導要領総則（文部科学省2017a）にある。このことを考えれば、先の「簡単な手当」を発展させて、AEDの取り扱いなどに触れることも考えられる。もちろん、心肺蘇生を含めた応急手当は中学校学習指導要領の保健の学習内容である。しかし、各自治体の消防署等で応急救護の講習会を実施しているが、対象開始年齢を明記している自治体（例えば、埼玉西部消防組合n.d.、石巻地区広域行政事務組合消防本部n.d.、城陽市消防署救急課n.d.）では、小学校4・5年生以上としている。この点について、総務省消防庁救急企画室に電話取材をしたところ、省として特別開始年齢を示すことやその情報について統計を取っていることはないとの回答であった。よって、小学校高学年程度からであれば、現実的に

指導は可能となろう。かつて筆者は初任者教員の折、校長の了解のもと、近隣の消防署に依頼をし、高学年児童に心肺蘇生の講習を実施している。そこでは、当時珍しかった救急救命士が指導に来てくださった。当時はAEDを一般人が使用できなかったため心肺蘇生の講習会であったが、今ならAEDを用いた講習会が可能である。では、なぜ筆者は子どもたちにこうした講習を受講させようと想起したか。それは、事故が発生した際に、基本は、教師がその対応をすべきであるが、例えば登下校中、放課後においては、周囲に大人が不在の場合もある。こうした場合、近くの大人に助けを呼ぶことを優先にすべきではあるが、同時にその対処方法を身につけておくことは、安全教育の目的の自助、共助から照らしても望むべき姿であるからだ。なお、当然のことながらこうした「安全教育」の前に教師自身が「安全管理」の一環として、その技術を身につけ、継続して訓練を受けておくべきであることは前書でも述べたとおりである。

　では、その後こうした実践は、学校現場で実施されていないのか。調査したところ、さいたま市が全市をあげて取り組んでいる（さいたま市 n.d.）。その契機となったのは、2011年9月、市立小学校6年生の児童が、駅伝の課外練習中に倒れ救急搬送された後、翌日に死亡するという大変悲しい事故による。これを受け、市では全小中高等学校の保健学習において、AEDの使用法と心肺蘇生について学習を行っている。詳細は、同市webを参照してほしい。痛ましい事故を無駄にしない姿勢、この実践はぜひ読者が教師になった折にも検討してほしい。

2.2.「安全指導」

　次に、「安全指導」について確認したい。「日常的な安全指導」とは、先の東京都教育委員会（2022:18,72）によれば、日常的な教育活動の中で、繰り返し一声（ひとこえ）かける指導とされる。これは、例えば朝の会や帰りの会での指導を想定し、「家の近くの友達と一緒に登下校しましょう」や「画面の向こうには人がいます。スマートフォン等を使うときのルールを保護者と確認しましょう」などが当たる。

　また、「定期的な安全指導」は、長期休業前の生徒（活）指導や、避難訓練や防災訓練、交通安全教室、セーフティ教室などの学校行事がこれに当たる。

3.「学校安全」における「安全管理」

　本稿は、これから教職に就こうとする学生を対象にしていることから、「安全管理」については、より具体的事例を交え述べていくこととする。

3.1.「安全点検」

　各学校では、学校保健安全法施行規則 28 条第 1 項に基づき、学期 1 回以上の安全点検が義務づけられている。また、多くの学校では毎月 1 回の点検、さらには、日常の安全点検が授業日ごとに実施される。本項では、この点検について筆者が経験した中で、特に印象深い事例を紹介する。

　筆者が都内の公立小学校で勤務していた際に、複数の教師でいつも通り安全点検を実施していた。やや傾きの見られるフェンスがあったことから、筆者はそれを記録だけにとどめず、その傾いたフェンスを少し手前に引いてみた。すると、40 m ほどのフェンスがすべて手前に崩れ落ちてきた。幸いにして、児童らの不在時であったが、子どもが誤ってこのフェンスに触れていたら大惨事につながりかねなかった。その後、フェンスは緊急に付け替えられたが、教師の少し「おかしいな（気づき）」、「一歩踏み込んで、確認しよう（行動）」という感覚が大切である。

　また、筆者はどの学校においても、様々な業務を行う都合上、おおむね毎朝 7 時には学校に到着していた。ある日、出勤した際に、職員玄関の脇にブロックのような破片がいくつか転がっていた（気づき）。その後、校舎の周囲を確認したところ（行動）、同様のものが発見され、すぐに管理職に報告している（行動）。その後、同破片は、校舎屋上の壁材が落下していることが判明した。これは、先のフェンス以上に大きな事故につながりかねず、気づきと行動により事故を未然に防止できた事例である。なお、こうした例は珍しくない。（例えば、日本教育新聞（2022:3）や朝日新聞（2023:29）。）そこで、副校長が朝の校舎内外の見回りをしている例があるが、ニッチな対応として、一人一人の教師が意識をもって日常的に点検を行うことが望まれる。こうした気づきと行動を大切にしていけば、多くの事故は防ぐことができよう。

　このことについては、「ハインリッヒの法則」や「バードの事故比率」（厚生労働省 n.d.）が参考になる。いずれも、これら理論の根拠データが大切というよりは、事故等が発生する背景には、その要因が数多く存在しているということを認識する意味

で重要とされる。様々な要因を少しでも取り除くことで、事故等を防いでいきたい。

3.2.「不審者対応」

　前書でも紹介した池田小事件以降、各学校では不審者対応訓練を実施している。筆者自身も当然訓練を経験してきたが、ある学校では3年間毎年、私の教室に不審者が入る想定で訓練されていた。さすがに、「毎度、私の教室を想定することはやめましょう」と他学級に訓練教室を譲ったが、そもそも不審者がどのような学級を狙うのか、そのあたりも現実的な線を検討したい。ただし、このときに、低学年が狙われやすくとも、訓練で不要な恐怖感を子どもたちに与えてはならない。さて、度重なる訓練をしたものの、ある年、筆者の教室にまったく知らない警察官が不審者役を演じ、何も言わずに教室に袋を持って入り込んできたときには、訓練ながらぞっとした。もちろん、打ち合わせ通りの状況である。その後取り出した包丁も模造品ながら恐ろしかった。しかし、筆者は気持ちを落ち着かせ、子どもたちを安全なところに逃がしながら対応したのを思い出す。このように、複数回、自身のクラスで経験しても、こうした心理状態に陥ることから、読者も教師として早めにこうした経験を積み、対応方法、心構えを身につけたい。

　また、別の学校では教育委員会主催だったか、杖術の訓練を実施した。この訓練により、その後の筆者自身の安心感にもつながった。学校に置かれている「さすまた」も有効な道具であるが、その取り扱いは、実は難しい。学校によっては、「ネットランチャー」なるものを配備している場合もある。「杖」のよいところは、相手との間合いが取りやすいところである。もちろん、これを常時備えることを読者に求めるわけではないが、一度、こうした訓練についても受講してはどうか。いずれにせよ、不審者を確保することが目的ではなく、子どもたちを安全に逃がすために、間合いを取りながら警察官が到着するまで時間を確保することが教師には求められる。

　このほか、筆者は現職教員の後半十数年間は、児童の安全確保のために校門の立番を毎朝実施してきた。これも、勤務時間外のことであるので、読者に推奨するわけではないが、よい面はたくさんある。一つは、担任以外の子どもをよく知ることができること。子どもが困っているとき、ケガをして登校したときに、すぐに対応できること。さらに、登校しぶりの子が、あるとき突然にすっと校門に入れるようになった姿を保護者とともに喜びとして味わえること。ときとして、毎朝立ってい

ることから、卒業生が受験の合格報告に来ることなど、数限りない。ただ、こうした取り組みの中で、防犯面で明確に役立ったことが一度だけある。紙数の都合上、詳細は講義に譲るが、最終的には被疑者逮捕に至っている。日の当たらないニッチな取り組みではあるが、毎日、子どもたちと接することができることが糧となった。また、現職晩年、スクールゾーンの対策に乗り出したこともある。詳細は、松波紀幸（2018:47-59）を参照されたい。なお、スクールゾーンについて学区域内すべての道路について、別の自治体で 2022 年度に調査した。当該学区は統廃合を行っており、以前の規制が解除されている道路において、交通標識とは異なる看板が掲示されていた。これについて警察署協議会にて確認したところ、自治体が独自に設置しているものであり、統廃合時の撤去し忘れであることが判明した。教員になった際には自ら学区内を巡り、自身で学区を確認してみるとよい。

3.3.「自然災害」

　災害といえば、筆者が鮮明に記憶するものは、2011 年の東日本大震災である。筆者の勤務する都内小学校であっても、その影響は大きかった。当時は、クラブ活動中であり、全校生徒のおよそ半数の児童が活動していた。この中で、地震発生後、副校長から校舎内の児童は机の下に、校庭の児童は中央に座るように指示が出た。その後、揺れが収まりクラブ再開となったが、筆者はもう一人の教師に児童を任せ、すぐに教務主幹が担当する図工室にとんだ。このままクラブを続けてよいのか。一度、全員、外に出した方がよいのではないか。その方がよいかもしれないとの結論を得て、続いて管理職に相談に赴いた。このとき、筆者が意外と冷静でいられたのは、それ以前の指導主事の経験があったからかもしれない。学校現場とは異なり、日々、様々な事故や事件の話が舞い込むからだ。

　さて、職員室に筆者が赴くと、校長と副校長は今後の対応について、相談中であった。そこで、筆者が提案したのは、「何もなければ笑い話で済む。どうか、全員、外に出してほしい」というものであった。校長は了解し、すぐに一度、全員外に避難をさせた。正解であった。揺れは再び起こり、最終的にはその学校は保護者に子どもたちの引き取りを要請した。

　さて、引き渡しの際、保護者が押し寄せ、「早く引き取らせろ」という意見に押され、ある教師が児童を引き渡しそうになっていた。私はすかさずそれを制し、管理職から指示が出るまでは待つように促した。そして、校長に了解を取り付け、あと

は訓練通りに引き渡しを開始した。校舎から子どもを避難させる際も、子どもを保護者に引き渡す際も、いずれも管理職の了解、指示のもとに動くことが原則である（もちろん、例外もあり得る）。ただ闇雲に、指示に従うのではなく、教師は時として提言をし、最終的には校長のリーダーシップのもと、組織的に対応することを原則としたい。

　さて、この災害後も、国内では様々な災害が発生しているが、特に学校教育に影響を及ぼす災害は、2018年6月に発生した大阪府北部地震である。この災害以降、保護者からは、子どもの安否確認のために携帯電話を子どもに持たせ登校させたいという要望が上がり、大阪府として保護者の責任のもと解禁に踏み切った。その後、東京都なども舵を切り、国も検討に入った。確かに、保護者の気持ちも十分に理解できるが、一方で懸念されるのが、その取り扱いである。当然、適切な機器を持たせる必要がある。しかし、その選択を誤った場合、いくら指導をしようとも、例えばSNSをはじめとした、新たなリスクはぬぐえない（リスクの具体例は、松波紀幸（2022:21-25）を参照）。そこで、筆者は、一つの選択肢として子どもにGNSS端末（以後、GPS）だけを持たせることを提案する。携帯電話に比べその認知度は低いが、以前に比べ、現在は安価にそのサービスが提供されている。これを、自治体独自に展開している例もあるが、例えば、品川区のように財政的に豊かな自治体でないと難しい。そこで、保護者から相談された折などに対応できるよう、読者もこうした機器について知っておいてほしい。なお、様々なサービスがあるが、例えば「みもり（n.d.）」、「まもサーチ（n.d.）」などがある。いずれも現在は、LTE-M（通信規格）を使用している。詳細は、松波紀幸（2021b:141-153）を参照されたい。これにより、保護者は子どもの位置をその都度知ることができ、万が一の時にも子どもを探しやすくなる。災害時にどの程度利用できるかは、製品が採用するキャリアに依拠する。よって、キャリアには通信回線の確保を最大限努力してほしいが、こうした機器が普及すれば、以前のように学校に「うちの子が帰宅しないから、探してほしい」という要望も減るであろう。また、こうしたGPSと公衆電話の組み合わせも一つの選択肢である。公衆電話は市街地であれば、半径500mに1台設置する基準がある（総務省 n.d.）。さらに、事前配備の災害時用公衆電話（特設公衆電話）（NTT東日本 n.d.）であれば、アナログ公衆電話（除デジタル）のようにお金を入れずとも利用でき、こうした電話とGPSの組み合わせの方がよいのではないだろうか。なぜなら、携帯電話は災害時に通信規制がかかる可能性があるからである。またさら

に、GIGA スクール構想による 1 人 1 台端末が整備されたことから、過去の災害時に音声通話よりも早い段階で運用が開始された、災害用伝言板（Web171）の使い方を指導しておくことも考えられる。詳細は、松波（2022:15-27）を参照されたい。

　このほか、「安全管理」に係ることとして、わが国では新型コロナウイルス感染拡大防止のために、2020 年 3 月に全国の小・中・高・特別支援学校において臨時休業を行っている。これに伴い、都内公立小学校においても、3 月の卒業式ならびに4 月の入学式の実施に大きな影響をもたらした。ここで注目したいのは、都内 62の自治体において、その対応が大きく分かれたことである。それぞれの自治体が熟慮の上決定した措置であるが、ここで学びたいことは、こうした非常時の決定であっても、例えば参列人数を制限する際に、座席の間隔をあけるためであることを述べ、保護者に寄り添う形で案内していた自治体もあったことである。ぜひ、こうしたきめ細かな対応についても、教員になった際には心がけてほしい。詳細は松波紀幸ほか（2020:49-55）、松波紀幸、小入羽秀敬（2021a:1-18）を参照。

3.4.　アレルギー対応

　前書でも述べたように、既にアレルギーの子どももいれば、初めて食す食材によりアレルギー反応を起こす場合もある。例えば、幼児であれば、幼稚園や保育園で食す給食の前に、事前に家庭で摂取することを求められる。子どもが小学校に上がった際には、次第にその意識も薄れてくるところではあるが、筆者も現職教員であった際、給食中に、それまで 30 年以上食してきた「びわ」によりアレルギー反応を引き起こした。この時は、喉のわずかな隙間で呼吸するに至り、保健室の養護教諭に相談した。その後、医者にこのエピソードを話したところ、「なぜすぐに救急車を呼ばなかったのか」と叱られた経験がある。一歩間違えれば死に至るところであり、子どもに対しては十分な注意を払っていたが、自分自身に対してはその遠慮が命取りになりかねなかった。よって、子どもに限らず、大人であっても、突然に症状を発する可能性があるという認識で、特に自分の管理下においては十分な注意を怠ってはならない。

　なお、対応の詳細は、例えば文部科学省（2015）などの対応指針、各自治体が公開している資料を参照してほしいが、特に学生のうちから、「エピペン」の使用方法などは、動画教材、エピペントレーナーを用いた実習などで身に付けておくべきである。残念ながら、この問題も 2012 年に東京の調布市で発生した給食中の事故

により、学校現場が強い認識をもつように至った経緯がある。本来であれば子どもの命が失われる前に、周囲の大人たちがより適切な対応をすべきであった。そこで、読者にあっては、事故報告書（調布市食物アレルギー事故再発防止検討委員会2013）についても、ぜひ本稿を読んだあとに参照してほしい。そして、自身が教師になった際に、目前にそうした児童が発生した折、自信をもって適切な行動がとれるか、過去の教訓を生かしながら、対応できるようにしたい。

　また、学校給食だけでなく、例えば、遠足のときに、子どもに弁当を持参させることが多いが、この時のおかずの交換など、昔は当たり前のように行っていたことにも、原則禁止の指導を子どもたちに徹底させたい。さらには、お菓子などの交換も同様である。このほか、最近では、調理実習の食材も自宅から持参させず、学校で一括購入するようになってきている。これは、どのような食材を子どもたちが持参するか不明な点も多く、事故防止の観点から重要である。またさらに、学校給食で牛乳が提供されているが、一部自治体では紙パックの提供となっている。以前は、業者が回収し洗浄していたが、これを取りやめるとの連絡が都内の教育委員会に入り、その対応が課題となった。すでに、各自治体では、子どもたちが給食後にパックを切り開き、洗浄している。一方で、牛乳アレルギーの子どもがいた際に、洗浄時の飛沫などでアレルギー反応を引き起こす危険性もあることから、その作業を外部に委託するなどの施策を検討した自治体例もある。こうした様々な事例に配慮しながら、アレルギー問題について理解を深めてほしい。

4. おわりに

　本稿では、「安全教育」と「安全管理」に分け、具体例も交えながら解説を行った。しかし、それらを網羅的に扱うことはできないことから、今後もより詳細に学びを深めてほしい。そして、現職に就いてから、何か起きるかもしれない。そうした意識を大切にし、自身で研究と修養に励んでほしい。

（松波 紀幸）

〈引用文献〉
調布市食物アレルギー事故再発防止検討委員会（2013）「調布市食物アレルギー事故再発防止検討結果報告書」

厚生労働省（n.d.）「安全衛生キーワード」Retrieved from
　　https://anzeninfo.mhlw.go.jp/yougo/yougo24_1.html（2023 年 9 月 27 日閲覧）

小山健蔵、藤田大輔、白石龍生、大道乃里江（2014）「教師のための学校安全」学研教育みらい

東京都教育委員会（2023）「安全教育プログラム　第 15 集」

日本教育新聞（2022）老朽化し未改修の学校施設総面積が 5 年で 1.8 倍に（9 月 4 日 3 面）

朝日新聞（2023）校舎壁材落下相次ぐ（8 月 27 日 29 面）

松波紀幸（2018）「学校安全における安全管理―スクールゾーンにおける現状と課題、その改善策―」帝
　　京大学教職センター年報（5）、pp.61-69

松波紀幸、佐野匡、高橋美香、山田茂利（2020）「新型コロナウイルスの学校における対応について」帝京
　　大学教職センター年報（7）、pp.49-59

松波紀幸（2021a）「新型コロナウイルス対応に関する都内地教委施策の分析」帝京大学教育学部紀要（第
　　9 号（通算第 46 号））、pp.1-18

松波紀幸（2021b）「GNSS 端末機能等の比較について」帝京大学教職センター年報（8）、pp.141-153

松波紀幸（2022）「登下校時の総合的な安全・安心対策に関する論考」帝京大学教職センター年報（9）、
　　pp.15-27

まもサーチ（n.d.）Retrieved from　https://mamosearch.jp/（2023 年 9 月 27 日閲覧）

みもり（n.d.）Retrieved from　https://mimori-ai.jp（2023 年 9 月 27 日閲覧）

文部科学省（2015）「学校給食における食物アレルギー対応指針」

文部科学省（2017）「小学校学習指導要領（平成 29 年告示）解説　総則編」

文部科学省　国立政策研究所教育課程研究センター（2019）「学習評価の在り方ハンドブック（小・中学
　　校編）」（令和元年 6 月）

文部科学省（2019）「食に関する指導の手引―第二次改訂版―（平成 31 年 3 月）」

NTT 東日本（n.d.）「災害時の通信確保事前配備の災害時用公衆電話（特設公衆電話）の設置場所」
　　Retrieved from
　　https://www.ntt-east.co.jp/saigai/taisaku/kakuho_01.html（2023 年 9 月 27 日閲覧）

さいたま市（n.d.）「ASUKA モデル」Retrieved from
　　https://www.city.saitama.jp/003/002/013/index.html（2023 年 9 月 27 日閲覧）

総務省（n.d.）「総務省の基準に基づき設置される公衆電話」Retrieved from
　　http://www.soumu.go.jp/main_sosiki/joho_tsusin/universalservice/kousyu.html　（2023 年 9 月 27
　　日閲覧）

第2部
各教科等の授業構想

1. 国語科の授業構想の基本的な考え方

1. 国語科の授業づくりとは

　国語科は日常生活で使用する言語を用いて言語を学ぶという特性をもつため、学習しているという意識をもちにくい。教材や指導事項を変えながら、らせん状に学びを積み重ねていくため、学習者にとってみると同じような学習に見えるのかもしれない。また、教科書で取り上げられる「読むこと」の説明的文章の教材には、理科や社会科で学ぶ内容が多い。内容理解が学習の中心となるときに、「どのように読むのか」ではなく理科や社会科の内容を学習することに陥りかねない。その結果、国語科学習の目標が意識されにくく、学習によって言語力が身についたという実感をもてないことが考えられる。

　漢字や音読、書写などの練習の成果は見えやすい。ドリル的な国語科のスキル学習は国語の基礎学力の一つである。同時に、見えにくいが重要なのは、言葉のもつおもしろさ、文章を読み味わう豊かさ、話したり書いたりする表現の楽しさを実感することである。

　そこで必要になるのが教師の教材研究である。教師自身が言葉に対して興味をもち、国語の教材のおもしろさを発見することである。さらに、国語科の教材研究を通して、自身の考えを形成する充実感を体験することである。本稿では、小学校学習指導要領国語科（2017）の内容に沿って具体的な教材を取り上げ、子どもにとって楽しく言葉の力が身につく国語科の視点から、授業づくりに必要なことを整理する。

2. 知識及び技能

2.1. 語彙の授業

　「言葉の特徴や使い方に関する事項」には「言葉の働き・話し言葉と書き言葉・漢字・語彙・文や文章・言葉遣い・表現の技法・音読、朗読」の八つの観点がある。

知識及び技能の内容は、必要に応じて「話すこと・聞くこと」「書くこと」「読むこと」と関連づけて指導することが求められている。ここでは、「語彙」に関する指導事項と「話すこと・聞くこと」の指導事項と関連づけた授業づくりを取り上げる。

　語彙についての高学年の指導事項は「思考にかかわる語句の量を増し、語や文章の中で使うとともに語句と語句との関係、語句の構成や変化について理解し、語彙を豊かにすること。また、語感や言葉の使い方に対する感覚を意識して、語や語句を使うこと」である。

　「哲学対話をしよう」(教育出版6下)は、一つのテーマについて個人の具体的な体験やエピソードを出し合い、全体像を話し合って共通了解をしていく話合いの単元である。話題は「うれしさ」である。「1年生からお礼の手紙をもらった」「みんなで長なわを百回跳べた」等のうれしさの具体例を付箋紙に書き発表し合う。その後、出された体験や考えを同じような感じの種類に分類し、名前をつける。ここで重要なのは、辞書を引いて意味を知るのとは反対の活動が生まれるということである。具体的事例からふさわしい語を考えるのである。「達成感」という漢語や「やすらぎ」などの和語、「ほんわか」というオノマトペ、「ヤッター」という心内語など、体験を身体で感じて言葉にする語彙学習である。語彙は辞書で調べて覚えるものという捉え方から、自分たちがぴったりする言葉を見つけ生み出すという視点へ転じることである。語彙を自ら創造する楽しさが感じられる授業である。

2.2. 情報の扱い方の授業

　「情報の扱い方に関する事項」には「情報と情報との関係・情報の整理」の二つの観点がある。ここでは「情報と情報との関係」の指導事項を取り上げる。中学年の指導事項は「考えとそれを支える理由や事例、全体と中心など情報と情報との関係について理解すること」である。

　「調べてわかったことを発表しよう」(教育出版4年)では、身のまわりの道具や設備について調べ、便利だと感じることを写真や図表やグラフなどを使ってクラスで発表し合う。教師は、情報を収集する時間と場を確保し、情報を共有し検討するグループ活動を設定するなどの配慮が必要である。たとえば路面電車のバリアフリーの様子を撮影した写真や、資料を基に作成した乗客数のグラフを、どのように活用して発表するかを考えるのである。「自分の住んでいる都市が全国でも路面電車を利用している人が多いという情報をみんなに一番伝えたい」、あるいは「この情報は

みんなはよく知らないからはじめに見せて説明した方が分かりやすい」等の検討を
することにより、複数の情報の優先順位や関係を考えていくのである。その結果、
言葉と図表や写真等の情報の有効活用について理解できる情報学習となる。

2.3. 我が国の言語文化の授業

　「我が国の言語文化に関する事項」は、「伝統的な言語文化・言葉の由来や変化・
書写・読書」の観点がある。ここでは「伝統的な言語文化」を取り上げる。低学年の
指導事項は「昔話や神話・伝承などの読み聞かせを聞くなどして、我が国の伝統的
な言語文化に親しむこと」「長く親しまれている言葉遊びを通して、言葉の豊かさ
に気付くこと」である。

　「きいてたのしもう」(光村図書 1 年)では、昔話のおもしろさを十分味わうことが
大切である。教科書に出てくるお話を教師の読み聞かせで聞く。自分でも読む。音
声化することにより言葉のおもしろさを味わうことができる。方言の調子や、擬音
語や擬態語のリズムを声に出して感じ取ることができる。低学年では、声に出して
身体全体で言語を感じる授業づくりが大切である。

3. 話すこと・聞くこと

3.1. スピーチの授業

　学習のはじめには、「何のために話すのか」という目的と「誰に向けて話すのか」と
いう相手を明確にすることが大切である。目的と相手は教師が一方的に決めるので
はなく、子どもの願いや生活の実態に沿う学習活動を設定することにより必然的に
決まってくる。

　ここでは体験を話すスピーチ学習を取り上げる。体験をどのように語るかは、話
し手の自由である。ふだんのおしゃべりであればそれでよい。しかし「話すこと・
聞くこと」の学習では、その話は誰に対してどのような目的で話すのかを明確にす
る学習過程が必要になる。話す相手について考えると、隣の友達に話すときと、下
級生に話すときと、全校生に向かって話すときとでは、選ぶ言葉が異なってくる。
この相手にはどの言葉を用いると分かってもらえるかを選択するのである。また、
紹介として話すのか、内容をよく分かってもらうための説明として話すのか、とい
う話す目的が決まると、それに応じた話の構成が必要になる。順番や構成を意識し

て言葉を選ぶ。こうして、日常は無意識のうちに使い分けている言葉と言葉との関係を自覚することにつながるのである。

3.2. 聞き合う授業

　学習の交流場面で重要なのは聞き合う関係である。発表し合いに気持ちは向きやすいが、聞き合いに意識を向けることにより考える力を身につけることができる。

　「たからものをしょうかいしよう」（教育出版3年）は、宝物として、四つ葉のクローバーのしおりを友達に紹介するスピーチを考える教材である。メモを作り、スピーチする内容を考えてから、小グループで発表し合う。そこで重要なのが「聞き合い」である。

　聞き手はスピーチを聞いて伝えたいことと、スピーチの言葉との関係を考えて聞くのである。すると、聞き手の友達は、「一番伝えたいことはしおりの作り方なんだね」と聞いた感想を伝える。ところが、話し手が一番伝えたいことは、おばあちゃんと一緒に作ったことであった。話し手は、自分が一番伝えたいことが伝わっていないことに気づき、どのような言葉を選べばよいかを考え直す展開になっている。

　「話すこと」は、聞き手なしには成立しない。話し手が伝えたいことを、聞き手に理解してもらえるように伝えることが重要である。しかし、教室では多くの学習者が話すことに精一杯になってしまう。そこで重要なのが「聞き合い」なのである。書いたものを読み上げる発表し合いでは、「聞き合い」は生まれない。情報だけが流れていき、聞き手へ伝えようとすることより、読み上げることへの意識が高まってしまうからである。メモを見合い、「こう話そうと思うんだ、聞いてね」という小グループの活動により、「聞き合い」が可能になる。「話し合い」ではなく「聞き合い」である。話し手以上に聞き手の役割が大きいのである。

　宝物紹介での聞き手の反応から、一番伝えたいことが伝わっているかどうかに気づくことが、次の「話すこと・聞くこと」にどうつながるだろうか。はじめは、しおりの作り方から話し始めていた文章構成を見直し、「おばあちゃんに教えてもらいながら自分で作ったから」というエピソードを先に話すように変える、という変化が生まれるかもしれない。聞き手の言葉から次のスピーチを練り直す自覚が生まれるような授業づくりが大切である。

3.3. 話合いの授業

　話合いでは目的を明確に設定する。「読書週間にたくさんの本を読んでもらえるようなキャッチフレーズを決める」というような考えをまとめる話合いや、「本を読むことが好きでない下級生に本を紹介するにはどうしたらよいか」という考えを広げる話合いのどちらにも、「本を読むことを楽しんでほしい」という目的がある。まず、その目的を明確にすることが重要である。

　また、話し言葉は消えてしまうので、振り返ってどうだったかを言語化する過程が必要である。話合いを進めるうえで効果的だったことや、さらに改善すべきだったことを整理することで、学びを次に生かすことができる。グループで話合いをしているときに、話している内容だけではなく、話合いの進め方についての発言や、いくつかの発言の共通点や相違点から、整理する発言に注目することが大切である。「三つの意見が出されていますが、読書を楽しんでほしいということから考えるとどれから考えていきますか」という司会の発言を例に挙げる。発言同士を関連づけながら、目的に立ち戻ることで見通しをもった話合いを進める発言である。このような発言をまず教師自身が意図的に日常で用いることにより、子どもも使うことができるようになる。話し方のよさに気づくためには、子どもの言葉から教師がよさを見つけ、評価することが必要である。そのためには記録が有効である。録音して聞き直させることや、一部を文字化して教材化することも効果的である。その結果、自らの話し言葉を意識することが可能になる。

4. 書くこと

4.1. 説明的な文章を書くことの授業

　この授業は、記録・報告・説明・感想・意見等、何かを客観的に伝える文章を書くことである。「記録」は多くの教科で書く活動があるため、国語科で基礎を培い他教科で活用することになる。学習活動としての時間数も多い。理科と関連づけた観察記録や実験記録、社会科と関連づけた見学記録文やその報告文、説明文を書く活動は多岐にわたる。ここでは「調べてまとめる」授業について取りあげる。

　調べたことをリーフレットなどにまとめて伝える説明的な文章を書く学習過程に沿って、授業づくりについて考えよう。まず、「題材の設定・情報の収集・内容の検討」の過程では、自分が調べたい課題を見つけ、見学したり調べたりして伝え

たいことを決める。ここで重要なのは、調べたいと思えるテーマを設定することである。社会科見学に行くためにという他教科の学習の課題が先にある場合は、主体的な課題の設定ができるようにする。書くことの授業づくりでは、まず調べたい、書きたい、伝えたい、という主体的な学びが成立するような教師の準備が必要である。次に、「構成の検討」の過程では、内容の中心を決めて「はじめ・中・おわり」あるいは「序論・本論・結論」等の構成を考える。ここでは、カードやタブレットのソフトを活用して、順番を入れ替えたり、いくつかをまとめたり、削除したりする活動が有効である。そして、「考えの形成・記述」の過程では、語と語、文と文のつながりに注意したり、考えと理由や事例の関係を明確にしたり、事実と感想と意見を区別したりして書く。必要に応じて引用や図表やグラフを用いる。この過程では、十分時間を確保し集中して記述できる学習環境が必要である。さらに、「推敲」の過程では、間違いの批正だけでなく、よりよくするために読み直す。「共有」の過程では、書いたものを読み合い感想を交流する。しかし、「共有」の過程は最後のみに行うものではない。上記すべての過程で共有して感想を伝え合い、よりよくするための助言をする活動が求められている。そこでは、先に述べた「話すこと・聞くこと」の指導と関連させる必要がある。

4.2. 実用的な文章を書くことの授業

　この授業は、日記・手紙・紹介など、日常生活に生かすことが求められる文章を書くことである。はがきの書き方、お礼状の前書きや後書きの書き方等が教科書に示され、日常に生きて働き、日々の生活に活用することができる。しかし、形式を知ることで終わっては、国語科の学びとしては不十分である。手紙は、誰に、何のために書くのか、という相手意識と目的意識が何よりも大切である。そして、「書きたい」と思う主体的な思いがもてるような場の設定が必要になる。ここでは、「学校を紹介する文章を書く」という学習での授業づくりを取り上げる。

　学校紹介というテーマであるから、学校にいる人に紹介してもおもしろくない。知っている人に紹介するには、読む人が知らないことまで調べなければならない。そこで、別の小学校を伝える相手に設定するのである。姉妹都市などで交流のある地域や小学校があれば、互いの学校のよさや地域のよさを調べてまとめ、交流することができる。オンラインでつながって発表会をすることもできる。このように、生活に生かされることが実感できるとき、書く学習は生きるための重要な道具とな

る。もっと書きたい、もっと伝えたいという思いを育むことが可能になるのである。

4.3. 文学的な文章を書くことの授業

　この授業は、俳句・短歌・詩・創作物語等、経験や想像したことを自己表現として書くことである。ここでは高学年の言語活動例「短歌や俳句を創るなど、感じたことや想像したことを書く」という学習を取り上げる。

　俳句づくりでは、まず最近の、心が動いた出来事を思い出し、連想する言葉を集める。次に五七五の音に合う言葉を選び、俳句をつくる。さらに語順を変えたり、別の語と比べたりして見直す。最後に友達と読み合い感想を伝え合う。このような学習が設定されている。ここで提案したいのは句会である。句会では作者名は明かさず、作品のみを一覧にして感想を述べ合う。自分にとって心に残る句を選ぶ伝統的な様式である。俳号としてペンネームをつけるのも楽しい。文学的文章を書き、その作品を読み合うことには気恥ずかしさがあるが、匿名性があることでのびのびと交流することができる。批判されたり評価されたりすることで、表現に対する身構えや否定的感情が生まれないように十分配慮して授業づくりに当たりたい。

5. 読むこと

5.1. 物語文を読むことの授業

　物語にはストーリーのおもしろさがある。子どもは登場人物に自分を重ね、共感し、ときには批判しながら読む。すると問いが生まれる。登場人物はこの場面でなぜこのような行動をとったのだろうか。よくわからないので、繰り返し読む。するとしだいに自分なりの考えが生まれる。はじめは主観的な思いつきのように感じられるが、友達に伝えてみると、同じ考えをもっている人がいることを知る。まったく異なる考えをもつ友達の意見を聞くと、そんな考え方もあるのかと驚く。そして繰り返し読んでみる。また新たな問いが生まれる。物語の世界に深く関わり、その価値についても考えるようになる。こうして物語文を読むということは、物語を生きることともいえるのである。

　ここから登場人物、プロット、語りの３点から授業づくりについて考える。

　「登場人物を読む」とは、物語の展開の中で、登場人物の言動を描写する文と会話文をていねいに読むことである。物語文教材には、児童生徒が感情移入しやすい登

場人物が登場する。読み手は、登場人物の視点で物語を読む。登場人物の行動を追ってストーリーを理解する。登場人物がどう描かれているか、どう行動するのか、どんな状況の中で生きているのかを読むことで、物語の世界が立ち上がるのである。「白いぼうし」(教育出版４年)では、運転手の松井さんの視点で読む。松井さんの不思議な体験を読者として一緒に体験する。物語のストーリーを松井さんの体験と重ねて理解し、夏みかんを帽子の中に入れるという行動から松井さんの人物像を考えることができる。「ごんぎつね」(教育出版４年)では、ごんが「ひとりぼっちの小ぎつね」で「いたずらばかり」するという描写を読み、ごんの性格を明らかにすることができる。さらに「ひとりぼっちの兵十か」「いたずらしなきゃよかった」という会話文(心内語)を読み、言葉や行動の意味を考えることができる。

　「プロットを読む」とは、物語を構成するエピソードとエピソードの関係や物語の展開を読むことである。物語の展開にはクライマックスがある。読み手はそこに注目して読み、心が動かされる。「プロットを読む」とは、作品全体の中で、クライマックスの場面はどのような位置を示すのか、発端と結末はどう関係しているのかを読むことである。物語作品全体の構造を読むことである。学習活動として、「物語のお気に入りの一文を見つける」という方法がある。全体から一文を選ぶのであるから、一人ずつ異なる文を選ぶことになる。しかし、多くの学習者がクライマックスの場面から一文を選ぶ。それは、物語の展開を捉えたとき、もっとも心動かされる場面だからである。また、クライマックスの発端や結末の一文も選ぶ。発端や結末からクライマックスを読み直すことにつながるからである。さらに、想像を膨らませられる情景描写もある。作品世界に美しさや魅力をもたせる効果を考えることができる。「お手紙」(教育出版１年)では、第一場面と第四場面の挿絵を比較して、作品のプロットを読む学習活動がある。第一場面では、「二人とも、かなしい気分で、げんかんのまえにこしをおろしていました」とあり、第四場面では「二人とも、とても、しあわせな気もちで、そこにすわっていました」とある。文章の内容や挿絵を対比しながら、その間に起こった展開を考える。発端と結末とを結びつけ、作品全体を読むことができる。「きつねの窓」(教育出版６年)は、青色に染めた指でつくった窓の向こうに、失って二度と会えないものを見るファンタジーである。窓に映し出されたものは二度と会えない人や思い出である。ストーリーの中のエピソードの意味を考えずにはいられない。なぜきつねは、鉄砲と引き替えにして指を染めさせてきつねの窓を僕に与えたのか、きつねの窓から見えるものの意味は何か、

「僕は今でもきつねの窓をつくってみる」と最後に書かれているのはどういう意味があるのか、青などの色彩は何を表しているのか。それらの問いは、物語の展開を読み、エピソードとエピソードを関係づけることで考えることが可能になるのである。

　「語りを読む」とは、物語の語り手を読むことである。田近洵一（2014:20）は、「語りを読むとは、どのような語り手が、物語をどのような視点から捉えて、どのように語っているか、その語り手の視点や語り方に、どのようなものの見方や考え方（想）が表出されているか、また物語に対するどのような価値づけがなされているかを読むことである」としている。高学年になれば、語り手の位置や語りの変化から、物語を新たな視点で読むことが可能になるだろう。

5.2. 説明的文章を読むことの授業

　国語科教育の中で説明的文章を読むことの目的は、学習者が言語生活者として生きることができるようにすることである。大量にあふれ出る情報に押し流されないで、適切に判断し行動する、自律した言語生活を送ることが必要だからである。また、多様な立場や意図によって発信される情報の背景を捉え、多様な価値観や考え方を受け止めながら、互いに理解し生きることを実現することが求められるのである。

　説明的文章は、科学的内容や生物的内容、社会文化的内容等があり、子どもの興味関心を引きつける。しかし、すべての子どもがそうであるとは限らない。そこで、主体的に読むために吉川芳則（2017）の批判的読み（クリティカル・リーディング）を取り上げる。

　「すがたをかえる大豆」（光村図書3年）では、大豆に手を加えることで様々な食品となることを説明し、昔から工夫されてきたことを述べている。情報をうのみにして、書いてある内容を整理し、まとめ、要約して終わる学習からは、読む楽しさも、言語の学習としての自分の成長も感じられない。批判的読みは、この文章をよりよくするために筆者の述べ方や内容を吟味する読み方である。大豆の形を変える工夫として二番目に挙げている「きなこ」の例は他と比べて文章が短いことから、他の例との違いがあるのかと疑問をもつ。「取り入れる時期や育て方を工夫した食べ方」が最後にあるが、それまでの工夫とは種類が違うためこの文章は必要ないのではないか、という疑問も生まれる。それらの疑問をもって読むことである。また、述べる順序を筆者はおいしく食べる工夫の単純なものから複雑なものに続くように書いて

いる。しかし、親しみのある食材から書いた方が読む人に伝わるのではないか、という疑問が生まれる。では、そのように書き換えるとしたら、どのような文章になるだろうか、と考えるのである。その結果、読むことと書くことの学習を並行して進めることになり、受動的な読みから能動的な読みへと変化していく。

6. おわりに

　国語科の授業づくりは、教材の特性に沿って学ぶ楽しさと、言葉のおもしろさや豊かさに触れることができる言語活動を設定することが必要である。教材研究に終わりはない。子どもの言葉は日々変化し続ける。国語科の授業は、その変化に対応し更新し続ける必要がある。

（坂本 喜代子）

〈引用文献〉
田近洵一（2014）『文学の教材研究―〈読み〉のおもしろさを掘り起こす』教育出版
吉川芳則（2017）『論理的思考力を育てる 批判的読み（クリティカル・リーディング）の授業づくり―説明的文章の指導が変わる理論と方法』明治図書出版
文部科学省（2017）『学習指導要領解説国語編』

〈さらに学びたい人への参考図書〉
藤森裕治（2018）『学力観を問い直す　国語科の資質・能力と見方・考え方』明治図書出版
坂本喜代子（2017）『対話的コミュニケーションが生まれる国語』溪水社

国語科の授業実践

指導のポイント
- 「『モチモチの木』のサブタイトルを考える」という言語活動を軸に、本作品を〈豆太〉視点、もしくは〈じさま〉視点で読む選択学習を通して自分の読みをもち、それぞれの視点で学習した児童同士を組み合わせたグループでサブタイトルを考えることで本作品を読み深めることを意図した単元である。

1. 登場人物の気持ちを想像しながら読もう（第3学年）

教材「モチモチの木」（教育出版）

2. 単元の目標

　登場人物の会話や行動の叙述をもとに想像して読み、他者との交流を通して「モチモチの木」の作品を読み深めることができる。

3. 学習過程（7時間扱い）

　〈1時間目〉　単元の学習の流れを確認する。「モチモチの木」を音読し、ストーリーを捉える。※1時間目と2時間目の間に家庭での音読期間を設ける。

　〈2時間目〉　心に残った言葉や場面を基に初発の感想を書くとともに、「モチモチの木」にサブタイトルをつける。

　〈3時間目〉　サブタイトルと感想を交流する。次時の学習で、「モチモチの木」を〈豆太〉の視点で読むか、〈じさま〉の視点で読むかを選択する。

　〈4・5時間目〉　【選択授業】作品の中で重要だと思う〈豆太（じさま）〉の行動場面を出し合い、その行動場面についての〈豆太（じさま）〉の心情やその意味について考える。

　選択授業では複数教員で対応する。学級を二つに分割し選択していない授業のときは、他の教室で言語事項の学習に取り組む。

　〈6時間目〉　〈豆太〉視点、〈じさま〉視点のそれぞれで学習した児童同士を組み合わせたグループを作り、協働でサブタイトルを考える。

　〈7時間目〉　改めて「モチモチの木」にサブタイトルをつけて感想を書く。

4. 授業の様子

(1) 4・5 時間目の〈豆太〉視点、〈じさま〉視点に分かれての選択授業

　〈豆太〉視点の授業では、「真夜中に医者様のところまで走った場面」「灯がついたモチモチの木を見た場面」「しょんべんのためにじさまを起こした場面（最後の場面）」の 3 か所が豆太の重要な行動場面として児童から出され、そのときの豆太の心情や行動の意味についてそれぞれの読みを出し合った。たとえば、真夜中に医者様のところまで走った場面については、「ねまきのまんま」「はだしで」「半道もあるふもとの村まで」の叙述に着目して「じさまが死んでしまうかもしれない不安な気持ち」や「じさまを助けたいという思い」という豆太の心情が児童から提出された。本作品のキーワードである「勇気」という言葉を取り上げ、「この行動は勇気なのか？」という指導者からの問い掛けには意見が分かれた。しかし「じさまのために走った」という意見は一致し、「豆太はじさまが大すき」「じさまは豆太にとって唯一の家族」という意見が出された。

　〈じさま〉視点の授業では、「夜中にじさまが『しょんべんか』と目を覚ましてくれる場面」「山の神様の祭りを見ることができるのは一人の勇気のある子どもだけだと語る場面」「じさまが腹痛になる場面」「お前は勇気のある子どもだと語る場面（最後の場面）」の 4 か所がじさまの重要な行動場面として児童から出され、そのときのじさまの心情や行動の意味についてそれぞれの読みを出し合った。たとえば、お前は勇気がある子どもだと語る場面（最後の場面）については、「自分で自分を弱虫だなんて思うな。人間、やさしささえあれば、やらなきゃならねえことは、きっとやるもんだ」の言葉に注目し、「じさまは豆太にこのことを伝えたかったと思う」という意見が出された。また、物語中盤の「山の神様の祭りを見ることができるのは一人の勇気のある子どもだけだ」の語りの中にある「勇気」と、最後の語りの中にある「勇気」を関連づけて「じさまは豆太に勇気があると伝えたかった」という意見が出された。

(2) 6 時間目の「グループでサブタイトルについて考える」授業

　〈豆太〉視点の授業に参加した 2 名と〈じさま〉視点の授業に参加した 2 名を合わせた 4 名を基本にグルーピングを行い、グループごとに「モチモチの木」のサブタイトルについて考える話合いを行った。

　話合いには、ホワイトボードと 3 色（黒・青・赤）のペンを使用した。始めに黒ペンを使って意見を出し合い、次に青ペンで出された意見について検討し、最後に赤

ペンでグループの意見を決めるという方法である。

　実際の話合いでは、黒ペンで出された意見を箇条書きで列挙し、青ペンでキーワードを丸囲みしたり矢印を使ってまとめたり新しいアイディアを加えたりし、赤ペンでグループの意見を一つにまとめるという話合いの様子を見ることができた。話合い後には、ホワイトボードを活用し学級全体で意見を共有した。「豆太が大すきなじさま」「じさまとの愛じょう」「じさま、豆太に勇気をつける」などのサブタイトルがそれぞれのグループから提出された。

　〈豆太〉・〈じさま〉の双方の視点で順番に学習するのではなく、選択した視点で作品を読み、話合いにおいて異なる視点の読みをもつ読み手と唐突に出会うことで、相手の話を受けて自然と教科書を開き本文に戻ったり、自分の考えを見つめ直したりする児童の姿を見ることができた。

(3) 7時間目の「「モチモチの木」にサブタイトルをつけて感想を書く」授業

　本単元のまとめとして、2時間目と同じワークシートを活用して「モチモチの木」にサブタイトルをつけ感想を書いた。ある児童は、2時間目に「モチモチの木の勇気の話」とサブタイトルをつけ、7時間目には「じさまをすくうためにひたすら走った豆太の話」とつけた。この児童は、「真夜中に医者様のところまで走った場面」を一番重要な場面として取り上げ、豆太のじさまへの愛、じさまの豆太への愛を価値づけたまとめの感想を書いていた。同じ学習課題に取り組むことで「モチモチの木」に対する自身の読みの更新を確認することができた。

5.　考察

　視点を選ぶことで、選択した人物の会話や行動の叙述に着目して作品を読み深めることができた。また、話合いにおいて異なる視点の読みに出会うことで再読を促され、自身の中の「モチモチの木」の読みを更新することができた。

（足立区立桜花小学校　神永 裕昭　1997年度卒業）

学習過程の見える主体的な読みの実践

1. 主体的に読む選択学習

　この実践の特徴は、〈豆太〉の視点で読むか、〈じさま〉の視点で読むかを選択することで、自分の読みを捉え直していることである。この教材は、弱虫な豆太が大好きなじさまのために夜道を一人で医者を呼びに行くという勇気を出す場面が印象深い。そのため多くの児童は豆太に寄り添って読むことだろう。実践では、じさまという別の視点から読むことが選択肢に提示され、児童は立ち止まり、どうしようかと考えたことだろう。じさまの視点から読むとしたら、どう読むかと自問自答した結果、主体的な読みが生まれている。じさまの言葉や行動を読むことは、同時に豆太を読むことでもある。豆太の行動の変化の理由が、じさまの願いと結びついているからである。主人公ではない視点から読むことで、主人公の気持ちがよくわかるようになる学習展開である。

2. 過程の見える話合い

　実践のもう一つの特徴は、サブタイトルをつける話合いが活性化していることである。異なる視点から意見を交流することにより、考えをまとめる話合いの必然性が生まれた。一般的に、一つの問いに対して個別に考えてから意見を交流する場合、おおむね似た意見が出される発表のし合いになることが多い。同じようでも小さな違いがあり、そこを感じ取ることが望ましいのだが、３年生には難しい。そこで、異なる視点からの読みを交流することで違いを明確にし、そのうえで共通するポイントをサブタイトルとしてまとめる活動になっている。

　また、考えをまとめる話合いに３色のペンで思考の記録を視覚化しながら進めていることも効果的である。各自の考えは事実として黒色に残る。結論は赤色で示される。まとめる話合いでは、その過程が重要になる。それが、青色で結びつけたり新しいアイディアを付け加えたりする部分である。消えてしまう話合いの過程が視覚的に残り、個の考えからまとめへとつながる道筋が見える。選択学習と合わせて、効果的な話合いが豊かなサブタイトルにつながった実践である。

（坂本 喜代子）

2. 社会科の授業構想の基本的な考え方

1. 社会科授業づくりの基盤は？ ～教師として～

社会科授業づくりに取り組むために教師として心がけたいことが二つある。

①社会に関心を持ち、社会認識を磨くこと
②子どもの生活を捉えること

　大学までに学んだ社会科・社会系教科で学んだことを振り返り、確実に自分のものにすることは重要である。しかし、それだけでは不十分である。社会科の目標は、平和で民主的な国家・社会の形成者（＝市民）として必要な公民的資質・能力を育てることである。このような資質・能力を育てるためには、まず教師・教師をめざす者が市民としてよりよく生きようとしている存在でありたいものである。広く地域や日本の社会について関心をもち、知り、考え、行動するということである。社会について知るためには、社会に関心をもって、実際に見聞きすること、新聞やテレビ、ネットなどのメディアを駆使すること等を通して、刻々と変化する社会を知ろうとし続けることが重要である。

　授業づくりは、教師が学んでほしいと願うことを、子どもが知りたい、学びたいと思えるようにすることが重要である。そのためには、子どもをよく知り、子どもの生活の現実と社会事象をつなげられるようにしなくてはならない。また、社会科学習は問題解決的学習として構成される。子どもに問題解決的学習を求める前に、教師は常に社会に対して問題意識を抱き、調べ、表現する存在でありたい。

2. 3年生の社会科授業づくりの重点

　3年生の社会科は、子どもの暮らす市町村の地域学習である。授業づくりにあたっては、まず教師が地域を知ることが重要である。中学年の学習では教科書をそのまま使うことはできない。教科書が事例として取り上げている地域は、子どもが

学ぶ地域とは一致しないからである。社会科の副読本を作成している市町村の場合は、教師が地域調査に出る前に副読本を研究し、どこをどのように取り上げればよいのか知っておくとよいだろう。副読本がない地域で実践する場合、教科書の展開に合わせ、自分の地域の事例にどのように置き換えられるのかを考えればよい。また、３年生の学習対象は実際に見ることができる。社会科見学等の校外学習も適切に位置づけて実施できるようにしたい。

　３年生の学習内容は以下の４点である。

---

　①身近な地域や市区町村の様子

　②地域に見られる生産や販売の仕事

　③地域の安全を守る働き

　④市の様子の移り変わり

---

　①の授業づくりは地域の特色の把握が肝要である。副読本等をよく研究し、地域調査に出かけることから教材研究を始めたい。学習指導要領では身近な地域の学習よりも市区町村の学習に重点をかけるようになっているが、身近な地域である校区の学習は、子どもが生活し、実際に見学できる地域が対象となっている。この学習が充実すれば、身近な地域の学習が原体験となって、生活範囲から離れた地域の事象も、自分に引き寄せて捉えることができる。ここで学習対象となるのは地理的環境、土地利用の様子である。実際に歩いて見学したり、交通機関等を利用して見学したりして、地図を作成し地理的環境・土地利用の様子をつかませる学習を行う。この地図の作成・活用については、絵地図から地図へと発展するなかで、方位と地図記号の活用、地図帳の活用が重要となる。

　②の学習の生産の仕事は地域によって対象が異なる。農業が盛んな地域では農家の仕事、川や海で漁業が盛んな地域では漁師の仕事、工場の多いところでは工場の仕事が対象となる。販売の仕事ではスーパーマーケット、コンビニエンス・ストアなどの小売店が対象となる。まずは地域の副読本や資料等を把握して取材に行き、仕事の様子を捉えたい。生産の仕事の重点は地域・地域の人々の生活との関わりにある。販売の仕事の重点は消費者の多様な願いを踏まえ、売り上げを高めるように工夫されていることにある。生産や販売の仕事に携わる人の工夫や努力を、見学やインタビュー等から捉えさせる学習を構成したい。ただ、これらの生産や販売の仕事は子どもの生活の現実とは距離がある場合が多い。販売の仕事を学習する前には、

保護者の協力を得ながら、子どもの買い物等の体験を豊富にし、自分の暮らしとの関わりを意識しやすくすることが重要である。また、地域の生産を取り上げる場合は、例えば農産物ならば給食や自分の家でも地域の農産物を消費していることを意識できるような事前の働きかけも重要である。この学習の際には国内の他地域や外国との結びつきが意識できるようにすることも必要である。

　③について。安全を守る働きについての学習対象は警察や消防である。警察や消防は事故や災害等から地域の安全を守るために、相互に連携して緊急時に対処する体制を取っていることや、関係機関が地域の人々と協力して火災や事故などの防止に努めていることが理解できるような学習を構成することが求められている。防災に関しては、学校内にも関係する施設設備が多く存在する。校内を調べることから学習に入ることもできるだろう。警察・消防は地域住民の防犯・防災意識を高めるうえでも学校の学習に協力的であるので、見学や学校を訪問してもらう出張授業などを設けて、防犯・防災に携わる人の言葉から学びながら仕組みを学べるようにしたい。また、警察・消防以外にも、市役所、病院、放送局などの関連機関も連携して防犯・防災に努めている。ここまで挙げてきたのは「公助」である。防犯・防災には三つの「自助」「共助」「公助」の三助があると言われている。警察・消防を支える「共助」に、交通安全協会や消防団、町内会、自治会等がある。これらの働きについても目を向けられるような学習を構成したい。また防犯・防災の学習では、法やきまりを扱うこと、地域や自分自身の安全を守るために自分たちでできることなどを考えたり選択・判断したりする学習活動を設定することが求められている。

　④について。学習指導要領では、市の様子の移り変わりを捉えさせる学習に重点をかけることになっている。道具の変化が、子どもにとって具体的で理解しやすいものであったのに対して、市の様子の変化は教材を工夫しないと抽象的で分かりにくいものになってしまう。そもそも、3年生にとって時間の概念は抽象的で分かりにくいものである。地域の郷土資料館や博物館などを活用して、市の代表的な街角や中心地等の写真を入手し、その風景の変化をもとに土地利用の様子や交通、人口の変化等に広げる学習を構成したい。これらの学習では、主題図、分布図や統計資料等抽象的な資料を使うことになるが、それらがどのような現実を表現しているのか、わかりやすく学べる工夫が必要となる。また、市の様子の歴史的変化を捉えさせるために、道具の変化を先に扱ったり、単元内で扱ったりすることによって、時間の変化を捉えやすくなるようにするとよいだろう。道具の変化は、生活の変化を

もたらしており、主として道具が電化製品に置き換えられていく高度経済成長期に
よく見られる。炊事、掃除、洗濯、明かりなど、暮らしの中で日常的に用いられる
ものを取り上げるとよいだろう。このような市の様子の変化に関する学習を通して
市の課題（少子化や高齢化の進行、国際化の進展等）を踏まえ、市の将来を考えたり
討論したりすることができるようにする学習を構成することも求められている。

　これらの学習を通して３年生では「地域社会に対する誇りと愛情、地域社会の一
員としての自覚を養う」ことを目標にあげている。これは４年生でも目標に挙げら
れているものである。誇り、愛情、自覚といった人の感情に関わるものは、教師が
指導したからといって、子どもがそう感じるものでもない。地域の現実や、それら
を構成する人々の姿、地域のために尽力し愛する人々の姿に触れることによって、
子どもたちの中に生ずる心情ではないか。ある意味、祈りにも似たものであろう。
授業を創る教師がまずは地域を知り、愛情をもてる地域の人々や社会事象を発見し、
それを子どもたちに差し出すことが求められる。

3.　4年生の社会科授業づくりの重点

　４年生の学習でも、地域で作成されている副読本の方が使いやすい。この場合の
副読本は都道府県で作成されたものである。教科書は学び方を学んだり、他地域と
比較したりする時に使い、主として副読本を使用することになる。ただし、副読本
の構成を調べていくと、その地域で多く使われている教科書と極めて類似の構成と
なっていることが多い。４年生は３年生に比べて対象地域が都道府県と広域とはな
るが、身近な地域の学習である。基本は学習対象となる地域に出かけ、実際に見て、
聞いて、調べて、ということが教材研究の基本となる。社会見学等を計画して、子
どもたちが実感的に理解できるようにしたい。

　４年生の学習内容は以下の５点となる。

---

　①都道府県の様子

　②人々の健康や生活環境を支える仕事

　③自然災害から人々を守る仕事

　④県内の伝統や文化、先人の働き

　⑤県内の特色ある地域の様子

---

　①について。自分たちの県の位置、隣接する県との位置関係、県全体の地形や主な産業、交通網の様子や主な都市の位置などを基に都道府県の様子についてと、47都道府県の名称と位置を理解することが内容である。まずは県内の政治の中心、商業・産業の中心、主要な山地、平地、半島、川、湖沼、海、交通網等を、教師は実際に見ておきたい。この学習では地図帳と白地図の活用が重要となる。調べた事柄を白地図に書き込みながら理解できるようにしていくとよい。その際に、立体模型や航空写真、インターネットを活用して見られる衛星写真を、ICT機器を活用して調べることができるようにしておくとよいだろう。これらについても、子どもの生活とどのようにつながっているのかを明らかにして、興味をもてるように行うことが重要である。特に47都道府県の名称と位置については、機械的な暗記の学習にならないように気をつけなければならない。

　②については飲料水、電気、ガスを供給する事業や廃棄物を処理する事業を扱う。具体的には水道やごみ処理を扱うことが多い。例えば水道については、どのように水が供給されているか理解するためには、水源から家までを対象としなくてはならない。その場合、自分の住む都道府県だけでは完結せず、隣接する都道府県についても対象とすることがあるだろう。ここで①の学習が生きてくる。逆に言うと、①での学習は4年生の学習で扱われる地域をあらかじめ扱っておく必要があるということである。水道は生活に密着し、必要不可欠なものだが、子どもたちはそれを実感していない場合が多いので、学習はそれを認識させるところから始める。1日にどれだけ水を使っているか、学校にどれだけの数の蛇口があるか調べる等の具体的な活動を通して水の使用量の多さを実感し、統計資料を使って確かめ、水源から家庭までどのように水が供給されているか調べていく。この過程には多くの人が関わり、それらの人の組織的な働きによって水の安定供給が行われ、健康な生活が実現されている。ごみ処理は水道ほど広域ではないが、多くの人の組織的な働きによってごみが処理され、衛生的な生活が実現されている。ごみ処理の学習では、ごみの減量化の取り組みやリサイクルについても取り上げ、社会が持続可能な発展を考えて動いていることも捉えさせたい。これらの学習では、見学に応じてくれる関連施設が多いので、ぜひ社会科見学を位置づけたい。

　③について。3年生では警察と消防の学習で防災については学んできている。4年生では過去に地域で発生した自然災害を取り上げて、関係諸機関が協力して人々を守る活動を学んでいく。教材研究では地域で起きた自然災害について、副読本や

郷土資料館、公共図書館等で調べ、年表・地図でまとめておく。このとき、図書館等で災害が起きた当時の新聞や県や市の広報誌、ハザードマップなどを入手し子どもたちが利用できるよう編集・加工しておくと教材として利用できる。関係諸機関の連携・協力については市町村、都道府県、国によって減災・防災が取り組まれているが、ここでは地域で起こりうる災害を想定し、日頃から必要な備えをするなど、自分たちにできることを考え、選択・判断することが求められている。

　④では、県内の文化財、年中行事、地域の発展に尽くした先人（開発、教育、医療、文化、産業等における貢献）について学習する。年中行事は子どもの生活との接点が見つけやすいだろうが、文化財や先人についてはつながりを見いだすことが難しい。文化財や先人に関する記念館や資料館がある場合は見学を位置づけ、単元の導入を工夫して子どもの学習意欲を高め、資料を加工・整備して学習を行いやすくしたい。教材開発の手法を学び、副読本を手本に、ぜひとも独自の単元を創造してほしい。なお学習指導要領では、この単元でも地域の伝統や文化の保存や継承に関わり、選択・判断の場を設定することを求めている。

　⑤について。特色のある地域とは、学習指導要領解説では地場産業が盛んな地域や国際交流に取り組んでいる地域、自然環境や伝統的な文化を保護・活用している地域—例えば観光—などを挙げている。特色を知るだけの学習に留まることなく、その特色を生み出すために行政や地域住民、様々な組織や機関、人々が協力していることが学べる学習を構成する必要がある。

　これら中学年の社会科は地域を中心に展開しているので、学校によっては総合的な学習の時間の主題と関連することが多い。カリキュラム・マネジメントを行い、教科横断的な学習を構成することによって、社会科で学ばれたことが、より実践的に生かされることも考えておきたい。

4. 5年生の社会科授業づくりの重点

　中学年の社会科学習が子どもの身近な地域を中心に展開したのに対して、5年生の社会科は日本の国土・産業が対象となり、子どもの生活現実からは離れたものになりがちである。4年生の学習の後半から、学習対象が子どもの身辺から物理的に遠くなり、資料も具体的なものから抽象的な統計資料が多く使われるようになってくる学習の中で、社会科に苦手意識をもつ子どもが増えてくるといわれている。高

学年の社会科にあっても、子どもの生活、身近な地域につなげる意識をもって授業づくりに臨みたい。

　5年生の社会科は以下の内容で構成されている。

> ①我が国の国土の様子と国民生活
> ②我が国の農業や水産業における食料生産
> ③我が国の工業生産
> ④我が国の産業と情報の関わり
> ⑤我が国の国土の自然環境と国民生活の関わり

　①は国土を概観する学習で、地図帳や地球儀を使って、世界の中の日本の位置や国土の構成を学習する。ここでは、世界の大陸と主な海洋、主な国の位置、日本の領土の範囲等が扱われ、子どもにとっては多くの新しい事項と出合うことにもなるだろう。これらの事項を機械的に記憶させる学習にしてはならない。知る喜びや、知識をもつよさが実感できる学習を構成したい。例えば、社会科だけに留まらない日常的な活動として、新聞等を活用し、日々のニュースを学級で紹介し合う活動が見られるが、その際に話題になった場所を地図帳で確認し、どこにあるのか、自分たちの住む地域からどれくらい離れているのか、どのような特色をもった地域なのかを話題にすると、子どもたちは地図帳に親しみ、地理的な関心が高まる。このような活動を並行して行うことによって、国土の学習のみならず、産業の学習も子どもにとって身近なものとして感じられるようになる。地理的環境では地形と気候の関係が重要だが、地形としては高地と低地、気候では国土の南端と北端が事例として扱われることが多いだろう。これらの学習が、産業や防災の学習の前提となるので、教材研究の際には、それらの単元との関連性を把握しておき、授業づくりに反映させたい。小学校教師の中には、休暇の際の旅行に、教科書等で扱われている地に実際に出かけて、実感をもって指導できるようにしている者も多い。県内の学習と違って、学習対象が子どもにとってだけでなく教師にとっても離れた地域となるのが高学年の学習である。教師の教材研究も長期を見通して行う必要がある。

　②は食料生産に関わる産業の学習である。学習指導要領では農業や水産業として示されているが、解説を見ていくと、農業については「米、野菜、果物などの農産物や畜産物を生産する農業」と具体的に示されており、教科書では歴史的に主要な農業生産であった米の生産が主になっている。水産業は「魚介類を採ったり養殖し

たりする水産業」とされ、教科書では、教科書会社によって扱う事象が異なっている。米づくりは事例として取り上げる地域によって特色が異なることも知っておきたい。例えば、山形県の庄内平野の米づくりは、広大な庄内平野を背景に、耕地整理を行い、機械化して集約的な農業に取り組んできたという歴史的経緯があっての現在である。新潟県の南魚沼市の農業は、日本に多く見られる中山間地にあり、それほど広くない平地を背景に、食味のよい米を生産し、付加価値の高い米づくりに取り組んできた結果の現在である。これらの特性を踏まえたうえで学習を構成していかないと、単元の終末に設定される、これからの日本の食料生産を考える学習へとうまく接続しないことになるだろう。また、日本の食料生産の概況を資料として使うもことも求められているが、国土の学習同様に事項の暗記とならぬよう、日本の食料生産が抱えている問題を考えるために必要な情報として位置づけるなど問題解決的な学習を展開するために必要な情報として位置づける工夫が必要である。

　③について。５年生の工業は学習指導要領では業種を指定していないが、教科書では自動車工業を主として扱っている。かつては日本の工業生産を牽引してきた業種で、関連する産業に従事する人も極めて多く、影響力の大きな産業である。①とも共通するが、従事する人の工夫や努力、私たちの生活にどのように関係しているのかが学習の主題であり、生産工程を学ぶこと自体が目標ではないが、焦点のずれた授業を見ることも少なくない。最終的にどこを目指した学習なのかを意識した学習の構成が必要となる。また取り扱う産業も、時代の変化によって自動車工業から変わっていく可能性についても意識しておく必要がある。ここでも日本の工業の概況や他国との関係を取り上げることが求められるが、食料生産の単元と同様の配慮が必要である。また②③では輸送等、交通との関係、価格と費用の問題も扱う必要がある。

　④は産業と情報のつながりという、目に見えないが日常生活には不可欠な情報が学習対象となっている。新聞やテレビ、ラジオなどの情報を発信する仕事については、学習対象が可視化できるのでわかりやすいが、大量の情報や通信技術の活用が産業を発展させ国民生活を向上させていることが理解できるような学習の構成については、今後の研究が必要である。

　⑤は国土の自然環境と国民生活の関連についての学習である。森林が国土保全に果たしている役割や、災害と国土の特色と国民生活の関係が学習対象となっている。３年生では市区町村の警察・消防から、４年生では都道府県の災害の状況と防災として学んできたが、５年生では日本全体が対象となり、国土の自然条件から災害が

多く発生してきたこと、昔から防災に取り組んできたことが学習対象である。この内容には、公害や環境問題も含まれている。かつて工業生産の影として国民生活に大きな影響を与えてきた公害が、近年扱いが小さくなってきている。しかし、ここにはこれからの社会を考えていく際に学ばねばならない教訓が多くある。国土の保全について、選択・判断の場面を構成することが求められているが、公害について今一度真摯に学ぶ必要があるだろう。

5.　6年生の社会科授業づくりの重点

6年の学習内容は以下の3点である。

> ①我が国の政治の働き
> ②我が国の歴史上の主な事象
> ③グローバル化する世界と日本の役割

18歳から投票する時代となり、6年後には投票できる資格をもつ子どもたちに、これまで学年末に時間が足りず扱いが不十分であることも多かった政治の学習を最初に扱うことが示され、学習内容の順序が変わった。

①では日本国憲法、三権、国政、地方政治の順に学ぶ。概観から具体へと、説明する側にとっては説明しやすいが、子どもにとっては難しい構成になっている。これまでは地方政治の学習から国の政治へと発展し、日本国憲法・三権の学習順になっていた。子どもの生活圏と意識の拡大に合わせ、同心円的に拡大していったのである。これを逆にするのであるから、子どもにとって問題意識をもちやすく、理解しやすい学習にするためには研究が必要である。また、国民として政治との関わり方を多角的に考え、選択・判断する単元であるので、重要性を認識する必要があるだろう。

②の歴史学習は、人物や文化遺産を対象とすることを中心として、縄文時代からオリンピック・パラリンピックまでのおおまかな歴史を理解することが目標とされている。歴史学習はこれまでと大きく異なるところはないが、日本の文化重視はこれまで以上のものとなっており、平安時代、室町時代、江戸時代、明治時代といった現在につながる文化が誕生した頃の文化については重点をかけて学習することが求められている。また、世界との関わりに目を向けることについては新たに重点が

かけられ、それぞれの時代の日本が当時の世界とどのように関わりがあるのか目を向け、日本の歴史を広い視野から捉えられるようにすることが求められている。

③の国際の学習は、グローバル化が進む世界の中で、世界と日本との関わり、日本が果たす役割が学習内容になる。具体的には、日本との経済や文化の面でつながりが深い国を取り上げ、その国の人々の生活等を調べ、生活や文化の多様性を知ることや、地球規模で発生している課題や世界の国々が抱えている課題への日本の国際協力・援助、国際連合を扱っている。この単元は6年生の最後の単元となるため、4年間の社会科学習の総まとめの意味合いももち、また、これからを生きる子どもたちにとって世界との関わり方を考え、選択・判断する場面も設定され大変重要なのであるが、その前までの学習に時間がかかりすぎてしまい、短い時間で軽く扱われてしまう場合もあるようである。まずはそのようなことがないように、年間の見通しをもって学習を構成する必要がある。また日本とつながりが深い国について学習するためには、多様で必要な量の資料が必要である。学校図書館の資料整備も含め学習環境の整備もよく考えておく必要があるだろう。

6. 市民として活動できる基盤を育てる
〜問題意識と情報リテラシー〜

　社会科教育の歴史をひもとくと、取り上げる内容・取り上げ方についても変遷があることが分かるだろう。例えば領土に関する指導は、以前は現状ほど明確に扱われてこなかった。社会科の学習は歴史や政治に影響されながら変わっていくものである。社会科を指導する教師はつねに社会について関心をもち、変わっていくもの、普遍的なものを捉えられるようにしていきたい。まずは教師として市民として必要な資質・能力を培い市民として活動できる基盤をもちたい。その際に重要なのは、社会に関心を持ち続けることと資料を読み取り活用する能力、メディアを批判的に読み解く能力、すなわち情報リテラシーを身につけることである。全学年の社会科と他教科の学習を関連させながら、情報リテラシーを育てる社会科を考えていく必要があるだろう。

（鎌田 和宏）

社会科の授業実践
〜"ズレ"から生まれる「考えたい！」〜

　「先生って何の教科が一番好きなの？」「社会かな」「え〜、社会きら〜い」。毎年4月の恒例行事となっている子どもたちとの会話である。クラスのなかで、社会科が好きと答える子が数人いればいい方である。「なんで？」「だって、つまんないもん」「教科書読んで覚えるだけじゃん」。そういう声が毎年聞かれる。

　社会科の楽しさってなんだろう？　思わず考えたくなる社会科ってどんな授業だろう？　社会科の授業を子どもたちと創るうえで大切にしていることはたくさんある。どの学年でも、"地域"のことは大切にしていきたいと思っている。そして、それと同時に"人"も大切にしたい。「私のまちのこのお店って……」「私のまちのこの人って……」と語れる学びを目指していきたいと思っている。最近、高学年の担任を多くさせてもらっているなかで、どう"人"と出会おうか、地域にどんな歴史があるのか、と考えさせられる日が続いている。私の力不足なのは百も承知だが、なかなかそれが難しい。歴史の学習でいったら、地理的にも遠いことだが、時間的にも遠いことを学ぶわけである。どうしたら子どもたちは「考えたい！」となるんだろう。そう考えたときに、大事にした視点。それが、"ズレ"である。資料と資料の"ズレ"、資料と自分の"ズレ"、自分とみんなの"ズレ"……。そんな"ズレ"が生じたとき、子どもたちは自ずと「考えたい！」となる。そして、「自分はね……」「でも……」「それって……」と語りたくなる。"ズレ"ているからこそ、クラスの仲間の言葉を聴きたくなる。そういう学びを積み重ねていきたいと願って学習を行っている。でも、それを実践していくのは本当に難しい。だからこそ、日々の社会科の授業が「挑戦」なのである。

■6年生の歴史「近代国家をめざして」から　〜子どもたち編〜

　前任校で2022年11月に、6年生の子どもたちとつくった実践についての話をさせていただきたいのだが、その前に、語り始めたら語り尽くすことができない「6年2組の子どもたち」のことについて少し話をさせていただきたい。

　「歴史の学習について」で話をすると、「当時の人たちは……」「自分だったら……」「なんでこんなことしたんだろう？」と考えていくことに興味はあるように感じていた。また、クラスの仲間の発言をよく捉え、「あー」「なるほど！」「で

も……」「ちょっとよくわかんない……」とつぶやく子も徐々に増えてきていた。

　学習の内容としては、「情意」に強く考えが左右されていた。弱い立場の人には共感的に寄り添う姿が見られた。「庶民はどうなんだろう？」や「税を取られて苦しいのに……」など、権力者の裏にいる存在にも目を向けられる子もいた。「資料」という事実を大切にしながらも、そこから発展してくる“思いや願い”に思いをはせる子もいた。それはそれで大切な力だとは思うが、どうしてもそちらに寄り添いすぎてしまい、いつの間にか「資料」という“事実”から離れたファンタジーの世界に進んでいってしまいそうになることもあった。

　そして、そのため、「一面的な“悪”」にすぐ目が行ってしまっていた。「権力を握った」「反対勢力を力でおさえた」など、歴史を学習するうえで当たり前のように出てくる言葉に、“当時の価値観”ではなく、“今”の感覚で「なし」と断定する“空気”が強かった。当然、時代背景にも触れ、相互の関係も事実として捉えたうえではあるが、一つの“強い”言葉の印象に引っ張られてしまうことも多々あるように感じていた。

　そんな子どもたちとの学びだからこそ、「戦争＝悪」という一方向的な思考に落ち着くことなく、一つの事実を多面的に、そして多角的に捉えさせていきたかった。そのうえで、自分なりに判断ができる力を養っていければと願っていた。そして、だからこそ、“ズレ”が重要だと思っていた。

■６年生の歴史「近代国家をめざして」から　〜授業編〜

　本時は「日露戦争」について。江戸末期の開国から世界との関わりに身を置くこととなった日本。そこから事実を積み重ね、その事実に想いを寄せていかなければ、「日露戦争」は捉えられないと思い、江戸末期からの単元計画を組んだ。

　江戸末期の学習については割愛するが、子どもたちは国内の混乱を自分たちなりにしっかりと捉えていた。それにより、明治になり、どのような国づくりを自分たちなら目指していくのかを考えた際には、「強くなる」「不平等条約を改正する」「技術力をつける」「平和な世の中にする」という言葉が出てきた。実際に明治政府が行った代表的な政策を見たあとも、「強くなってきたのではないか」「これで近づけたから不平等条約は改正できるのではないか」と考えている子が多くいた。しかし、そこで「ノルマントン号事件」という事件が出てくる。「ここまで頑張ってきたのにまだこの扱いか」「やれることはやってきたのに

……」「今までの努力はなんだったんだろう……」「もっとアピールするためには
どうしたらいいんだ……」「もう強さをアピールするしか方法がないんじゃない
か」「でも、それだと平和な世の中は目指せない」と、願いと実態の"ズレ"が起き
てきた。その状態で、学びは日清戦争と下関条約、そして三国干渉と日露戦争
に向かっていく。

　本時では、「日本国民はロシアとの戦争をどう思っていたのだろう」という問
いで三つの資料を提示した。子どもを戦争に送り出した農民の話、神戸で戦争
に行く兵士を熱狂的に送り出した話、日本で初めて良心的兵役拒否をしたとさ
れる矢部喜好の話。"ズレ"を生みながら多面的に考えてほしいと願って出した三
つの資料だった。子どもたちは、その資料と、今まで積み重ねてきた事実から
たくさんの言葉を紡ぎだしていった。

　「これだけ市民が熱狂していたんだったら、戦争を歓迎していると思う」「勝
てたら土地やお金がゲットできる」「日本は強いと思っている」「でも、不平等条
約は改正できてないじゃん」「なんかどんどん道が外れてる気がする」「平和は
どこにいったんだろう？」「矢部さんの気持ちは分かるけど、無駄に2か月刑務
所にいるなら戦争に行った方がいいんじゃない？」「刑務所での2か月と人の死
だったら絶対に死の方が重いよ」「どちらの国の兵士にも家族がいる」「無駄な戦
争のせいで悲しむ人がいるのになんで戦争するんだろうって思ってる」「無駄で
はないんじゃないかな？」「なんかおもちゃの取り合いしてるみたい」「おもちゃ
にされる朝鮮の人がかわいそうじゃない？」「もともとはどちらの土地でもない
のに勝手に決めないでよって思ってると思う」「でも、一応日本の領土ではあっ
たよ」「返せって言われたから返したけど」「返せっていうよりもくれって言われ
てる感じがする」。

　たくさんの"ズレ"が"つながり"を生みだした1時間であった。

　子どもたちが自然と語りたくなる授業。「"この子"ならどう"ズレる"んだろ
う？」と考えながらつくる授業。悩みは尽きないが、それが社会科の授業づくり
の大きな魅力の一つなのではないかと思っている。その「悩み」を、ずっと楽し
んでいきたい。

（茅ヶ崎市立緑が浜小学校　堀部 健一郎　2014年度卒業）

社会科の面白さとは何だろう？
〜堀部先生の学級・授業から考える〜

　堀部健一郎先生のコラムから皆さんは何を読み取っただろうか。社会の授業づくりは難しく、挑戦である、簡単ではないから挑戦し甲斐があり、そこが愉しいというのである。ではその難しさはどこにあるのか。鍵になる言葉は「ズレ」である。これは日本の社会科草創期に文部省で社会科を担当した教育哲学者である上田薫（1920-2019）の言葉として知られているものである（上田は「ずれ」と表記していた）。上田は子どもの主体性と教師の主体性がぶつかり合って生ずる「ずれ」は授業を構成する鍵であるだけでなく、子どもの人間形成の鍵でもあるとして重視している。子ども、教師、教材の三者間相互にずれは存在し、それが学びの原動力になっているのである。堀部先生はそのような上田の教育論に学び、実践していることが伺える。授業のことを語る前に、学級の子どもたちのことを語っているが、社会科の学習を通じて多面的にものごとを捉え、自分で判断できるように育てようとしている、すなわち人間形成を視野に入れているのである。

　このコラムで取り上げている 6 年生の社会科学習の 1 時間を筆者は参観させていただいた。学級は、誰がどのようなことを発言しようともしなやかに受けとめ、互いの発言を真摯に吟味しようとする雰囲気で満ちていた。日頃の授業を通じてひとりひとりを、そして集団を大切に育ててきた堀部先生と子どもとの学びの歴史を感じさせるものだった。授業では「当時の人々はロシアとの戦争をどう思っていたのか」をめぐって、活発に子どもたちの意見が表現されていった。6 年生の子どもたちが自分たちの生きる現在から 100 年以上も前の出来事を、現在起こっている出来事であるかのように語り合っていたことが印象的であった。

　堀部先生は、社会科の授業づくりにおいて「地域」と「人」を重視している。この授業では矢部喜好という堀部先生が自ら調べ、教材化された人物が取り上げられていた。このようなオリジナルな教材開発も社会科授業づくりの醍醐味である。

　堀部先生は学生の頃から自ら学ぶ場を大切にされていた。自主ゼミを組織して仲間とともに授業について教育について、学んでいた。現在も職場以外に学ぶ場を設け、授業や教育について自ら学び続けている。

　日々の実践をよりよいものにしていこうと、「ズレ」から学び続けている堀部先生に学びたい。

（鎌田 和宏）

3. 小学校算数科における授業づくり

1. はじめに

　小学校学習指導要領（平成 29 年告示）では、子どもたちの資質・能力の育成が目指され、「知識、技能」「思考力、判断力、表現力」「学びに向かう力、人間性等」という三つの柱から整理がされている。算数科教育においては、数学的な見方・考え方を中核に据え、算数科における資質・能力の成長を捉えている。また、その際の学習過程としては、問題解決過程を踏まえた数学的活動が位置づけられており、一人一人が考えを持ち、その考えを受け入れ、お互いの考えのよいところを認めながらそれぞれの考えをよりよくする活動や、問題解決の過程を振り返り、数学的に考えることのよさなどを見いだす活動などが重要である（中央教育審議会初等中等教育分科会教育課程部会算数数学ワーキンググループ、2016）。

　このような資質・能力の育成を目指す授業づくりにおいては、教師は、用いる教材に関してあらかじめ教材研究を行い、子どもに育まれることが期待される資質・能力について整理する必要がある。具体的な場面を想定し、授業において何が確認されれば達成がされたと捉えることができるかについて、検討する必要がある。また、数学的活動に関しては、問題解決過程として示されていることから、授業において取り上げる問題解決過程の段階を明確にしておく必要がある。この活動では、子どもによる主体的で対話的で深い学びが目指されるため、子どもの自立的な活動や共同的な活動を含め、それらの活動が算数科の深い学びへと結びつけられるよう授業設計をすることが求められる。

　以上のことを踏まえて、本稿では、問題解決過程として深い学びへと結びつけるための数学的活動について、具体的な場面に即して説明することとする。

2. 丸の数を求める課題

2.1. 課題の場面

　ここでは、数学の事象に対する問題解決過程としての数学的活動を想定する。「数学の事象」としては、以下の例題場面を考える。課題は、規則的に丸を並べ進めていくときに、ある時点における丸の数はいくつかを問うものである（図表 1）。

【例題 1】

　図のように、順に○を増やしていきます。縦横 7 個になるように規則的に並べたとき、丸は何個ありますか。答えだけでなく、式も書いてください。

図表 1　丸の並べ方

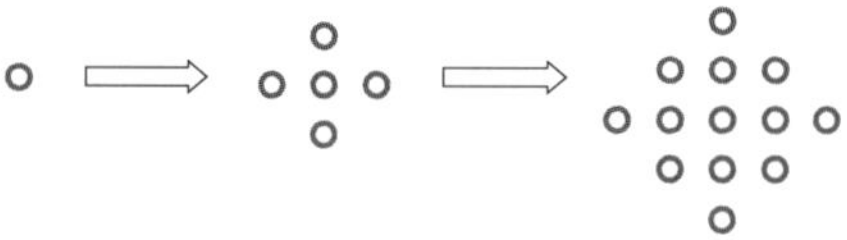

　例題では、三つの段階について図示されており、それぞれ縦横 1 個、3 個、5 個のときである。そこで、順に $n = 1$、2、3 の場合とすると、例題で問われている課題は $n = 4$ の場合の丸の数である。すなわち、ここでの「数学の事象」とは、図表 1 に示されたように丸を順番に並べていくことであり、「数学的に表現した問題」とは、$n = 4$ の場合の丸の数を求めることである。規則的に増えていく丸の特徴を踏まえたうえで、$n = 4$ の場合の丸の並び方を捉え、数学化している。

　なお、例題の事象をどのように捉えるかによって、丸の数え方は多様性を帯びることになる。数学の事象として $n = 4$ の場合だけに着目し、図を静的に捉える場合においては、その場合にみられる図の特徴に焦点が当てられることになる。例えば、上下または左右に線対称な図形であることや、上下と左右とを合わせて点対称な図形であるという特徴がある。また、$n = 1$ の場合から順番に図が大きくなっていく様子に着目し、図を動的に捉える場合においては、増加分に焦点を向けることができる。例えば、外側に一列ずつ丸が増加していくという変化や、n 番目の場合の丸の並び方を斜めにした正方形として見るとき一辺に丸は n 個あるという特徴がある。

2.2. 自立的な問題解決

　数学の事象の特徴をどのように捉えるかによって、「数学的に表現した問題」の把握に違いが生じるため、数学を活用した問題解決に向けてなされる構想や見通しには多様性が見られる。そして、その構想や見通しを踏まえて「焦点化した問題」が位置付けられ、その問題に応じて、図や式を用いた数学的な処理がなされる。このため、子どもによって数学の事象の捉え方が異なったり、構想や見通しが異なったりすることが生じるので、数学的活動においては、子どもの自立的な活動が要求される。それぞれの子どもが生きて働く知識としてどのようなものをもっているか、どのような数学的な見方・考え方を働かせるかということに依存して、個人による違いが生じる部分である。図や式には、問題解決に向けてなされた構想や見通しが表現されることになる。ここでは、多様な方法のうち、次の五つの捉え方について取り上げることにする（図表2）。

　第一の捉え方では、縦横7個に並べられた丸の一部を移動させることによって求める方法が行われる。①は、上下にある横に3個並ぶ丸の両端を移動させて、横に7個に並ぶまとまりを3つ作る方法である。$7 \times 3 + 2 \times 2 = 25$ となることにより、25個と求めることができる。②は、上下左右の端に飛び出している丸1個をそれぞれ移動させて、一辺に丸が5個となる正方形に変形させる方法である。丸は正方形に並べられるため、$5 \times 5 = 25$ によって、25個と求めることができる。

　第二の捉え方では、丸を移動させることなく、いくつかの同じ数のまとまりに分けることによって、数えていく方法が行われる。③は、3個ずつの丸のまとまりを作り、そのまとまりの数から丸の総数を求める方法である。3個ずつのまとまりが8つあり、真ん中に丸が1個あることから、$3 \times 8 + 1 = 25$ によって、25個と求める方法である。これに対して、④は、3個ずつのまとまりを二つのタイプに区別している。一つ目のタイプは、真ん中の1個の丸から上下左右に一列に伸びる部分の3個のまとまりである。二つ目のタイプは、一つ目のタイプの間に並べられている三角状の部分の3個のまとまりである。これら二つのタイプのまとまりがそれぞれ4つずつあることから、$3 \times 4 + 3 \times 4 + 1 = 25$ によって、25個と求める方法である。

　第三の捉え方では、$n = 4$ の場合を動的に見て、丸の数の増加量に着目する方法が行われる。⑤では、$n = 1$ の場合として丸の数が1個であり、$n = 2$ の場合では先の丸の周りに4個の丸が増やされ、$n = 3$ の場合には、さらにその周りに8個

図表2　多様な方法

①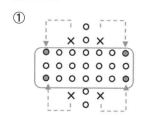

$$7 \times 3 + 2 \times 2 = 25$$

②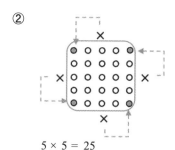

$$5 \times 5 = 25$$

③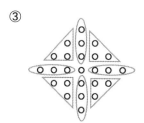

$$3 \times 8 + 1 = 25$$

④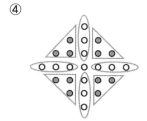

$$3 \times 4 + 3 \times 4 + 1 = 25$$

⑤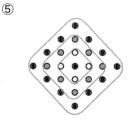

$$1 + 4 + 8 + 12 = 25$$

⑥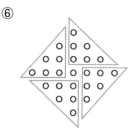

$$6 \times 4 + 1 = 25$$

⑦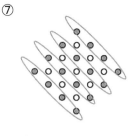

$$4 \times 4 + 3 \times 3 = 25$$

⑧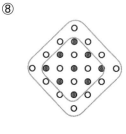

$$4 \times 4 + 3 \times 3 = 25$$

⑨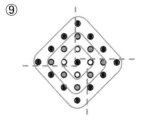

$$1 + (1 + 2 + 3) \times 4 = 25$$

⑩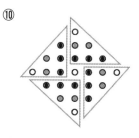

$$(1 + 2 + 3) \times 4 + 1 = 25$$

の丸が増やされ、$n = 4$ の場合には、12 個の丸が増やされることを確認して、それらの丸の数を順に足し合わせていく方法である。$1 + 4 + 8 + 12 = 25$ によって、25 個と求める方法である。

　第四の捉え方では、図が上下左右に対称な図形となっていることに着目し、対称の中心である点とその周りの点とを分ける方法が行われる。⑥は、対称の中心として 1 個の丸を捉え、周りにある丸を 6 個ずつのまとまりとして捉えていく。$6 \times 4 + 1 = 25$ によって、25 個と求める方法である。

　第五の捉え方では、丸の並べられ方を 45 度に傾かせて見ることで数えるという方法が行われる。⑦は、4 個ずつ一列のまとまりが 4 つと、3 個ずつ一列のまとまりが 3 つあると見る方法である。$4 \times 4 + 3 \times 3 = 25$ となることにより、25 個と求める方法である。⑧は、45 度に傾けて見ることによって、ダイヤ型の並び方から正方形型の並び方へと捉え方が変化する。一辺に 4 個並べられた正方形型と一辺に 3 個並べられた正方形型の、2 つの正方形の、並び方が重なり合ったものとして見る方法である。$4 \times 4 + 3 \times 3 = 25$ となることにより、25 個と求める方法である。

2.3. 多様な方法の共有

　例題 1 の答えを求めるためには、$n = 4$ の場合の並べられた図を書くことさえできれば、丸を 1 個ずつ数えあげることによって求めることも可能であり、答えは 25 個と求めることができる。2.2 にて取り上げた 8 種類の方法においても、答えはいずれも 25 個である。例題の答えとしては、25 個が正解となる。ただし、数学的活動としては、正解であることだけが重要というわけではない。子どもによって自立的に取り組まれた方法を取り上げて共有することによって、多様な方法にみられるアイディアの本質について知り、類似点や相違点を比較することも重要となる。

　例えば、③と④における丸の数の求め方は、3 個ずつのまとまりを用いるという点で類似しているが、式は異なる。③では、3 個という数に焦点を当てたまとまりを作っているため、一列に並ぶ 3 個と三角状の 3 個とは、同じ「3 個のまとまり」として見做している。このため、3 個のまとまりが 8 つあるとして、式には 3×8 と表現されている。これに対して、④では、一列に並ぶ 3 個と三角状の 3 個を区別し、それぞれのまとまりが 4 つずつあることから、式は $3 \times 4 + 3 \times 4$ と表現さ

れている。このように、類似する方法であっても、相違点が存在する。このとき、式には対象をどのように捉えているかという見方が表現されており、式の違いは、対象に向けた見方や捉え方の違いとなっている。

　また、⑦と⑧における丸の数の求め方は、どちらも $4 \times 4 + 3 \times 3 = 25$ という式に表現されている点で類似するものの、図に表れる対象の見方には相違点がある。⑦では、④の方法と同様に、同じ数のまとまりを作るという方法が取られている。4個のまとまりが4つあることから 4×4 と表し、3個のまとまりが3つあることから 3×3 と表している。これに対して、⑧では、対象を2つの正方形の重なりとして見る方法が取られている。つまり、図形の概念を見方として働かせ、問題解決が行われている。このように、同じ式であっても、対象に働かせている見方には相違点が存在する。このため、どのような見方・考え方を働かせているかを把握するためには、式だけではなく図に表すということも必要である。

　以上のように、子どもによる多様な方法を共有し、類似点や相違点を比較する際には、式や図に着目することが大切である。これによって、どのような見方・考え方を働かせて対象を捉えたのかについて明らかにすることができるとともに、子どもが自らの方法を説明する際には根拠として用いることもできるためである。そして、このように共有された多様な方法の類似点と相違点とを整理することは、新たな疑問が生みだされることや、他の方法の可能性に気がつくことへとつながる。数学的活動における問題解決過程を、深い学びへと進めるための契機とすることができるのである。

3. 深い学びに向けた問題解決過程

3.1. 統合的に考えること

　問題解決において働かせた見方・考え方は式や図に表現されるため、式や図について考察することは、問題の構造に対する理解を深めることにつながる。このためには、多様な方法に表れている式や図の共通点や相違点に着目し、数字の意味や図の解釈について整理をすることが有効である。

　例えば、図表2で示した④と⑥は、同じまとまりがいくつあるかという点に着目した求め方であるという点で類似している。④では、一列に3個並んだまとまりと三角状の3個のまとまりが4つあるという見方をしており、そこに真ん中の1個

の丸が加えられている。⑥では、三角状の 6 個のまとまりが 4 つあるという見方をしており、そこに真ん中の 1 個の丸を加えている。これにより、どちらの式においても、4 と 1 の数字が共通して表れている。そこで、これらの数字の意味について図を基に考察すると、数字の 1 は図の真ん中にある中心の 1 個を表しており、乗数の 4 は、上下左右に同じまとまりが 4 つ置かれていることに由来していることが分かる。すなわち、④と⑥は、真ん中の 1 個の丸を中心として上下左右に対称な図形であるという問題の構造を捉えた方法であり、この点において統合させることができる。実際に、図を見比べてみると、④における二種類のまとまりを一つに合わせたものが、⑥の三角状の 6 個のまとまりになっていることが分かる。

　このように、多様な方法として別のものと位置づけられる方法であっても、問題の構造に着目した整理をすることによって、統合的に考えることができる。式に表された数字の意味を図の中に見いだし、解釈をすることは、問題の構造の特徴を明確にすることにつながるため、大切である。

3.2. 発展的に考えること

　多様な方法に対して類似点に着目して統合的に考えていくと、相違点への着目による構造の把握ができる。これによって、共有された方法に対する解釈を深められたり、始めは思いつかなかった方法を見つけたりすることが可能である。

　例えば、⑤は、④や⑥と同様に 1 を足しており、類似点がみられる。そこで、④や⑥に統合させることを考えると、⑤の 1 ではない数字はいずれも 4 の倍数であることに気がつく。すなわち、丸の数の増加量は必ず 4 の倍数である。そこで、4 で括ると、式は、$1 + 4 \times (1 + 2 + 3) = 25$ と変形される。式変形によって生じる数字 4 は、先の④と⑥と共通する部分であり、これにより、上下左右への対称に由来する数字であると見做すことができる。そして、次に、新たに生じた $1 + 2 + 3$ の数字の意味について考える。⑤の方法の特徴は、丸の並べ方の増加量に着目したものであることから、数字 1 は $n = 1$ から $n = 2$ へ上下左右に増えたことを表しており、数字 2 は $n = 2$ から $n = 3$ へ上下左右に増えたことを表しており、数字 3 は $n = 3$ から $n = 4$ へ上下左右に増えたことを表していることが分かる。つまり、⑨のように図を捉えることができる。このようにして、類似点と相違点への着目によって、始めには思いつかなかった求め方を導くことが可能となる。

　今度は、⑤を基に⑨を導いたことを利用して、⑥の捉え直しを試みる。⑥に表れ

ている数字6は $6 = 1 + 2 + 3$ と変形できることから、$(1 + 2 + 3) \times 4 + 1 = 25$ と変形ができる。そして、⑥の図の中に $1 + 2 + 3$ を探すと、例えば⑩のように捉えることができる。⑥の三角状の6個としていたまとまりは、⑤のように n による増加量に着目した並べ方として捉え直すことができる。すなわち、⑥の静的な捉え方は、n の変化に着目した動的な捉え方へと、見方を深めることができるのである。

このように、別々の求め方であったものでも、共通点や相違点を見出し、分類整理をすることによって、方法や事象の捉え方を深めることができる。今回の問題においては、$n = 4$ の場合の丸の数を25個と求めることが「結果」に該当するが、統合的・発展的に考えることによって、数学の事象の構造をふまえた新たな方法を見出すことが可能となる。このことは、問題解決過程による事象に対する見方・考え方の深まりと言える。

4. 体系的な整理のための教材研究

例題では $n = 4$ の場合の丸の数を求めるものではあるが、多様な方法の中には、変数 n に対して一般に適用できるものが存在する。そこで、この点から多様な方法を振り返って整理してみると、図表2の①と②の方法は、一般に用いることはできないことが分かる。例えば、②の方法は、$n = 4$ の場合であれば外側の1個をそれぞれうまく移動させることができるが、$n = 3$ の場合において適用を試みても②のように正方形型に移動させることはできない。すなわち、②の方法は、$n = 4$ の場合に限りうまい方法であって、一般的に適用できるものではないことが分かる。それに対して、⑦や⑧の求め方は、n がどの数の場合においても一般的に用いることのできる方法である。例えば、$n = 3$ の場合であれば、$3 \times 3 + 2 \times 2 = 13$ より13個と求めることができる。⑨や⑩の方法は、n がどの数の場合においても一般的に用いることのできる方法である。このことから、一般的に適用することのできる方法である⑦および⑧、⑨および⑩について、どのような関係にあるのかについて考えを進める。

⑨および⑩については、先に探究したように、$n = 4$ の場合には、$(1 + 2 + 3) \times 4 + 1$ と求めることができる。この構造によって、n 番目のときには、上下左右に $1, 2, 3 \cdots, n - 1$ と増えていき、$(1 + 2 + 3 + \cdots + n - 1) \times 4 + 1$ と表される。この求め方について式変形をすると、次のようになる。

$$(1 + 2 + 3 + \cdots + n-1) \times 4 + 1$$
$$= \sum_{k=1}^{n-1} k \times 4 + 1$$
$$= \frac{n(n-1)}{2} \times 4 + 1$$
$$= 2n(n-1) + 1$$
$$= 2n^2 - 2n + 1$$
$$= n^2 + (n-1)^2$$

$n^2 + (n-1)^2$ の形は、⑦および⑧の一般的な場合の方法を表す式である。実際、$n = 4$ の場合は、$4 \times 4 + 3 \times 3 = 25$ となる。こうして、一般に適用される⑦および⑧、⑨および⑩は、n の場合についての式変形によって結びつけることができる。

最後に、一般的には適用することのできない②の求め方ではあるが、式は短くまとめられることもあり、うまい方法である。そこで、なぜ $n = 4$ のときのみうまくいくのかについて考える。先の式変形により、丸の数は $n^2 + (n-1)^2$ と2乗の和で表されている。2乗の和の関係としては三平方の定理があり、$n = 4$ のときは、丸の数は $3^2 + 4^2 = 5^2$ があてはまる。直角三角形の3辺で考えると、$n = 4$ の場合であれば、3辺がすべて整数値となり、うまく移動させることができるということが分かる。

5. おわりに

多様な方法は、まったくそれぞれが別のものというわけではなく、事象の構造や方法の構造に着目することによって、結びつけて捉えることができる。また、多様な方法を整理することによって、新たな求め方を導き出すことや、方法の制約に気がつくなど新たな事実を明らかにすることも可能である。

このように、答えを求めることや正解であることのみを重視するのではなく、工夫して捉えることはできないかと考えることで、多様な方法が見いだされ、事象に対して見方・考え方を働かせることができる。本稿における数学的活動では、上下や左右に線対称であるという見方から、上下左右の四方向に線対称であり点対称であるという見方に変化させたり、$n = 4$ の場合のみを静的に捉える見方から、n を変数として動的に捉える見方へと変化させたりして、事象に対する深い理解につな

げることができた。

　また、変化させたものは、事象に向けて働かせた見方・考え方の違いだけではない。それぞれの求め方の式に表れる数字の意味についても、事象の構造の把握にともなって明らかになった。乗数としての２や４は、並べ方の対称性に由来しており、加数の１は対称の中心を表すものと分かった。丸の数が２乗の和で表されることは、文字を用いて一般の場合の式変形をすることによって、いつでも成り立つことが分かり、特に $n = 4$ の場合のみ平方数によって表すことができる特別な場合であることが分かった。このように、多様な方法はそれぞれ個別なものではなく、式変形によって結びつけ、体系的に整理することができる。

　このような授業づくりのためには、教師が事前に教材研究を行い、子どもから発表される考え方を分類整理する視点を準備しておく必要がある。数学的活動は子どもたちが自立的に主体的に取り組むことで進められていくものではあるが、その活動を深い学びへと結びつけられるかどうかは、子ども任せにできるものではない。教育は意図的な行為であり、教師がよい問題を提示したり、必要に応じて適切な導きを示したりすることが大切である。

（山崎 美穂）

〈引用文献〉
中央教育審議会初等中等教育分科会教育課程部会算数数学ワーキンググループ（2016）『算数・数学ワーキンググループにおける審議の取りまとめ（報告）』（平成28年8月26日）
文部科学省（2017）『小学校学習指導要領（平成29年告示）解説 算数編』

算数科の授業実践

> 指導のポイント
> ・算数科において、見通しと振り返りを重視した授業を行うことによって、児童の自己調整能力の育成を目指す。

1. はじめに

　筆者は現在、教職大学院生としてT小学校にて1年間を通して実習を行っている。T小学校では研究主題を「学習を自己調整できる児童の育成」とし、算数科の指導を通して主題に迫っていくことを校内研究として行っている。本コラムでは中学年分科会4年生の授業参観を通して、その手立てと有効性に迫っていく。

2. 見通しと振り返り

　本授業のポイントとして、学習の振り返りを重視することがあげられる。授業冒頭にて学習内容を確認したのち、学習活動への難易度を「○」「△」「×」で自己評価させ、見通しを持たせる。また、授業終わりには学習の振り返りを「○」「△」「×」で自己評価を行う。この振り返りは次授業の冒頭において、一部抜粋して紹介し、単元・授業間のつながりを意識させる。これらの見通し、振り返りを繰り返す中で、自己の中の既存の知識を本授業に生かせるか、本授業での自分の学習がどのように進んでいたか、どのような見方・考え方が働いていたかなどを把握することができる。それにより、児童が自ら学習への目標をもち、進め方を見直しながら学習を進め、その過程の評価から次の新たな学習に粘り強くつなげようとする児童の育成を目指す。

3. 本時の展開

　本授業では第4学年「小数の仕組みとその計算」の単元全13時間中11時間目である「数学的表現を用いて小数を多様な見方で表したり、捉えたりすること」を目標とする。

　授業では主発問として「3.45はどのような数字か」を考える中で、小数についてのいろいろな見方を考えていく。授業冒頭では「□はどんな数といえますか」と提示し、□に入る数字は何かを考える作業から入った。好きな数や日付に関した数を言

う児童がいる中で、小数の勉強をしていたから小数じゃないかと考える児童が現れた。この児童を中心に 3.45 という数字の見方を考える作業に入る。教師はいきなり小数には入らず、15 を表す方法は何があるかと発問した。３年生の既習事項を振り返らせ、考えさせた。児童からは当初 1 と 5 でできる数という声もあったが、その問題点を児童に説明させ、10 と 5 を足した数、16 より 1 小さい数、14 より 1 大きい数などの表し方があることを確認した。その後、3 と 4 の位置のみ目盛りに記された数直線を使って、3.45 がどこに位置するのかタブレットを用い、自分で考えた後に全体で確認した。

　ここまでの確認を経て、「本時の活動がうまくいきそうか」の見通しをもたせた。ここでは直観的にうまくいきそうかを考えさせ、記入できた児童から主発問である「3.45 はどんな数と言えますか」について考える活動に移っていった。多くの児童が「うまくいきそうか」に対し○をつけ、活動に移っていった。

　初めのうちは 15 の例で扱った「○○と△△を足した数」や「○○より大きい、小さい」ということを書く児童が多かった。また、数直線を基に位ごとの数を捉える児童もいた。数字を変えながら様々な方法で児童は 3.45 を表し、5 個あった記入欄を大きく超える児童も見られた。ある程度の時間をとったのち、隣の児童との共有の時間に移り、お互いの考えを見合い、良い考えに印をつけ、それをロイロノートにて教師と共有した。教師は共有された児童それぞれの考えを電子黒板にて提示し、各種の考え方を評価したり、関連づけたりしていった。

　共有ののち、振り返りを行った。学習を自己評価し、感想や考えたことを記入したうえでロイロノートでの提出をもって授業が終わった。

4. 抽出児童の様子

　本授業では一番後ろに座っていた児童（A）を抽出し観察していた。A は本時で取り上げる 3.45 の大きさを数直線上で確認する作業において、3.5 の目盛りに矢印を指していた。このとき、目盛りを数える姿は見られたことから、数直線は左から数が順に並んでいることは分かっているようだった。その後に行った「本時の学習はうまくいきそうか」の見通しをもつ際、A は「×」としていた。

　A は活動が始まってもすぐには手が動かず思案していた。教師が手の止まっている他の児童へのアドバイスとして話した、「数直線がどうしてここを指すのかの説明したことをまとめれば 1 個目になりそうだね」という発言を参考に、1 を 3 個、

0.1 を 3 個、0.01 を 5 個と書くことができた。ここでは授業冒頭に確認した 15 の場合での位ごとのまとまりの見方と教師のアドバイスを基に、数直線が位ごとのまとまりで示されていることが分かったようだった。さらに、この見方を基に自分で 0.01 が 345 個と書くことができた。そして、話し合いの時間を迎えた。この様子から A はアドバイスを参考にしながらも、小数の位、位ごとの数、小数の分解・合成についての理解はできていると感じた。

　共有の時間では隣の児童が「345 を 100 で割った数」と書いていたのを見たとき「確かにこの前やったやつだ」と言い、すぐに自身のプリントに書き込んだ。ここでは、既習事項である整数と小数の相対的な関係性（整数を 10 分の 1、100 分の 1 すると小数になり、小数を 10 倍、100 倍すると整数になる）について実例を伴って理解でき、新たな見方を得ることができたのではないかと思う。最終的に A は「本時の学習はうまくいったか」の振り返りにて、「○」を選び、「最初は 3.45 は○○な数です。のところができなかったけど、友達が教えてくれたからわかるようになった」と書いており、この時間を通して小数の見方を増やすことができたのではないかと思う。

5. おわりに

　授業の中で、児童 A の場合には、数直線の位ごとのまとまりの捉え方や整数と小数の相対的な関係性の理解について変化がみられた。そして、振り返りの記述から、A は自分一人の力だけで本時の題材だけを考えるのではなく、友達や先生の考えた視点や既習事項とのつながりを活かすことの大切さを実感できたのではないかと思う。このことから、次の新たな学習においても、考えに詰まったときなどは、友達の意見や既習事項を活かす等して、粘り強く学習を進めようとすることが期待される。

　教師は、児童の振り返りを次回の授業冒頭でフィードバックし、その時間に自己調整能力に変化のあった児童の記述を紹介することによって、クラス全体に自己調整の仕方を提示していくことが重要になる。このことを何度も繰り返し伝えることで、児童に前時と本時の授業のつながりや大切にしてほしいことの意識づけができる。

（帝京大学大学院教職研究科院生　萩原　翔平　2021 年度卒業）

算数科における見通しと振り返りの大切さ

　問題に直面した際には、既習事項を基にして、結果や方法の見通しをもつことが重要である。これまでに自分の知っている似たような事柄を想い起こして、その類似性に着目することによって、新たな問題ではどのようになるのかを考えることになる。算数科は系統的な内容によって構成されているため、既習事項とのつながりで問題に向き合うことによって、主体的に取り組むことができるのである。

　本時の授業の冒頭では、活動の見通しについて児童に自己評価をさせている。この際、既習事項と何が類似しているのか、それゆえにどのような方法が使えそうか、どのような結果になりそうか、児童に意識させることが大切となる。この点をクラス全体で明確に共有したのちに、自己解決活動に移ることによって、児童は主体的に考えを進めることが可能になる。授業においては、既習事項とどの点が類似しているのかという観点について、明確に取り上げて提示するなどの工夫が求められる。

　また、問題解決活動においては、どのような数学的な見方・考え方を働かせて問題解決できたのかについて、振り返ることが重要となる。数学的に表現・処理したことや自らの判断を振り返り、数学的な見方・考え方を明らかにすることによって、事象に対する考察を深めたり、数学のよさに気付くことができたりするのである。

　本時の授業においては、位に着目したり、数直線上の位置に着目したり、他の数の大きさと比較して考えたりして、3.45という小数を捉える活動がされている。ここでの数学的な見方・考え方は、小数の場合だけでなく整数の場合においても働かせることができるものである。振り返りにおいては、これらの点に注意を向けさせることも大切である。

　小数と整数の類似性を意識することは、例えば、小数の四則演算をする際にも有効に機能するものである。小数は十進位取り記数法に基づいているため、小数と整数を同じように考えることは、児童が小数の四則演算の仕方を主体的に考えることを可能にし、算数を創ることを可能にする。授業の振り返りの際には、小数と整数の類似性について確認するとともに、そのような点に着目した児童の記述については次授業にて紹介するなどして、算数におけるつながりを意識させたい。

（山崎　美穂）

4. 小学校理科における授業づくり

1. はじめに

　皆さんは理科に、どのようなイメージをもっているのであろうか。覚えることが多くて大変だった、計算が大変だった、だから理科は苦手だった。このようなイメージをもつ人が少なからずいるのではなかろうか。そこで、今一度、小学校理科の教科の目標を確認しておく。

　自然に親しみ、理科の見方・考え方を働かせ、見通しをもって観察、実験を行うことなどを通して、自然の事物・現象についての問題を科学的に解決するために必要な資質・能力を次のとおり育成することを目指す。
　（1）自然の事物・現象についての理解を図り、観察、実験などに関する基本的な技能を身に付けるようにする。
　（2）観察、実験などを行い、問題解決の力を養う。
　（3）自然を愛する心情や主体的に問題解決しようとする態度を養う。

　この目標を読む限り、覚えることや計算ができることが理科の目的ではないことが明白である。理科は、問題を科学的に解決するために必要な資質・能力を育成するためであり、3つの資質・能力が示されている。（1）知識や技能、（2）問題解決の力、（3）主体的に問題解決しようとする態度、となる。理科においては、特に（2）問題解決の力の育成が中核となる。その問題解決の力は、特に育成したい力を各学年によって次のように示されている（文部科学省、2018）。
　　○第3学年では、学習の過程において、自然の事物・現象の差異点や共通点を基に、問題を見いだす。
　　○第4学年では、学習の過程において、自然の事物・現象から見いだした問題について、既習の内容や生活経験を基に、根拠のある予想や仮説を発想する。
　　○第5学年では、学習の過程において、自然の事物・現象から見いだした問題

についての予想や仮説を基に、解決の方法を発想する。

○ 第6学年では、学習の過程において、自然の事物・現象から見いだした問題
について追究し、より妥当な考えをつくりだす。

　これらの文の主語はすべて子どもであり、子どもが問題を見いだし、子どもが根拠ある予想や仮説を発想し、子どもが解決の方法を発想し、子どもがより妥当な考えをつくるのである。しかし、教師の指導がなく子ども自身が問題を見いだすことは難しい。同じく、子どもが根拠ある予想を発想するのも難しいであろう。そこで、子どもの問題解決の力を育成するために、どのようにしたらよいのか考えていきたい。

2. 理科の問題解決の過程と特に各学年で育成したい問題解決の力

　問題解決の力は、問題解決の過程を通して身につけさせるものとされている。理科の問題解決の過程の分け方や名称は、研究者によって、また実践者によって多少の違いがあるが、おおむね図表1のように示すことができる。

図表1　理科の問題解決の過程と主な活動

①事象との出会い…………	子どもたちが、教師が意図をもって準備した自然の事物・現象と出会う。
②問題の見いだし…………	子どもたちが、①での活動を基に自ら問題を見いだす。
③予想や仮説の設定……	子どもたちが、②に対して、根拠をもった予想や仮説を立てる。
④観察、実験の計画……	子どもたちが、②③に対して、どのような観察、実験を行うのか考える。
⑤観察、実験の実行……	子どもたちが、④の計画を基に観察、実験などを実行する。
⑥結果…………………………	子どもたちが、⑤で行った結果を記述、整理する。
⑦考察…………………………	子どもたちが、一連の活動を振り返り、⑥から論理的に⑧を導き出す。
⑧結論…………………………	子どもたちが、②や③に対して正対した答えを導き出す。

　ここで着目してほしい点は、主語である。すべての問題解決の過程が「子どもたちが」である。『小学校教師の専門性探究』(現代図書、2023)にて次のような先生の発言が問題であると示したが、何が原因であるかはもうお分かりであろう。

　　先生:「(黒板に書いて)今日の問題はこれです。ノートに写しましょう」
　　先生:「予想してみましょう。○○なると思う人は手を挙げてください」
　　先生:「実験のやり方を説明します。前に集まってきてください」
　　先生:「今日のまとめを黒板に書きます。ノートに写しましょう」

　これらの先生の発言には、子どもたち自らが学習を進める姿がないのある。

　問題解決の過程と特に各学年で育成する問題解決の力との関係を表すと、図表2のようになる。これに沿って考えていきたい。

図表2　**問題解決の過程と特に育成する問題解決の力**

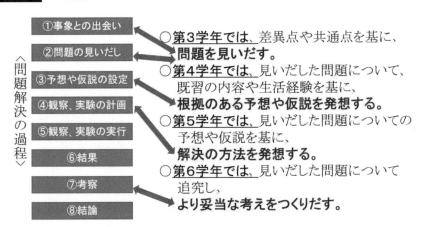

　これを見ると、各学年で特に育成する問題解決の力は、問題解決の過程に沿っていることが分かる。しかしここで注意してもらいたい点がある。例えば、第3学年では問題を見いだす問題解決の力が求められているが、①事象との出会い、②問題の見いだしの過程だけを行えばよいのではない。第3学年であっても、子ども自らが予想を立て、実験を考え、実行をし、結果を得て考察をして結論を見いだすことが必要である。同様に、第6学年であってもより妥当な考えをつくりだす、⑦考察の過程だけをやればよいのではない。もっとも、問題を見いだすことができなければ、観察、実験も行われないのだから。つまり、第3学年では「①事象との出会い」

から「②問題の見いだし」が自らできるようにすることに重点を置いて指導しよう。そして、先生の指導が強くなるかもしれないけれど、自分で根拠のある予想を立てたり、だんだんと子どもの力で解決の方法を発想できるように指導しよう、ということになる。同じように第4学年では、第3学年で育成された問題解決の力に加え、根拠のある予想や仮説を立てられるように重点を置いて指導しよう、ということになる。そして小学校で理科を学ぶ4年間で、子ども自らが新たな問題にぶつかったとしても、自らの力で解決するための能力を育成することになる。理科という教科は、「テストに出るから覚えなさい」という教科ではないことがお分かりであろう。

3. 自然の事物・現象の差異点や共通点を基に、問題を見いだす

　教師が、「今日の問題はこれです。ノートに写しましょう」では、子どもが問題を見いだしたことにはならないことはすでに気づいているであろう。では、教師が自然の事物・現象を子どもに見せて、「問題をつくりましょう」と言ったら子どもは問題をつくることができるだろうか。また、「何か気づいたことはありませんか」と言ったら、その気づきから問題をつくることができるだろうか。おそらく教師が求めている問題を子どもが見いだすことは困難であろう。

　子ども自らが問題を見いだすには、やはり教師の指導が必要である。まず小学校の理科に関する問題とは何か、について考えてみよう。小学校理科の学習の多くは、関係性で整理できる。例えば、乾電池と豆電球を使って明かりを点けたなら、点くときと点かないときは何と関係しているのかという問いを見いだすのである。同じく、風を受けた車が進む距離の違いは、何と関係しているかという問いを見いだすのである。子どもには、ある事象が起こるのは、何と関係しているのかを問題にするという指導が必要なのである。そのためには、自然の事物・現象を提示するときは、2つのずれのある事象を提示することが有効である。先の乾電池と豆電球で明かりを点けるなら、豆電球が点いた事象と豆電球が点いていない事象を比較させ、何が違っているのか（差異点）、何が同じなのか（共通点）を比較させる。明かりが点く、点かないは何と関係しているのかな、と発想をしてくれたならよいのである。子どもが見いだす問題としては、「豆電球が点くときと点かないときがあるのは、

何と関係しているのだろうか」などが考えられる。「豆電球を点けるためには、どのようにつなげたらよいのだろうか」なども考えられる。風で動く車であるなら、「(2つの)車が進む距離が違うのは、何と関係しているのだろうか」や「車を遠くまで進めるためには、どのようにしたらよいのだろうか」などが考えられる。つまり2つのずれのある事象を見せて比較させ、その差異点と共通点を見いだし、違いが起きる要因を問題にするということになるのである。

　では、ずれにある2つの事象とはどのようなものが考えられるのであろうか。代表的なものを3つ挙げる。

　①　同時比較……一つは豆電球が点かない、もう一つは豆電球が点いている
　　　問題例「豆電球が点くときと点かないときは、何と関係しているのだろうか」

　②　継時比較……朝は影が長い、昼になると影が短い
　　　問題例「影が長いときと短いときは、何と関係しているのだろうか」

　③　既習の知識と比較……水は圧しても体積は変わらないはず。湯につけたら体積が変わった
　　　問題例「水の体積が変わったのは、何と関係しているのだろうか」

教師には、子どもの学習の履歴を把握し、どのようなずれのある事象を見せたら子ども自らが問題を見いだしてくれるのか、その想定が大切になるということである。

　問題を見いだしたならば、そのときに必ずやっておくことがある。それは問題に正対した結論があるか否かである。問題「豆電球が点くときと点かないときは、何と関係しているだろうか」に正対した結論は、「豆電球が点くときと点かないときは、〇〇と関係している」となる。問題「豆電球を点けるためには、どのようにつなげたらよいのだろうか」に正対した結論は、「豆電球を点けるためには、〇〇のようにつなげたらよい」となる。この確認がとても大切である。時に「豆電球と乾電池を使って明かりを点けよう」と、問題らしきスローガンが提示されることがある。これは活動を示しているだけであり問題ではない。また、これに正対した結論はない。十分気をつけたい点である。

4. 既習の内容や生活経験を基に、根拠のある予想や仮説を発想する

　先生が「予想してみましょう。○○になると思う人は手を挙げてください」というのは単なるクイズになっていないだろうか。もしそうであるなら、正解か不正解だけを求める子どもを育成してしまう可能性がある。子どもが予想や仮説を発想する際には、根拠が必要である。その根拠となり得るものには何があるであろうか。代表的なものを３つ挙げる。

① 既習の内容……子どもたちが身につけている既習の知識を根拠にする。学校での学びが中心であるので、どの子どもでも共通にもっているので一番根拠として使いやすい。

　（例）第４学年「天気の変化」。曇りの日より晴れの日の方の気温が高くなるのではないか。なぜなら、第３学年の学習で、日かげより日なたの方が地面の温度が高かったから。

　（例）第５学年「電流がつくる磁力」。電流の向きを変えると電磁石の極が変わるのではないか。なぜなら、第４学年の学習で、電流の向きを変えるとモーターの回転の向きが変わったから。

　（例）第５学年「流れる水の働きと土地のつくり」。流れる水の量が変わると、流れる水の働きも変わるのではないか。なぜなら、第４学年の学習で、電流の大きさを変えるとモーターの速さが変わったから。

② 生活経験……生活の中で子どもたちが経験していることを根拠にする。ただし、子どもによって経験が違うので、皆が納得することが必要である。

　（例）第５学年「植物の発芽」。植物を発芽させるためには水が必要だと思う。なぜなら、あさがおを育てたときもホウセンカを育てたときも水をやったら発芽したから。

　（例）第４学年「ものの温まり方」。水が温まると、上の方から温まるのではないか。なぜなら、風呂に入った時に上の方が熱いときがあったから。

③ 共通体験……既習の内容がなく、生活経験にも期待ができない場合には、教師が意図的に共通体験をさせることも考えられる。また、身の回りに多過ぎ、その存在に気づけない場合も共通体験が大変有効である。

　（例）第６学年の「てこの働き」。身の回りにてこが多過ぎて、その存在にも気づ

けないときに意図的に大型てこなどで体験させる。支点から力点の距離
が長くなると軽くなり、支点から作用点までの距離が短くなっても軽く
なる。なぜなら大型てこをやってみたらそう感じたから。

　前述の問題の見いだしと同様、どのような既習の内容が予想や仮説の根拠となり
得るのか、どのような生活経験が根拠となり得るのか、教師が想定をしておくこと
が大切である。既習の内容がうまく使えない、生活経験もうまく使えない、もしく
は子どもが引き出すことができないとなれば、教師が意図をもって共通体験を行い、
それで得られた体験を根拠にするということも考えられる。また教師の工夫として、
使えそうな既習の内容を板書や教室壁面に掲示しておくことも考えられる。

5. 見いだした問題についての予想や仮説を基に、解決の方法を発想する

　何のために観察、実験を行うのであろうか。
それは子ども自らが見いだした問題についての
予想や仮説が、正しいか否かを判断するためで
ある。したがって、教科書に掲載されているか
ら、先生に言われたから行うのであれば、自分
事になっていない。それは、問題解決の方法を
発想することも同様である。小学校の理科の多
くは、関係性で説明することができると記した。
ある事象が起きる要因は何を関係しているのか
を見いだすために観察、実験を行うのである。

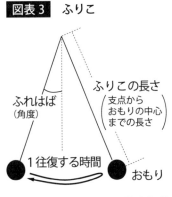

図表3　ふりこ

ふれはば
（角度）

ふりこの長さ
支点から
おもりの中心
までの長さ

1往復する時間

おもり

（筆者作成）

　具体的な問題解決の流れを第5学年「ふりこ
の運動」で考えてみる。一往復する時間が異なる2つのふりこを同時に提示する。
それを見た子どもは、「ふりこが一往復する時間は、何と関係しているのだろうか」
という問題を見いだすであろう。その変化の要因（原因）は、ふりこの長さが違うか
らではないかな、ふりこの重さが違うからではないかな、ふりこのふれはばが違う
からではないかという要因を抽出して仮説を立てる。

　仮説1「ふりこが一往復する時間は、ふりこの長さと関係しているだろう」

仮説２「ふりこが一往復する時間は、ふりこの重さと関係しているだろう」

仮説３「ふりこが一往復する時間は、ふりこのふれはばと関係しているだろう」

仮説１を調べるためには、ふりこの長さのみを変え、他の条件は同じにして測定を行い、ふりこが一往復する時間が変わるかどうかを調べるということになる。

理科の考え方に、「条件制御をすること」とある。これは、解決の方法を発想する場面において大きく関わる。先のふりこの学習を例に説明する。一往復の時間が異なる２つのふりこを提示すると、子どもは何が要因であるのだろうと考えるであろう。ふりこの長さかな、ふりこの重さかな、ふりこの振れ幅かな、など。それを調べるには、調べたい条件だけを変え、他の条件は同じにしないと調べることができない。どのように条件を整えるのかを考えることが、解決方法の発想につながる。具体的な実験例として、図表４から６に示す。

図表４　（仮説１）ふりこが一往復する時間は、ふりこの長さと関係しているだろう

変える条件			変えない条件
実験A	ふりこの長さ	20 cm	ふりこの重さ（おもり１個）
実験B		40 cm	ふりこのふれはば（10°）

この仮説では、ふりこの長さが、ふりこが一往復する時間と関係しているか否かを検証することになる。これを調べるためには、実験Ａと実験Ｂのふりこの長さの条件を変え、ふりこの重さとふりこのふれはばを変えないで一往復の時間を測定すればよい、と子どもが発想できるようにする。実際の第５学年の授業では、「植物の発芽」にて、変える条件と変えない条件で比較をするという条件制御を学んできている。

この実験の結果は、実験Ａが一往復する時間が短く、実験Ｂが一往復する時間が長いという結果が出される。したがって、仮説１に対する結論として「ふりこが一往復する時間は、ふりこの長さに関係している」という結論が導かれることになる。

図表５　（仮説２）ふりこが一往復する時間は、ふりこの重さと関係しているだろう

変える条件			変えない条件
実験C	ふりこの重さ	おもり１個	ふりこの長さ（20 cm）
実験D		おもり２個	ふりこのふれはば（10°）

　この仮説では、ふりこの重さがふりこが一往復する時間と関係しているか否かを検証することになる。これを調べるためには、実験Cと実験Dのふりこの重さの条件を変え、ふりこの長さとふりこのふれはばを変えないで一往復の時間を測定すればよい、と子どもが発想できるようにする。仮説1で直近に学習をしているのだから、子ども自身で実験の構想をすることができるであろう。

　この実験の結果は、実験Cと実験Dが一往復する時間が変わらないという結果が出される。したがって、仮説2に対する結論として「ふりこが一往復する時間は、ふりこの重さに関係していない」という結論が導かれることになる。

図表6　（仮説3）ふりこが一往復する時間は、ふりこのふれはばと関係しているだろう

	変える条件		変えない条件
実験E	ふりこのふれはば	10°	ふりこの長さ（20 cm）
実験F		20°	ふりこの重さ（おもり1個）

　この仮説でも、同様な手続きで実験を構想すればよいので、子ども自身で発想できるであろう。できるようになったなら、教師はだんだんを手を引いて子ども主体で学習させることが大切である。

　この実験の結果は、実験Eと実験Fが一往復する時間が変わらない結果が出される。したがって、仮説3に対する結論として「ふりこが一往復する時間は、ふりこのふれはばに関係していない」という結論が導かれることになる。

　ここまでに仮説1〜仮説3に対する結論を導くことができた。今一度、この単元の問題を振り返ることにする。問題は「ふりこが一往復する時間は、何と関係しているのだろうか」であった。したがって、この問題に対する結論は、仮説1〜3によって、「ふりこが一往復する時間は、ふりこの長さのみに関係している」となる。問題と問題に対する結論が正対していることに気づいて欲しい。

6. 見いだした問題について追究し、より妥当な考えをつくりだす

　より妥当な考えをつくり出す場面とは、一般的に考察といわれる問題解決の過程

に相当する。考察とは、一連の問題解決の活動を振り返り、得られた結果から結論を見いだす過程がそれにあたる。模擬授業において、先生役の学生が「考察を書いてください」と言うと、子ども役の学生は何を書いてよいのか分からず手が止まってしまう経験はないだろうか。学生であっても何をすることが考察することなのかが明確になっていないからである。小学生であればなおさらであろう。まずは子どもたちに何をすることが考察であるのかを指導する必要がある。今までたくさんの実践者が様々な方法で考察指導を行っている。ここに一つの例を示す。

　筆者は、子どもたちに考察の型を示し、子どもたちはそれに沿って考察を書く。書いたら友達の考察を聞いて自分の考察に修正をかける。そして時折、考察の好例を示した。これらを繰り返すことによって自ら考察できる子どもの育成を図った。

　考察に書く項目を図表7に示す。①得られた結果を再度振り返るために、結果を言語化する。②同じ条件で実験を行ったら、同じ結果を得られたのか確認する。他の班であっても同じ条件で実験をしていたなら同じ結果が得られるはずである。③実験方法が正しかったか否か振り返りを行う。そもそも実験方法が違っていたなら、得られる結果も異なるからである。④関係性の確認と結果から結論への変換となる。例えば、第5学年の「電流がつくる磁力」の単元において、

図表7　考察の項目

①結果の言語化
②再現性の確認
③実験方法の振り返り
④関係性の確認
⑤自分の予想との比較

「電磁石の強さは、電流の大きさと関係しているだろう」という仮説を立てたとする。電磁石の強さは目に見えないので引きつけられるクリップの数で調べることにする。また電流の大きさも見えないので、直接つなぎの乾電池の数で調べることにする。これが前項5. で記した実験の構想にも当たる。実験の結果として、乾電池が1個のときにクリップが7個ついた。乾電池が2個のときに16個ついたとする。これは目に見える事実であり、そもそも電磁石の強さと電流の大きさの関係について調べているので、結果が示す意味を電磁石と電流の関係として変換することが求められる。⑤は考察において一番大切なところである。そもそも観察、実験は、自分の予想や仮説が正しいのか否かを調べるための活動である。ここでしっかり判断させたい。しかし、ここで注意をしないとならないことがある。予想や仮説はクイズではないことを先に記した。自分の予想が正しかった（確証）と、自分の予想とは違うことが分かった（反証）は、どちらも同じ学びの価値があるということである。

学びとは、自分の考えで創り上げるということを認識させたい。

　理科の考え方の一つに、多面的に考えること、というものもある。第6学年「物の燃え方」の学習を例に考えてみたい。この単元は、密閉された集気びんの中でろうそくを燃やすと、しばらくするとろうそくが消える。その密閉された集気びんの中に再度ろうそくを入れると、パッとろうそくが消える。見た目には変わらない実験だが、1回目はしばらく燃え続けた、2回目はあっという間に消えたという結果から、1回目の空気と2回目の空気が違うのではないかと考えるであろう。それは、2つの実験結果から多面的に考えている状況である。同じ単元で次のようなことも行われる。密閉された集気びんの中で、ろうそくの燃やす前と後の酸素と二酸化炭素の濃度を測定する。酸素は、燃やす前から後にかけて濃度が下がった。二酸化炭素は、燃やす前から後にかけて濃度が上がった。ろうそくの燃焼中に酸素が集気びんの中から出て二酸化炭素が中に入り込んだ様子は見られないことから、燃焼によって酸素が二酸化炭素に変化したと考えたら合理的に説明ができる。これも2つの実験結果から多面的に考えている状況であり、妥当な考えをつくり出している状況である。

7. おわりに

　冒頭、理科は覚えることや計算ができることが目的ではないと記した。理科においては子どもたちの問題解決の力を育成することが大きな目標である。ここまで様々な角度から例示をしてきたが、教師自身が問題をつくることはどういうことか、予想や仮説を立てているということはどういうことか、解決の方法を構想するとはどういうことか、より妥当な考えをつくることとはどういうことかを理解し、そして子どもに対して丁寧に指導することが大切である。その後、だんだんと教師の手を離れて、子どもが自立した学習者になることを目指していきたい。

（阪本 秀典）

〈引用文献〉
文部科学省（2018）『小学校学校学習指導要領（平成29年告示）解説 理科編』東洋館出版社

理科の授業実践　3年　「風やゴムの力」

指導のポイント
・3年生に、特に育成したい能力は、自然の事物・現象の差異点や共通点を基
　に、問題を見いだすことである。指導のポイントは、クラス全員に共通体験
　をさせ、教師が子どもの発言から差異点と共通点を整理し、子ども自身から
　問題を見いだすことである。

1. 単元名（風やゴムの力）

2. 単元の評価規準

知識・技能	思考・判断・表現	主体的に学習に取り組む態度
①器具を正しく扱いながら、風の強さと帆掛け車の動く距離を確かめ、その結果をわかりやすく記録する技能 ②風の強さによって、帆掛け車の動く距離が変わること ③器具を正しく扱いながら、ゴムの伸びとゴム車の動く距離について確かめ、その結果をわかりやすく記録する技能 ④ゴムを伸ばす長さによって、ゴム車の動く距離が変わること	①風の力の働きについて、差異点や共通点を基に問題を見いだし、表現する力 ②風の力の働きについて、実験の結果を基に考察し、その考えを表現する力 ③ゴムの力の働きについて、差異点や共通点を基に問題を見いだし、表現する力 ④ゴムの力の働きについて、調べた結果を基に考察し、その考えを表現する力	①身のまわりで見られる現象をもとに、風の力の働きに興味をもち、他者と関わりながら、進んで問題を解決しようとする態度 ②ゴムを伸ばす長さによるゴム車の進み方の違いを調べる中で、ゴムの力の働きに興味をもち、他者と関わりながら、進んで問題を解決しようとする態度 ③学んだことを、ゲームに生かそうとする態度

3. 単元の指導計画（全9時間）

次	時	授業の流れ
第一次 風の力	1	導入：日常生活で用いているものやこれまでの学習などを基に、風の力で動くものを発表しよう。
	2	見つけよう：帆掛け車をつくり、うちわであおいで車を動かす活動を行う。その時の帆掛け車の動き方の差異点（風の強さによって動く距離が異なる）と共通点（風があたると動く）から問題を見いだす。
	3	問題：風の強さによって、帆掛け車の動く距離はどのように変わるのだろうか。
	4	結論：弱い風を当てると、帆掛け車が動く距離は短くなり、強い風を当てると、帆掛け車が動く距離は長くなる。

次	時	授業の流れ
第二次 ゴムの力	5	導入：日常生活で用いているものやこれまでの学習などを基に、ゴムの伸び縮みの力を使ったものを体感し、気づいたことを発表する。
	6	見つけよう：ゴム車を作り、ゴムの伸び縮みの力で車を動かす活動を行う。そのときのゴム車の動き方の差異点（ゴムの伸びによって動く距離が異なる）と共通点（ゴムの力で動く）から問題を見いだす。
	7	問題：ゴムを伸ばす長さによって、ゴム車が動く距離は、どのように変わるのだろうか。
	8	結論：ゴムを短く伸ばすと、ゴム車が動く距離は短くなり、ゴムを長く伸ばすと、ゴム車が動く距離は長くなる。
	9	活用：ゴムの伸ばし方を調整して、ねらったところ（駐車場）にゴム車を止めるゲームをしよう。

　単元の指導計画では、問題→予想→観察・実験計画→観察・実験→結果→考察→結論の流れが、単元を通してつながっていることが大切である。上記の単元計画は、簡易版である。

4. 1～4時間目の学習展開

　①事象との出会いから、問題を見いだす場面

　図表1は、板書例である。本時の流れは、帆掛け車を使って走らせ、クラス全体で共通体験させる。児童によって生活体験に差があるので、実際に走らせる体験を行うことは大切である。その後に、教師の演示で、二つの帆掛け車（⑦、④）を用意

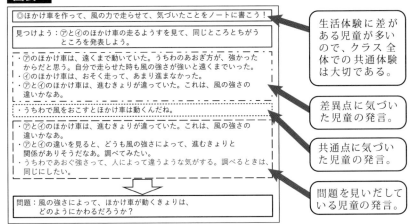

図表1

◎ほかけ車を作って、風の力で走らせて、気づいたことをノートに書こう！

見つけよう：⑦と④のほかけ車の走るようすを見て、同じところとちがうところを発表しよう。

・⑦のほかけ車は、遠くまで動いていた。うちわのあおぎ方が、強かったからだと思う。自分で走らせた時も風の強さが強いと遠くまでいった。
・④のほかけ車は、おそく走って、あまり進まなかった。
・⑦と④のほかけ車は、進むきょりが違っていた。これは、風の強さの違いかなあ。

・うちわで風をおこすとほかけ車は動くんだね。

・⑦と④のほかけ車は、進むきょりが違っていた。これは、風の強さの違いかなあ。
・⑦と④の違いを見ると、どうも風の強さによって、進むきょりと関係がありそうだなあ。調べてみたい。
・うちわであおぐ強さって、人によって違うような気がする。調べるときは、同じにしたい。

問題：風の強さによって、ほかけ車が動くきょりは、どのようにかわるだろうか？

生活体験に差がある児童が多いので、クラス全体での共通体験は大切である。

差異点に気づいた児童の発言。

共通点に気づいた児童の発言。

問題を見いだしている児童の発言。

し、㋐はうちわを強くあおぎ強い風を送り、㋑は、うちわを弱くあおぎ弱い風を送り、走っている様子を観察させて、差異点や共通点を発表させ、そこから問題を見いだしていく。

　図表２は、問題を見いだした後の授業展開である。予想は、今までの生活経験、既習事項や前の授業の内容などから理由を考えさせる。予想を立てる際は、必ず根拠が必要である。

　実験を行ったあとは、図表３にあるように、各グループの結果を丸シールを用いて貼ると全体で共有しやすい。この結果のドット図から、考察を行う。考察のポイントは、①結果を見て、自分の予想と比べること。②結果を見て、気づいたこと。③結果を見て、次に実験してみたいこと。④その他、この実験に取り組んで、気づいたこと、として指導する。考察については、一つ一つポイントを増やしていく方法もあるし、教師が想定した児童の考察に関する発言や発表があったときに、

図表2

> 問題：風の強さによって、ほかけ車が動くきょりは、どのようにかわるだろうか？
>
> 予想：
> ・うちわを強くあおぐと風の力を強く感じたので、風を強くするとほかけ車が動くきょりが長くなると思う。
> ・風を弱くすると、ほかけ車の進むきょりは、短くなる。
> ・風が強いと木の葉がゆれるのを見たことがあるので、風が強いとほかけ車は、遠くまで動くと思う。
>
> 実験計画：
> 弱い風と強い風を当てて、ほかけ車が動くきょりを調べよう。
> ①スタートさせるいちに、ほけけ車をおき、その後ろから送風きをおく。
> ②送風きの前に、板をかざしてから、送風きのつまみを「弱」にする。
> ③送風きの前の板をはずして送風きの弱い風をほに当て、ほかけ車が動くきょりを調べる。
> ①～③と同じようにして、強い風の時も調べる。

図表3

> 結果
>
> 風の強さ
>
> 考察：
> ・予想どおり、強い風を当てると、ほかけ車が遠くまで動きました。
> ・予想どおり、弱い風のときは、ほかけ車があまり動いてないね。
> ・結果を見ると、強い風を当てたほうが、ほかけ車が動くきょりは　長くなっている。
> ・何回やっても強い風のほうが、遠くまで動きました。
> ・グループによって進むきょりは違うけど、強い風のほうが動いたきょりが長いのは同じですね。
> ・グループによって、結果がばらけている。
>
> 結論：
> 弱い風を当てると、ほかけ車が動くきょりは短くなり、強い風を当てると、ほかけ車が動くきょりは長くなる。

全体で共有して指導してもよい。結論は、得られた結果から考察を経て、問題文と正対した形で記述できることが大切である。

（立川市立第八小学校　田部井 淳　平成28年度修了）

〈引用文献〉
「未来をひらく　小学校理科3　研究編」教育出版（2020）

指導の重点を明確に

　第3学年で特に育成したい問題解決の力は、自然の事物（現象の）差異点と共通点から問題を見いだすことである。あらかじめ断っておくが、第3学年では問題を見いだすことだけではなく、第4学年で育成する根拠ある予想や仮説を発想すること、第5学年での解決の方法を発想すること、第6学年でのより妥当な考えをつくり出すことも必要である。あくまでも、特に育成したい問題解決の力は問題を見いだすことであるということを確認しておきたい。

　本実践では、帆掛け車をつくり、自分でうちわであおいで車を動かす共通体験をさせている。この活動により、うちわで風を起こして帆掛け車に当てると車が動くという体験をさせる。また、強い風をうちわで起こして帆掛け車に当てると車がより遠くに動くという体験をさせる。これらの活動から、風が当たると車が動くという共通の関係性に気づくであろう。また、風の強さによって車が進む距離が異なるという差異点から、一方が強くなると作用も大きくなるという量的な関係に気づくであろう。模擬授業において、「気づいたことはありませんか」という先生の発問から問題を導出させようとことが散見されるが、これでは教師がねらった問題を子どもから見いだすことが困難な場合が多い。本事例のように、差異点や共通点を明確にして問題を見いだすことが有効である。

　また、本実践には、第4学年で求められる根拠のある予想や仮説を発想することも含まれている。実際に共通体験で行った活動を根拠にして予想を立てさせたり、木の葉が揺れるという生活経験を根拠にして予想させたりしている。さらに第5学年で求められる実験の構想や第6学年で求められる、より妥当な考えをつくり出すことも含まれている。

　本単元は、第1次では風の力で動く車を学習の対象とするが、第2次はゴムで動く車を学習の対象とする。同じつくりの小単元であるので、第1次で行った風で動く車での学びは、第2次でのゴムで動く車を学ぶ際の基盤となるであろう。仮に第1次の学習において教師の指導性が強くても、第2次の学習では子ども主体の授業展開が可能となるであろう。すなわち、第1次から第2次にかけて、学習スタイルを変えていくことが求められる。

（阪本 秀典）

5. 生活科における授業づくり

1. 豊かに生きる子どもを育てる

　生活科の創設が議論されていた頃から 45 年が過ぎた。子どもを取り巻く環境は大きく変化した。子どもたちは皆「地域の子」で、近所の人々は皆顔見知りで、大人は子どもの成長を見守り、声を掛け合っていた。近所の家の勝手口から訪問し、おやつにアイスクリームをもらうような時代でもあった。しかし、時代はますます核家族化が進み、隣人との交流が減り、地域には「知らない人」が増えた。知らない人とは関わらないように、と教える家庭もある。携帯電話、インターネットなどの通信環境が劇的に変わり、「会話」のスタイルも変化してきた。商店街の様子が変わり、「魚屋さん」「肉屋さん」「八百屋さん」「お豆腐屋さん」が消え、会話をすることもなくスーパーで買うようになった。近年では、レジも機械精算ができるようになり、一言も話さず、人と目を合わすこともなく買い物が成り立つ時代になった。公共の場にも、「抗菌」仕様のものが置かれるようになった。野菜に関しては、土の「汚れ」が嫌がられて、水耕栽培の野菜もつくられるようになった。

　こうした環境で育った若者が教師になる時代を迎えている。もちろん、豊かな人間関係、自然環境で育った若者もいるので一概には言えないが、生活科を指導するための「活動や体験」が圧倒的に不足している世代が教職に就こうとしている。教職志望の大学生が、「身近な自然を観察したり、季節や地域の行事に関わったりするなど」の経験が乏しく、「違いや特徴を見つけることができ、自然の様子、四季の変化、季節によって生活の様子が変わることに気づくとともに、それらを取り入れ自分の生活を楽しくしようとする」ことが難しい状況になってきている。

　そこで、生活科の豊かな授業づくりに向けて、若い世代が多くの活動や体験を通して、社会や自然の中で楽しむスキルや姿勢をもつことが求められているともいえよう。そして、生活科の学習を通して、子どもとともに活動を楽しみ、気づきの質を高めてほしい。

2. 子どもの願いや求めから授業をつくる

　生活科の授業づくりにおいて、子どもの願いや求めに応じて事前に用意した単元展開計画を調整し、修正しながら展開していくことは珍しいことではない。教師が決めた計画どおりに授業を進めることよりも、活動や体験を通して得た子どもの気づきや発想を基に「どうしたいのか」を話し合い、子どもと活動を進めることを重視したい。

第1学年「きれいにさいたね」「つくろうあそぼう」

　「先生！この枯れた朝顔、どうするの？」とある男子が聞いてきた。4月に種をまき、毎日世話と観察をしてきた朝顔のことである。「大切に育ててきた朝顔、種も取ったし、片付けようか？」と聞くと、みんな寂しそうな顔をしていた。そこですかさず、「じゃあ、花も種もないけど、残ったもので何か作ろうか！」と声をかけると、子どもの顔が一気に明るくなり、一斉に手を挙げて、仮面やのれん、リースなどのアイデアが出された。そして、話し合いの結果、一人一人が作れて、長くとっておける「リース」を作ることに決まった。

　種とりが終わった朝顔のつるを傷つけないように鉢や支柱から外し、教室でつるしながら十分乾燥させた。ある女の子は「なんかいいにおいがする」と言い、ある男の子は「早く作りたい！　早く乾け〜」と嬉しそうにしていた。2週間後、全員で円をつくって座り、自分の朝顔のつるでリース作りを始めた。葉や種袋を取る際に、「チクチクする。パサパサ！」などの声が聞こえてきた。きれいに取り除いた後に、直径15cmほどの円の形を作り、子ども同士でどうすればきれいな形になるか、「間に入れると取れなくなるよ」「最後が難しい」など、話し合いながら作っていった。

　飾りつけには、子どもたちが事前に秋探しで見つけた松ぼっくりやどんぐり、イチョウやもみじの葉も使い、お気に入りの木の実やモール、ポンポンなどをリースに付け足した。「クリスマスリースみたい」「大好きなものだらけのリースだ」「トイレに飾るんだ」ととても満足そうな子どもの表情が見られた。最後に、飾れるように毛糸を結び、全員で写真撮影をし、教室の後ろに飾った。

　子どもたちはワークシートに、「育てた朝顔がリースになって驚きました」「これからもずっと大切にします」「好きなものがいっぱいでとてもうれしいです」などの

気持ちを書いた。

　この活動で意識したポイントは、子どもから言葉を引き出しその気持ちを大切にすること、長く育ててきた朝顔を最後まで活用できるようなものを作ること、秋探しで見つけた木の実をリースの飾りに使用すること、朝顔を育てる単元と木の実で作る単元を横断しての指導である。（事例提供：河端愛理氏）

　このように、ときには、単元の終末部分を他の単元と結びつけて、子どもの気持ちを大切にしながら活動を深めることもできる。子どもの願いや求めに応じた低学年の体験活動については、内山隆他（2000）に詳しい。

3. 気づきを大切にし、自己表現ができる授業

　生活科の授業づくりにおいて大切なことの一つは、子どもの気づきを共有し、伝えることである。学習指導要領に記載されている「気付いたことを基に考えることができるようにするため、見付ける・比べる・たとえる・試す・見通す・工夫するなどの多様な学習活動を行う」授業づくりを目指すことで、児童の気づきを大切にし、伸びやかに表現をすることができるように支援したい。

第２学年「やさいを育てよう」

　ある子が１年生で使っていた植木鉢は何に使うのか質問してきた。そこで、何を育てたいか聞くと、野菜を育てたいとのことだった。その日の生活科で、１年生の時に育てた朝顔について振り返り、育ててみたい野菜について話し合っていたところ、どのようにしたらおいしい野菜が育つのかという疑問から、苗の植え方や世話の仕方を調べることになった。

　苗を植える際には、地域の農家の方に来ていただき、苗の植え方を教えてもらい、数人で協力して植えていた。また、追肥や支柱の立て方など適切な世話の仕方を聞く子どももいた。農家の方の「苗を植えるときに土をかぶせるんだけど、強く土を押さえたら苗が育たないから優しくふんわりと土をかぶせてあげてね」という言葉が印象的で、子どももそっと土をかぶせることができた。

　ある日、朝の水やりを終えて教室に入ってきたある子どもが、野菜の成長や変化に気づき、「先生！　花が咲いていた！」と嬉しそうに話していた。その日の生活科の学習で、苗を植えた時からどのような変化があったのか、野菜を観察すること

になった。子どもたちは葉
の枚数や茎の形、花の色な
どを一生懸命観察していた。
そして、見つけたことや気
づいたことを観察カードに
書いた。

図表1　地域の人と苗を植える

　教室に戻った後の話し合
いでは、「野菜ごとに花の形
が違った」「葉の形も野菜ご
とに違う」「ミニトマトの実
は赤色のはずなのに、花は黄色だった」「きゅうりの茎が身長よりも高くなってい
た」「ナスの花の色は、実の色と同じで紫色だった」と野菜ごとに異なる点や同じ点
を見つけることができた。最後に全員で振り返ると、①野菜によって、葉や茎、花
の形が違う、②野菜によって育つ速さが違うのは日の光とかのせいじゃないかな、
という二つの気づきに整理することができた。これらの気づきを基に、10月に行
う「野菜のことをふりかえろう」につなげていきたい。

　本単元では、子どもの気づきを基に授業を展開し、それぞれの野菜が苗の状態か
ら花が咲き、実をつけるまでにどのように変化していったのか考えられるようにし
た。（事例提供：田村陸氏）

4. 合科的・関連的な指導

　生活科の授業作りで推奨されていることの一つは、合科である。他教科との関連
を生かし、他教科の学習内容と結びつけたり、学習方法を取り入れたりするなどし
て、学びを総合的にすることができる。下記の例は、絵本の読み聞かせを取り入れ
て国語との合科を図るだけではなく、栄養教諭と連携を図って、その日の給食とも
結びつけた実践事例である。絵本によって膨らんだ感性と、実際にそら豆とグリー
ンピースを手にして比較して見たときの科学的な気づきと、さやむきをすることと
食べることの経験が連続し、子どもの学びを深めている。

第１学年「はるさがし」

　朝顔もすくすくと育ち、学校に
も慣れてきた６月。生活科の時間
に絵本の読み聞かせをすることに
した。この日の絵本は『そらまめ
くんのベッド』(福音館書店)。「そ
らまめくん」が宝物のベッドを探
しにいくという可愛らしい絵本
だ。子どもたちは興味津々で耳を
傾けていた。１番盛り上がったの
は、そらまめくんのベッドがどれ

図表2　そらまめをさわって気づく

くらいふかふかなのか、ということ。雲のようにふわふわで、わたのようにやわらか
い、そらまめくんのベッドに寝てみたい！という子がたくさんいた。

　「さあ、これなんだ？」と、隠していた植物を見せてみる。葉っぱの奥にあるもの
を見つけると、「あ！　そらまめだ！」と大興奮の声。絵本に出てくるのと同じ形の
そらまめのさやだ。さやが空に向かって伸びていることもしっかり確認した。さて、
そら豆の中は本当にふかふかのベッドになっているのか。

　給食室から調達したそらまめのさやを一人一本配った。まずは周りを触ってみよ
うと声かけすると、「少し固いな」、「葉っぱの匂いがする」と子どもたちの声がした。
さやをむいてみると、「わあ！」と大歓声が響いた。そらまめのさやの中には、絵本
と同じ真っ白なわたがあった。子どもたちは無我夢中でわたを触ったり、匂いを嗅
いでみたりしていた。さらに、グリーンピースのさやも配布した。むいてみると、
これまた絵本と同じコロコロとしたグリーンピースが並んでいた。「グリーンピー
スにはわたが無いなあ」と、比べて気づいたことをつぶやく子もいた。さやむきを
終えたそらまめは、給食室に運ばれ、美味しい給食に変身！初めて食べるそらまめ
の味に驚く子もたくさんいた。

　本単元では、絵本の読み聞かせを導入に取り入れることで、子どもたちの興味関
心を高めることができた。また、実際にそらまめのさやむきに取り組むことで、手
で触った感触や匂いなど、諸感覚を使って植物に接することができた。地域や給食
室と連携することで、食育にもつながる活動である。(事例提供：桐川瞳氏)

　合科的・関連的な指導を行うことによって、ゆったりとした時間の中で、それぞれの子どもの関心に応じた学習活動を展開することができる。低学年の子どもの特性である一体的に学ぶ姿を生かすことできる。こうした子どもの発達特性は入学間もない時期によくみられ、幼児教育から小学校教育への接続を意識し、スタート・カリキュラムとして重要である。

5.　社会科・理科への接続

5.1.　社会科への接続

　生活科は低学年社会科と理科が廃止され、新しい科目として誕生した。生活科は社会科的・理科的要素を多分に含み、第3学年から始まる社会科と理科の学習に接続する。ここでは、具体的にはどのような子どもの気づきが社会科学習につながっていくのか、事例を紹介する。

第2学年「まちたんけんに出かけよう」

　学校のカリキュラム上、1年生で学校近くの公園を探検し、公園には遊具があってみんなで遊ぶ経験をもたせている。2年生では町探検として地域の方々の協力を得て自治会館を案内してもらったり、公園に設置されている防災倉庫の中や炊き出しの道具を見せてもらったりしている。そこで、子どもたちは、公園は遊ぶだけの場所ではなく、災害のときには、町の人を助けるためのものが備えてあり、人が集まれるように町には広い場所が確保されていることに気づくことができる。緊急避難場所としてさらに大きな公園があることに気づく子もいる。そうした視点をもった子どもは、3年生になり、社会科で学校の周りや市の様子の学習において、学校という場所が避難場所であり、大きな公園も避難場所になっていることに気づく。

　地域によって差があるかもしれないが、学校と公園が比較的等間隔になっていることに気づいた子がいた。調べてみたいと思う子がグループをつくって調べようとした例があった。発達段階から空間の認識や理解の限界、生活科の単元目標を超えてしまうこともあり、詳しくは3年生になったら学習しようと誘導したが、その子どもたちが、現在4年になり、社会科学習で「暮らしを守る安全」について、消防署の役割と消防団の役割、大きな避難所としての公園と小さな憩いの場所としての公園について考え、その周りには支える組織や人、地域の役割があることに学びを発

展させている。

　地域の方と一緒に町探検をしていたとき、子どもが、道路に異なるマークのマンホールがあることに気づいた。学校が市の境にあるため、探検していた道路は二つの市の境となる。地域の方が、市の境はその道を半分に割ったところであり、マンホールは道のこちら側か向こう側かで設置している市が違うから、デザインが異なることを説明してくれた。生活科の探検において、「市」の感覚、行政組織が異なることをなんとなく理解した子どもは、3年社会科で市役所の働きや行政の区分、道路標識などに認識をつなげることができる。（事例提供：東優也氏）

　「公園」という場は子どもにとって楽しい遊び場である。同時に、災害時には炊き出し用のかまどになるベンチや、テントを作るための梁として利用できる遊具や、電気を取ることができるソーラパネルを使用した街灯などが設置されているところも増えてきた。2年生の段階ではそうした設備について学習することが目的ではなく、探検を通して出会う地域の人々と過ごすことや、その人々から学ぶこと、「遊び場」に社会的機能が備わっていることに気づくことに意味がある。

　中山京子（2002）は、低学年総合学習において子どもがどのような社会認識を深め、第3学年以降の社会科学習に発展していくか、空間認識、時間認識、政治認識、経済認識、環境認識、異文化認識の 六つの視点を通して示した。その結果として、「低学年期にふさわしい社会認識のあり方を構想して学習環境を準備し、子どもが経験的に認識を深めていくことで、第3学年以降の社会科学習において社会事象に対して敏感になり、学習がより自然に興味関心に応じて深まる」（p.39）と示した。

　教師が学級の子どもを引率してまち探検をしている光景を見かけることがある。指導力があり生活科をよく理解している教師は、立ち止まりながら子どもの気づきを促す言動をとり、人々と会話をしながら、その地域に生きる姿を見せている。探検活動を通して、地域への愛着を深めるとともに、社会科につながる社会認識をもたせることも意識したい。

5.2. 理科への接続

　生活科学習における理科的な要素がどのような場面にみられるか、第2学年の動くおもちゃ作りや、飼育栽培の場面から具体的事例を紹介する。

　「牛乳パックで動くおもちゃを作りましょう」

「もっといい紙で作りたい」

「先生はなんで牛乳パックを使おうと考えたと思う？」

「リサイクルがしたいんじゃないの？　そういう、家とかにある捨てるものを使う
　とリサイクルになると思う」

　これは、生活の中で子どもの意識をリサイクルにつなげる意味のある会話である。
そこで、ふと疑問がわいた。そもそもなぜ「おもちゃ」なのだろう。生活科なので生
活にダイレクトに役立つものを作らないのはなぜか、と考えつつ、指導計画通りに
「動くおもちゃ」づくりの授業を展開した。「おもちゃが斜めの坂を早く走り下りる
ためにどうしたらいいか考えてみよう」と投げかけたところ、子どもたちは、牛乳
パックにビー玉、ビーズ、電池などを入れ始め、「重いものを入れた方が転がるか
な。軽い方がいいかな」「装飾したら重くなったから早い？」「スーパーボールでは
ダメだ。なんか安定しない」と様々なことを言い出した。その姿を見て、これは理
科につながる大事な要素なのだ、と気づいた。子どもたちは動力への工夫をしてい
るのだ。理科的な視点で指導をしたくなるのをぐっとこらえ、「どうしてこの子は
うまくいったのかな？」と問い返し、考えよう、楽しくしてみよう！　とする子を育
てる生活科らしさを大事にした。

　飼育栽培については、近年は倫理的配慮や衛生的配慮が求められるようになって
いる。特に小動物の飼育については、議論が分かれるところである。動物の病気、
アレルギーなどの問題から動物飼育をする学校が減っている。モルモットが推奨さ
れていることもあるようだが、モルモットアレルギーもある。うさぎを一羽飼って
いる学校があるが、これで何を学習するのだろう、と思うことがある。教員の負担
の軽減のためなのか、子どもの学びの可能性を保持するのか、何を大事にするべき
なのだろうか。その学校の方針（戯れる、観察、世話）はいろいろあるだろうが、生
活科の一単元「生き物となかよくなろう」の数時間で終わり、ではなく、理科学習に
つなげることの見通しを教師がもつことができれば、生活科の一単元の世界で終わ
らない。

　栽培に関して、1年生で同じ朝顔、同じミニトマトを栽培し、2年生では好きな
野菜を育てるといった、興味関心に応じて数種類から選択できるようにすべきであ
る。学校現場は、「みんなが収穫できるように」「平等になるように」と同じ野菜を
育て、どのクラスも平等になるようにしている。しかし、これでいいのかと自問自
答することがある。栽培は、種類や条件が異なるから、育つ様子も多様である。そ

うした気づきが植物の様子への気づきを生む。成長の違いからどうして自分の野菜は大きく育たないのか考えた子が、公園の木を下から眺めて「おもしろいよ」と、葉の広がりの様子に着目して、日光の影響を考えた。すると、その子の図工の絵が変わった。太陽とともに生き生きと葉が大きく描かれた。きっと３年生になって理科で光合成の学習をするとき、経験が生きるだろう。生活科での経験は未来への投資である、と実感できた。（事例提供：東優也氏）

　慌ただしい現代生活の中で、テレビ、音楽、スマートフォンから離れて、ぼんやり景色を眺める時間がどれくらいあるだろうか。バス停でバスを待っている間に、景色を楽しんだり、足元の草花や昆虫の様子を観察したりすることは減り、耳にはイヤホン、手にはスマホ、という状況が増えている。子どもたちはそうした大人の姿を見て育っている。冷暖房が完備され、機密性の高い空間に身を置く子が増え、虫の声、鳥のさえずりを聞くことが減った。天気予報の精度が上がり、雲や風の流れ、空の様子から天気を予測したり、雲の様子を眺めたりすることが減った。だからこそ、生活科でこうしたことを補う原体験を多くもたせ、身近な環境から自然への親しみをもち、理科学習につながる芽を伸ばしたい。

6. 生活科の評価

　生活科では、結果だけではなく、活動や体験そのもの、すなわち結果に至るまでの過程を重視して評価活動が行われる。生活科の評価には、①活動や体験の広がりや深まりを評価すること、②一人一人のよさに着目して評価すること、③実践的な態度を評価すること、の３点の特質があるとされている（杉田かおり、2017:100）。杉田（2017:101-103）は、評価を進めるに当たって次のような配慮が必要であるとしている。(1)評価規準を具体的な児童の姿として表しておく。(2)その後の学習指導に生かし説明責任を果たす。(3)バランスや一貫性・整合性を検討する。(4)妥当性・信頼性の高い評価の実現を図る。(5)共感的な児童理解の力を高める。

　教師が子どもを評価すると同時に、子どもが自分の学びを実感する場面の設定が大事である。生活科では、活動や体験したことを言葉や絵、動作や劇化などによる表現活動を重視している。表現することで気づきを自覚化し、気づきの質を高めることができる。表現をするために、再度確かめたり、試してみたりするなど、次の

活動に展開することもある。

　しかし、「表現してごらん」とアウトプットを求めるのは乱暴である。豊かな表現を引き出すためは、表現活動の必然性をもたせること、表現活動の多様性を確保すること、相手意識を明確にすること、目的意識をはっきりさせること、表現の成果を可視化して蓄積することなどが重要である。

　学習発表会、保護者授業参観のためのつくり込まれた表現活動ではなく、日常の学びを自然な意識の流れで表現し、そのことに喜びを感じるような場面をたくさんつくりたい。「劇化」についても、「劇をしよう」とすると、学校演劇やミュージカルのようなイメージを子どもはもってしまうことが多い。日常の生活の中で表現をすることが、自分の生活を豊かにし、みんなにとって生活が楽しくなることを実感できるようにしたい。そこで、子どもの豊かな表現を褒め、紹介し、語彙を増やす指導を学校生活全般において意識し、そして教師自身の表現する力を高めることを意識したい。生活科学習の様々な場面で教師が子どもとともに活動を楽しみ、豊かに言葉や絵、動作や劇で表現することを率先して示したい。そうした教師のスタンスが、子どもによい影響を与えるだろう。

7. 生活科を子どもとともに楽しむ

　生き物との出会い、子どもの発見、まち探検での気づき、人との出会いなど、予測することができないものも多い。こうした偶発的なものや、環境によって生じる自然発生的なものを学習に取り入れて、柔軟性をもった授業づくりを心がけたい。学年の足並みをそろえることが子どもの学びの保証になるのではなく、学級の子どもの姿に即して興味関心を生かした学びの意義を保護者に伝え、生活科学習を子どもとともに楽しみながら展開する教師の力量が求められている。

（中山 京子）

〈引用文献〉

内山隆・中山京子・佐藤佳世（2000）『子どもとともにつくる総合的な学び―願いがひろがる低学年の体験活動―』東洋館出版社

杉田かおり（2017）「評価の基本」田村学『小学校新学習指導要領の展開　生活編』明治図書

中山京子（2002）「低学年総合学習から社会科への発展―社会認識の育ちを視点として―」日本社会科教育学会『社会科教育研究』No.87

生活科の授業実践

指導のポイント
・雪を使って、友達と一緒にさまざまな遊びに取り組み、雪を生かして遊びを
つくり出す面白さに気づき、季節の自然を生かして自分の生活を楽しくでき
るよう、学習活動を工夫する。

1. 単元名　ふゆをたのしもう

2. 単元設定の理由

(1)教材について

　雪が積もる地域の子どもにとって、冬は楽しみな季節である。校庭の積雪の様子
を見ながら、子どものやってみたい、できるようになりたいという思いや願いを引
き出したい。

(2)児童について

　本学級の子どもは、冬に雪が積もる地域（富山県）で生まれ育った。本授業では、
今まで経験したことのある雪遊びを思い出したり、やってみたい遊びを考えたりし
て話し合うことで、活動への意欲を高めていく。

3. 単元の目標

　冬の自然と関わる活動を通して、身近な自然の違いや特徴を見つけ、遊びの面白
さや身近な自然の不思議さや様子、季節によって生活の様子が変わることに気づく
とともに、身近な自然を取り入れ自分の生活を楽しくしようとすることができるよ
うにする。

4. 単元の評価規準

　冬の自然と関わる活動を通して、自然の様子や四季の変化、季節によって生活の
様子が変わることに気づいている（知識・技能）。

　冬の自然と関わる活動を通して、身近な自然の違いや特徴を見つけている（思考・
判断・表現）。

　冬の自然と関わる活動を通して、身近な自然を取り入れて、自分の生活を楽しく
しようとしている（主体的に学習に取り組む態度）。

5. 単元の指導計画

　①校庭で冬を探そう、②外で遊ぼう、③雪や氷で遊ぼう、④冬のことを伝えよう。

6．本時の学習展開

(1)本時のねらい

　雪を使って、友達と一緒に様々な遊びに取り組み、雪や氷を生かして遊びをつくり出す面白さに気づき、季節の自然を生かして自分の生活を楽しくしようとすることができるようになる。

(2)展開

学　習　活　動	指導上の留意点　　◆評価（方法）
1 雪で遊ぶ計画を立て、安全面の「やくそく」を理解する。 ・雪でどんな遊びをしたいか話し合う。 ・安全面についての話し合いをする。	・すぐに活動に入れるように、話し合いはできるだけ短時間で終わらせる。 ・子どもの健康状態を確認しておく。
ゆきで あそぼう	
2 雪に触れたり、雪を使った遊びを工夫したりして、友達と楽しく遊ぶ。 ・雪に触れて自由に遊ぶ。 ・活動の後始末をする。	・安全面には十分に配慮したうえで、子どもの発想を生かして自由に遊ばせる。 ・活動後の体調管理や片付けをしっかりと行わせる。 ◆雪の特徴を生かした遊びを何度も繰り返し、友達と遊びを発展させている（思考・判断・表現）。
3 友達とおすすめの遊びを教え合う。 ・雪遊びについての記録カードに書く。 ・雪を使ったおすすめの遊びについて教え合う。 ・もっとやってみたいことも伝え合う。	・どんな遊びをしたのか、思ったことや感想を記録カードに書くようにする。 ・雪の不思議さや遊びの面白さについての気づきを共有する。

7．授業の実際

　富山県では、雪の量が多くなると市町村から派遣されて行われている除雪がうまく回らず、出勤できなくなったり1日中雪かきに追われたりする。大人は毎年、「今年は暖冬であってくれ」と祈るが、子どもたちは雪が降れば降るほど嬉しい。初雪の日は跳んで喜ぶ。雪が降る日が続くとそれに慣れてあまり喜ばなくなる。その代わり、雪がしっかり積もっているかに注目する。雪が積もると雪遊びができるからである。

　ある日、軟らかい雪が降り続き、窓からグラウンドに雪が積もる様子が見えた。それを見た子が「みんなで雪遊びせん？」と言い出した。「グラウンドの山でそりし

たら楽しそうやね！」という子も出てき
た。そこで、「明日、外で雪遊びしよう
か」と言うと、子どもたちは、大喜びで
「先生、連絡帳の持ってくる物のところに、
スキーウェアって書かんなんよ！」「帽子
と手袋と長靴とタオルも！」と話し始め
た。こうして、子どもたちのやってみた
いという思いから、次の日に雪遊びをす

グラウンドにある雪がつもった山で
そりを楽しむ子どもたち

ることが決まった。季節の自然を生かして行う雪遊びの授業は、雪の状況に応じて
突然決まることがほとんどである。そのため、保護者には、雪が降り始める頃に、
スキーウェアのセット等の準備を呼びかけている。

　次の日、雪遊びの準備を整えた子どもたちとグラウンドに出て安全面の約束を話
し合った。山の裏に行かないという学校のルールに加え、そりを滑り終わったらす
ぐにコースから出る。山に登るときは、そりのコースとぶつからないようになだら
かなところを登る。このように自分たちで話し合ってから遊び始めた。最初は１人
一つずつそりを持って山を登り、１人で滑ることを繰り返していた。その中で滑り
始める場所によって山の斜面の角度が異なることや、スピードが変わってくること
に気づき、子どもたちは自分でコースを選んでそりを楽しんでいた。しばらくする
と、そりに２人で乗る子どもが出てきた。１人で乗るよりもスピードが出る様子か
ら、まねして次々と２人乗りに挑戦する子どもたちが出てきた。そのうち、コース
に雪を固めてジャンプ台をつくる子どもが出てきた。そり遊び一つでも、子どもが
工夫して楽しく遊ぼうとする姿がたくさん見られた。後始末が終わったら、今日
行ったおすすめの遊びを伝え合った。

8. 考察

　本時では、子どものやってみたいという思いや願いを生かすことを大切にした。
その結果、子どもたちは、自分たちで必要な物を考えたり、楽しくなるような工夫
をしたりすることができた。雪遊びの性質上、運良く実施できる年とできない年が
ある。しかし、子どもの「やってみたい」から始まる授業は、子どもたち自身が進ん
で学び、工夫する姿がたくさん見られる。雪遊びに限らず、「やってみたい」気持ち
を大切にした実践をしたい。

（黒部市立村椿小学校　山崎　優菜　2018年度卒業）

年間指導計画通りにはならない生活科

　実践で示された単元「ふゆをたのしもう」では、教師と子どもが雪遊びに興じる楽しそうな姿が想像できる。ほとんど雪が降らない地域では、雪遊びや氷遊びは憧れる素敵な授業風景である。しかし、年間計画通りに雪が降るとは限らない。冬が来たから「雪遊びをしよう」とはならないのである。しかも大雪によって生活が困難になることも日常的に経験している場合、「雪で遊びたい」という気持ちになるとも限らない。東京で冬に雪が降れば、その日の生活科は「雪を楽しもう！」モードになるが、生活科が時間割になければそれは授業として設定しにくい。

　実践者は、「年間計画にあるからやらなくては、という意識が強くて、私からこれやるよ、と押しつけてしまうことがあるので、その適切な時期に子どもから『やりたい！』を引き出すコツを知りたい」そうである。

　生活科は子どもの願いや求めが根本にあり、そこに計画と教師の願いを重ねてカリキュラムをつくることが求められる。子どもの願いや求めと教師の願いを重ねた結果、年間指導計画とはずれることは妥当なことでもある。天候に左右されつつも、願いや求めに応じた授業づくりをていねいにした結果は、「足あとカリキュラム」となる。充実した足あとカリキュラムを子どもとつくり上げるためには、日頃から「今日は何をしたいの？」「今度は何をしたいの？」「どうして？」「それはいつしたらいいと思う？」と考えを聞き、子どもたちと相談する授業を生活科で展開することが大切である。実践者が言う「適切な時期に子どもから『やりたい！』を引き出す」には、「子どもの『やりたい！』の適切な時期を子どもに決めさせる」ぐらいの考え方があってもよい。

　学期の初めに生活科の教科書を子どもと眺めながら、その学期にしたいことを出し合い、いつ頃どのタイミングでその活動をするのかを話し合えば、子どもは見通しをもって期待を膨らませることができ、そして「適切な時期」も子どもと話し合えばよい。当然、天気によって左右されることも生活科の学びである。

　子どもの思考は柔軟で、経験に基づいた思考力と判断力がある。生活科は他の教科に比べて臨機応変なカリキュラム・マネジメントが求められる。そのマネジメントも、子どもとともに楽しむぐらいの姿勢があっていい。

（中山 京子）

6. 小学校音楽科における授業づくり

1. はじめに

　小学校音楽科では、「表現」および「鑑賞」の活動を通して、音楽的な見方や考え方を働かせ、生活や社会の中の音や音楽と豊かに関わる資質・能力を育成することを目標としている。ここでは、「表現」領域に含まれる「歌唱」、「器楽」、「音楽づくり」の活動と「鑑賞」領域に含まれる「鑑賞」の活動で育まれる資質・能力、および指導内容と指導上のポイントについて解説する。

2. 歌唱活動

2.1. 歌唱で育まれる資質・能力

　歌唱で育む「知識」とは、曲名や用語等を覚えるだけでなく、曲想と音楽の構造との関わり、曲想と歌詞の内容との関わりを理解することを意味している。

　例えば、〈もみじ〉は二部形式の曲で、特徴的なリズムパターンが反復され、各フレーズで「問い」と「答え」のような応答がみられる。音楽の構造だけを指導するのではなく、何回も歌って曲に親しみ、特徴を捉えたうえで構造に気づくような指導を心がけたい。

　また、歌唱で育む「技能」とは、①聴唱と視唱の技能、②自然で無理のない発声で歌う技能、③声を合わせて歌う技能の三つを意味する。

　①の「聴唱」とは、聴いた音を弁別し、それと同じ音を再生して歌うことを指す。また「視唱」とは、楽譜を見て音符を読み取って歌うことを指す。低学年は教師の範唱を聴き、それを模倣して歌うことが中心となるが、中学年は徐々に、自ら楽譜を読み取って歌う技能を身につけていく。②の「自然で無理のない発声」とは、発達特性に考慮し、楽曲の特性に合った声で歌うことを指す。③の「声を合わせて歌う」とは、低学年では斉唱が中心となるが、中学年以降は副次的な旋律を伴う曲を取り入れ、高学年ではハーモニーが感じられる合唱の技能を含んでいる。

　さらに、歌唱で育む「思考力、判断力、表現力等」は、歌唱表現に関する知識や技能を生かして、曲の特徴にふさわしい歌唱表現を工夫し、思いや意図をもって歌う能力を指している。

　例えば、〈ふるさと〉では、歌詞の意味を理解して自分なりに解釈すること、故郷を思う気持ちを感じながら歌えるよう、表現を考えながら歌わせることが大切である。

　一方、歌唱で育む「学びに向かう力、人間性等」は、指導要領に記載されていないが、主体的に活動に関わり、仲間と楽しみながら協働して行う姿勢が求められるため、歌唱で育まれる資質・能力として捉える必要がある。

2.2. 歌唱指導のポイント

　教材研究は、入念に行えば行うほど、子どもに伝えたい思いが募ってくるものである。それゆえ、ともすれば教師の解釈や意図を子どもに一方的に押しつける結果になりかねない。教師は、子どもが思いや意図をもつこと、それを伝えること、確かめること等ができる環境づくりを心がけたい。つまり、子ども自身が考え、言葉や音楽で伝え合い、歌って確かめ、試行錯誤をした後、納得して表現できるような指導を目指したい。

　また、歌唱活動の要である「声を合わせる」行為は、自身の声だけでなく、他者の声にも耳を傾ける必要がある。「何となく聞く」のではなく、「意識的に聴く」行為は、自然に身につくものではない。だからこそ教師は、個々の声に関心を向け、意識的に聴けているかに、細心の注意を払う必要がある。

　加えて、歌唱指導では教師の範唱が欠かせない。特に聴唱を軸に新しい曲を覚えていく低学年では、教師が歌う「生の声」から享受する部分が多い。それゆえ、教師には正確なリズムと音程で歌う能力が求められる。

　また、伴奏の技能も大切である。歌の伴奏として機能する楽器であれば、必ずしもピアノである必要はないが、その楽曲の曲調や開始音、タイミング等は、明確に示せるよう心がけることが大切である。

2.3. 教材研究と歌唱共通教材

　音楽科の教材には、教科書、楽器、曲集、音楽ワーク、デジタル教材や電子黒板等が含まれるが、楽曲自体を示す場合も多い。

　現在、身の回りにはあらゆる時代のあらゆるジャンルの音楽があふれており、簡単に聴くことができる環境下にある。教師はこれらの多様な音楽を教材として扱う場合、教師自身が音楽そのものに魅力を感じ、歴史的・文化的価値に思いを馳せる姿勢が必要である。加えて、それが子どもにとって有益な音楽経験となり、世代間で継承されるよう導いていく役割も担っている。どのような音楽をどのように出会わせるかは、教師の適切な教材選択と教材研究にかかっている。その意味で、教材選択と教材研究は、慎重かつ入念に行う必要があるが、歌唱分野に限り「歌唱共通教材」が定められており、「内容の取り扱い」には、歌唱教材に共通教材を含むよう記載されている。

　歌唱共通教材は、各学年４曲ずつあり、６年間で全24曲が定められている。これらの中には、文部省唱歌が17曲あり、日本の伝統的な歌（わらべうたや日本古謡等）が５曲含まれている。これらの教材も他の教材と同様、音楽を形づくっている要素や記号や用語等と関連づけながら理解させることが大切である。

3. 器楽活動

3.1. 器楽で育む資質・能力

　器楽で育む「知識」とは、次の２点を指している。

① 歌唱と同様、曲想と音楽を形づくっている要素やその働きを関連づけて理解することである。曲想とは、その音楽に固有の雰囲気や表情、味わいのことであり、音楽の構造によって生み出されるものである。

② 楽器に固有の音色や演奏方法、楽器の組み合わせ等を工夫することにより、音色や響きが変化することを理解することである。

　また器楽で育む「技能」とは、思いや意図を表現するために必要なテクニックを指しており、①聴奏・視奏の技能、②音色や響きに気をつけて楽器を演奏する技能、③音を合わせて演奏する技能が挙げられる。

　次に、器楽で育む「思考力、判断力、表現力等」とは、器楽表現に関する知識や技能と関連づけながら、曲想や曲の特徴にふさわしい表現になるよう工夫し、思いや意図をもつことである。「思いや意図をもつ」とは、どのように演奏したいのか、自分なりの考えをもつことを意味する。低学年では、思いと表現方法がうまく結びつかないこともあるが、高学年になるにつれて、「元気よく」するために強く弾むよう

に演奏する等、思いや意図を具現化するための表現方法を提案できるようになる。そのため、指導の際には、実際に楽器で音を出しながら伝え合い、確かめ合う機会をもつことが大切である。

　器楽で育む「学びに向かう力、人間性等」は、歌唱と同様、指導要領に記載されていない。しかし、今まで触れたことのない楽器に出会い、奏法を習得し、仲間と音を合わせる時間を共有する過程で育まれる力は、器楽で育まれる資質・能力として捉えておくべきである。

3.2. 器楽指導のポイント

　器楽で忘れてはならないのが、「楽器のとの出会い」である。歌唱活動では、「自分の声を初めて聴いた」という子どもはほとんどいないが、器楽活動では、「この楽器の音を初めて聴いた」という子どもの声が聞かれる。「楽器とどう出会うか」は、その後の主体的な学びになり得るかどうかに深く関わってくる。新しい楽器に出会うと、子どもはその音色や奏法に興味を示し、好奇心をもって接するようになる。器楽指導は、この気持ちを大事にして行うことが大切である。楽器の演奏の仕方について、手順を説明する前に、楽器と触れ合う時間を確保し、音色や奏法を試行錯誤する機会を充分に与えることも必要である。

　加えて、楽器演奏に最適な学習環境を整えることも必要で、楽器の大きさ、数、特性等に応じて楽器の配置を工夫する等、学習環境と学習形態に配慮する必要がある。さらに、楽器の学習では、学習段階に応じて学習形態を変えると効果的である。初歩の段階では、個人練習が基本となるが、徐々にペア学習やグループ学習を取り入れ、互いに教え合う協働的な学習形態にする。ある程度の演奏が可能になったら、パート練習、一斉練習等を取り入れるとさらに効果的であろう。

3.3. 楽器と奏法

　器楽活動で使用する楽器は、地域や学校によって異なるのが現状だが、学習指導要領には、各学年とも「旋律楽器及び打楽器を演奏する技能」を習得するため、旋律楽器と打楽器を使用して器楽活動するよう示されている。

　具体的には、低学年ではオルガンや鍵盤ハーモニカ等、中学年ではリコーダーや鍵盤楽器、和楽器等、高学年では電子楽器や和楽器、諸外国に伝わる楽器等の中から子どもや学校の実態に合わせて選択するよう示されている。

　ここでは、音楽科で扱うことの多い鍵盤ハーモニカとソプラノリコーダーの他、各種打楽器類、和楽器を取り上げて解説する。

1) 鍵盤ハーモニカ

　鍵盤ハーモニカは、金属リードを振動させるリード楽器の一種である。ソプラノリコーダーと並んで小学校で広く使われている。鍵盤の位置を視覚的に確認しながら演奏でき、32鍵のタイプの使用が多い。演奏方法は、立奏（立って演奏する）と卓奏（座って演奏する）がある。

2) ソプラノリコーダー

　リコーダーは、息を吹き込み、気流によって音を出すエアリード楽器である。リコーダーには、運指の違いによりバロック式（イギリス式）とジャーマン式（ドイツ式）がある。運指表に二通りの表記があるのはそのためで、指導の際には、あらかじめ形式を確認する必要がある。導入期の指導のしやすさから、ジャーマン式の楽器を採用する学校が多い。

3) 無音程打楽器

　打楽器で音程がなくリズムをおもに刻むものを無音程打楽器と呼ぶ。以下に7種の打楽器を示す。

① カスタネットは、民族楽器の一種で歯切れのよい音がする。
② タンバリンは、太鼓と鈴から成る楽器で、華やかで明るい音がする。枠の穴には指を入れず左手で枠を握る。
③ 鈴は、プラスティック製の輪に鈴がついている。
④ トライアングルは、金属製の丸い棒を三角形にした楽器である。透明な音色でよく響く。
⑤ ウッドブロックは、くりぬいた硬い木に音を響かせる割れ目がある。丸型と角型がある。
⑥ 大太鼓（バスドラム）は、大きく柔らかな低音で、曲想やリズムを強調するときに使う。
⑦ 小太鼓（スネアドラム）は、2枚皮の楽器で、裏側のスネア（細い鎖状の響き線）が皮と振動して音を出す。

4) 有音程打楽器

　打楽器で音程があり、旋律を演奏できるものを有音程打楽器と呼ぶ。2種の打楽

器がある。

　①　木琴は、調律した木製の音板をピアノの鍵盤と同様に並べた楽器である。

　②　鉄琴は、調律した金属製の音板をピアノの鍵盤と同様に並べた楽器である。

5) 和楽器

　和楽器の指導にもっとも用いられる箏(そう・こと)は、琴(こと)と混同されやすいが、現在は「箏」が一般的で、「そう」または「こと」と読む。曲の音階に合わせて箏に柱(じ)を立て、「口唱歌(くちしょうが)」を用いて指導することもある。

4. 音楽づくりの活動

4.1. 音楽づくりで育む資質・能力

　音楽づくりで育む「知識」とは、まず音の素材に関わる知識を指す。身体や楽器、身近なモノ等、何を使って表現するのか、表現媒体を吟味することから始まる。また、リズムや旋律等のつながりや重なりを理解すること、色々な音の響きや、組み合わせによる効果に関する知識も含まれる。

　他方、音楽づくりで育む「技能」とは、楽譜等に頼らずに、即興的に表現する技能を指す。さらに、ある程度の音楽の枠組みや仕組みの中で、音楽を創る技能も含まれている。このような技能の習得のためには、教師が適切な条件を設定し、発想を生かした表現や、思いや意図に合った表現になるよう方向づけることが求められる。

　また、音楽づくりで育む「思考力、判断力、表現力等」とは、即座に判断してその場で表現する「即興性」と、音楽の仕組みを用いてまとまりのある音楽に組み立てていく「熟考する力」を意味する。

　一方で、音楽づくりで育む「学びに向かう力、人間性等」は、他の領域と同様、指導内容に記載がない。しかし、音楽づくりでは創造性を発揮し、その過程で協働的な学びが生まれ、自身の考えを広げたり深めたりする力が育成される。また、音楽に対する価値観が広がり、多様な音楽への関心が高まる。さらには、音楽を創る過程で探究心や向上心も育まれるため、それらを音楽づくりで育成する資質・能力として捉えておく必要がある。

4.2. 音楽づくりの活動例

　右の図表1に音楽づくりの活動例を示す。音楽づくりに使う音素材には、既成の

楽器以外に、布・紙・石等の身の回りにあるモノ、手づくり楽器、音具（日用品や廃物等、音の出るモノ）、人の身体や声（言葉を含む）等がある。電子楽器やコンピューターを使用することもある。

　また、音楽づくりで使う音楽様式は多種多様であり、日本の伝統音楽、J-POP、ジャズ、民族音楽、現代音楽等がある。音楽の形式は、ロンド形式や二部形式、三部形式等がある。子どもが無理なく音楽づくりに取り組めるよう、教師はこれらの種類や表現のタイプを把握し、活動に応じて選択する必要がある。

図表1　音楽づくりの活動

種類	遊びや表現のタイプ	活動例
音楽遊び	音を探したり聴いたりする音楽遊び	・音あて遊び ・音まね遊び ・動いてならそうトーンチャイム
	音を創り表す音楽遊び	・未来（時計・乗り物）ってどんな音？ ・つり人形（布・紙）の動きを音で表現 ・オスティナートを重ねて
音楽外の刺激	動きと音による音楽表現（運動刺激）	・音・音楽を動きで表現しよう ・動きを見ながら音ならし ・カノンの動き／動きと音で四季を表そう
	絵や映像による音楽表現（視覚刺激）	・音を絵（図形）にしよう ・音楽を図形楽譜で表そう ・映像に合う音楽づくり
	言葉にかかわる音楽表現（言語刺激）	・俳句（短歌）による音楽づくり ・オノマトペによる音楽づくり ・登場人物（事物）や場面に合う音楽づくり
多様な音素材	体の音による音楽表現	・声のアンサンブルづくり ・手拍子音楽づくり ・ボディー・サウンズづくり
	環境音・音具・楽器・PC 等による音楽表現	・自然の音素材（石・水等）で音楽づくり ・食器や紙や音が出るおもちゃ等　で音楽づくり ・コンピューターで音楽づくり
多様な音楽形式	日本や世界の音楽が素材の音楽表現	・みんなの阿波踊りづくり ・ケチャづくりをしよう ・世界の竹の楽器で音楽づくり
	ポップスやジャズ等の音楽表現	・ラップ音楽づくり ・ブルースやジャズ風な即興演奏の楽しみ ・いろいろなモードによる音楽づくり
	現代の音楽手法による音楽表現	・音のパターンを重ねた音楽づくり ・新しい音の出し方を工夫する音楽づくり ・ピアノの内部奏法による音楽づくり
	総合的な表現	・ミュージカルづくりの楽しみ ・喜怒哀楽を音で表現しよう ・みんなのオペレッタづくり
構成要素	即興表現（含む即興演奏）	・ロンド形式でリズムや旋律の即興表現 ・日本のメロディーで即興演奏 ・薄い音＆厚い音
	リズム・旋律創作や自由な音楽づくり	・想い出の曲づくり ・2部（3部）形式の曲づくり ・友だちの曲でアンサンブルの工夫

（橋本・田中監修、加藤編著、2015、p.167 を基に筆者が抜粋して作成）

4.3.　音楽づくりの指導のポイント

　音楽づくりは、子どもが創造性を発揮し、自分にとって価値ある音楽をつくる活動であり、未来を担う子どもに必要な資質・能力を育む大切な学習である。しかしその一方で、正解のない新しい音楽を創り出す活動であるがゆえに、教師も最終的なゴールの具体的イメージをもちにくく、指導に見通しがもてない場合がある。そのため、「他の活動に比べて指導の難しさを指摘する教師が多い」という調査結果もある。このような現状を踏まえ、教師は指導の際、子どもが音楽を創っていく過程で何を考え、何を表現したいのかを見極め、把握することに努めたい。子どもが試行錯誤を繰り返しているときの言葉かけも重要である。教師の一言が、作品の方向

性を決める一助となったり、アイディアを広げたり深めたりするきっかけになるからである。

　また、音楽づくりは、グループ活動を中心に行う機会が多いため、状況や内容に応じて、1グループの人数を決めることが大切である。

　さらに、音楽づくりの指導では、教師の音楽観が深く関係してくるため、日頃から、様々な音楽を聴く機会をもち、映画、演劇、スポーツ等の体験を通して創造的なアイディアを蓄積するよう努めたい。

5. 鑑賞活動

5.1. 鑑賞で育む資質・能力

　鑑賞で育む「知識」は、「曲想及びその変化と、音楽の構造との関わりについて理解すること」と示されている。曲想とは、その音楽が醸し出す雰囲気のことで、構想を指し、単一とは限らない。そのため、変化する曲想を音楽の構造と関連させて理解することが求められる。音楽は、音楽を特徴づけている要素と音楽の仕組みとの関わり合いでできている。曲想とその変化を音楽の構造と関わらせて理解することにより、音楽の聴き方が変化し、曲全体をより深く味わいながら聴くことができるようになる。

　次に、鑑賞で育む「思考力、判断力、表現力等」は、「曲や演奏のよさなどを見いだし、曲全体を味わって聴くこと」とされている。音楽を味わって聴くとき、日常の感情経験が深く関わってくる。音楽の様々な性質が自身の経験や現在の認識等と共鳴して象徴的な意味を帯び、新しい経験として統合される。鑑賞を通して、音楽の中で起こっている出来事に耳を傾け、記憶したり、比較したり、予測したり、意味づけたり、価値づけたり、関連づけたりする力が培われる。さらに、これらを言語化したり身体の動きで表したり、別の表現媒体で表したりする力も培われる。

　一方で、鑑賞で育む「学びに向かう力、人間性等」は、他と同様、指導内容に記載がない。音楽鑑賞は、ともすると受動的で個人的な活動と捉えられがちだが、本来は音楽に能動的に働きかけ、自ら意味や価値を生み出す営みである。加えて、同じ音楽を仲間と聴き、意見や感想を交換し合う中で、個人の感じ方を超えて、新しい意味や価値を見いだす大切な機会になる。その意味でも、鑑賞で育む能力として捉えておく必要があろう。

5.2. 鑑賞指導のポイント

　渡邊（2004）は、鑑賞活動を通して教えることができる事項として、①音楽の雰囲気や情景、②音楽を形づくっている要素、③楽曲に関する知識、作曲家に関することを挙げている。このうち②と③は、客観的に教えることができるが、①は、クラス全体で一つのイメージをもつことは難しい。なぜなら、音楽を鑑賞した子ども一人一人の内部に湧き起こった音楽的イメージだからである。しかし、一人一人の感じ方が異なるから指導できないわけではなく、個人の感じ方を共有しあったり比較したりしながら考える機会をつくり、深い学びにつなげていくことができる。

　鑑賞活動は子どもの内面で行われるため、評価する教師が捉えにくい側面がある。それゆえ、鑑賞の能力を「表現」のように客観的に測ることは難しい。教師は、鑑賞の指導をする際、「聴かせるだけ」の授業にならないよう工夫する必要がある。上記の事項を踏まえ、鑑賞指導は次の５点に留意して展開することが望まれる。

1）意識的に聴く

　子どもの身の回りには、常に音や音楽があふれている。日常生活で無意識に触れている音や音楽を「意識的に聴く」行為を習慣化させたい。そのためには、聴覚的な感覚を磨くような授業づくりを心がけたい。

2）焦点化して聴く

　音や音楽を意識的に聴くことを目指しながら、曲全体から何を捉えるのかという点を明確にして、鑑賞するよう指導する。例えば、曲を形づくっている要素、曲の雰囲気や情景等が考えられる。

3）聴取の可視化

　子どもの鑑賞活動の内面に起こっていることは可視化しにくい。これまでは、「感想を書く」等、言語による表現で可視化しようとする授業が多かった。しかし近年は、「体を動かす活動を取り入れること」とあるように、言語活動に留まらず、身体表現を取り入れたり、絵や図等の図形楽譜を用いたりと、他の表現媒体を用いて可視化する方法が推奨されている。

4）共有化する

　それぞれの子どもが感じ取ったことを可視化できたら、それをクラス全体で共有化することが望ましい。同じ曲でも、人によって聴き方や感じ方が異なると同時に、同じように感じても表現方法が異なる場合もあるため、共有化することで鑑賞の多

様性を学ぶことができる。

5）表現と共通事項との関連

　鑑賞で学んだ内容は、表現領域の活動や共通事項の学習に生かすことが大切である。鑑賞活動で学んだ内容を表現活動に生かすことにより、音楽をより深く理解でき、音楽を総合的に捉えられるようになる。例えば、鑑賞活動で音楽のテンポの変化による効果を学習したら、それを器楽の演奏方法に取り入れてみること等である。

（田﨑 教子）

〈引用文献〉
小川昌文他編著（2023）『よくわかる音楽教育学』ミネルヴァ書房
吉田武男監修　笹野恵理子編著（2018）『初等音楽科教育』ミネルヴァ書房
原清治他監修　高見仁志編著（2018）『初等音楽科教育―保幼小の確かな連携を目指して―』ミネルヴァ書房
筑波大学付属小学校音楽科教育研究部編著　中島寿他（2016）『音楽の力×コミュニケーションでつくる音楽の授業』東洋館出版社
橋本美保・田中智志監修　加藤富美子編著（2015）『音楽科教育』一藝社
文部科学省（2018）『小学校学習指導要領（平成29年告示）解説音楽編』東洋館出版社
渡邊學而（2004）『音楽鑑賞の指導法―子どもの可能性を引き出す』(財)音楽鑑賞教育振興会

音楽科の授業実践

指導のポイント
①曲想の変化に気づくことができるように、二つの旋律の特徴を捉えてから曲
　全体を聴いたり、曲の構成を視覚的に分かるように示したりする。
②聴き取ったことと感じ取ったことを結びつけて考えることができるように、
　それぞれ整理したり、つなげたりして板書する。

1. 曲や演奏のよさに気づいて聴こう（組曲『アルルの女』から）

2. 主題の目標

　曲想及びその変化と、音楽の構造との関わりに気づくとともに、曲や演奏のよさ
に気づきながら、曲全体を味わって聴く。

3. 主題設定の理由

（1）児童（第3学年）について

　本学級の児童は、注意深く曲を聴いて、感じたことを言葉にすることができる児
童が多い。しかし、どうしてそのように感じたのか、音楽の特徴、要素と結びつけ
て考えることが苦手な様子が見受けられた。

（2）題材について

　『アルルの女』は、1872年、フランスの作曲家ビゼーによって作曲された。今回、
この組曲の中から、曲の構成や変化を感じ取りやすい2曲（「メヌエット」「ファラン
ドール」）を扱った。

4. 題材の指導計画

時	主な学習活動	共通事項
1	「メヌエット」の旋律の変化や反復を聴き取り、曲のよさを見いだして、曲全体を味わって聴く。　　　　　　　　〈学〉	旋律
2	「ファランドール」の二つの旋律の曲想と旋律の特徴との関わりに気づいて聴く。　　　　　　　　　　　　　〈知〉	反復
3	「ファランドール」の曲の変化や旋律の重なり等の音楽の構造を聴き取り、曲のよさを見いだして、曲全体を味わって聴く。〈思・判・表〉	変化 / 音の重なり

5. 本時の学習展開（3／3時）

(1)本時のねらい

二つの旋律に注目して曲全体を聴くことを通して、曲想の変化や旋律の反復、重なりに気付き、曲のよさを見いだし、曲全体を味わって聴く。

(2)展開

段階	○学習活動　・予想される児童の反応	☆手立て　★評価規準
導入	①前時の復習をして、二つの旋律をそれぞれ聴く。	
展開	②曲を通して聴き、気づいたことや感じたことを共有する。 ・2つの旋律が交互に出てきていたよ。途中のところはすぐに交代していた。「メヌエット」よりたくさん交代していたよ。 ・最後のところは、二つの旋律が重なって聴こえた気がするよ。 ③もう一度、通して聴いたり、最後の部分に注目して聴いたりして、曲の構成を確認する。 ④曲のおすすめポイントを考えて共有し、書いてまとめる。 ・二つの旋律が交代しながらだんだん曲が盛り上がって、最後は二つの旋律が重なって、王と馬が一緒に踊る感じがして、面白いと思ったよ。	☆曲のどの部分のことなのかが説明できるように、曲の進行が視覚的に分かる映像を流しておく。 ☆曲を聴く視点をもてるように、「交互」「重なり」という児童の発言を、板書で残しておく。 ☆曲の構成に気づけるよう、旋律ごとチームに分かれ、体を動かす時間を設ける。 ☆曲のよさを様々な視点で捉えるために、意見を共有する時間を設ける。 ☆曲の構成や音の特徴から曲のよさを見つけている児童の発言を価値づける。
終末	⑤振り返りをする。 ・曲を全部聴いたら、旋律が交代したり、重なったりして、楽しかったよ。 ・今度、曲を聴くときには、どんな風に曲が変わるか考えて聴きたいな。	★曲想の変化や、旋律の反復、重なりに気づき、曲のよさを見いだし、曲全体を味わって聴いている。【観察・学習カード】

6. 授業の実際

※「王の行進」の旋律を「王」、「馬のおどり」の旋律を「馬」とする。

○初めて曲を通して聴く

C：最初の「馬」に少し似ているのが最後にあって、最初より迫力があった。

C：「王」と「馬」が混ざり合っている。

　　C：最後、混ざり合っている気がしたけど、わけが分からなかった。

○「王」と「馬」のチームに分かれ、自分の旋律がきたら立つ活動をする

　　C：最後、迷ったけど、「馬」が聴こえた！　みんな一緒になった！

○曲のおすすめポイントを共有する

　　C：二つの旋律が混ざっていると、どちらも聴けて楽しいと思った。

　　C：交互のところは、どっちも迫力があって耳に残った。

　　C：二つ目の「王」の方が明るかった。

　　C：最後の音が大きくなるところが好きだった。この曲欲しい！

　　C：二つが混ざっているところが、いろんな動物がいる感じだった。

　　C：最後「馬」と「王」が合わさった方がリズムを刻んでいて、派手だった。

7. 考察

◎ 児童の疑問を基に、曲を何度も聴いたり、体を動かす活動を取り入れたりしたことで、児童が曲の構成に気づき、最後には自信をもって楽しんで曲を聴く様子が見られた。

◎ 曲の構成を板書や映像で視覚的に示し（以下の通り）、全体で確認したことで、曲を聴くときに余裕が生まれ、曲のよさにまで目を向けることができた。

王	馬	王	馬	王	馬	王と馬

◎ 聴き取ったことや感じ取ったことの言葉の例を掲示したり、『【聴き取ったこと】だから【感じ取ったこと】がします』という話型を示したりしたことで、聴き取ったことや感じ取ったことを結びつけられる児童が増えた。

△「混ざっている」「リズムを刻む」など、教師が分かっていても、他の児童には伝わらない言葉もあった。また、「混ざる」の中には、「交互」「重なり」のどちらの意味も含まれていた。教師が、もっと問い返す必要があった。

△ 分析的になりすぎると、音楽を楽しむという本質を見失ってしまう。授業後半でも、児童の発言から、さらに音楽を聴き直し、音楽に親しむと良かった。

　　　　　　　　　　　（さいたま市立西原小学校　秦 彩奈　2016年度卒業）

鑑賞活動における享受内容の可視化と音楽構造の視覚化

1. 鑑賞活動における享受内容の可視化

　秦先生は、『アルルの女』より「メヌエット」と「ファランドール」を鑑賞教材として取り上げ、3時間扱いで実践しています。この曲は戯曲の上演のために作曲された付随音楽のため、比較的情景を浮かべやすい曲です。

　3年生の児童の実態を踏まえて計画を立てており、その結果、児童から活発な意見が出され、多様な見方・考え方を引き出すことに成功しています。

　鑑賞活動は、児童がどのように享受しているのか、目に見える形で確認するのが難しい分野です。鑑賞する際の視点として「交互」、「重なり」等のキーワードを提示したことから、児童から「混ざっている」との発言があり、特徴的な二つの旋律を捉えている様子を可視化することができています。

2. 鑑賞活動における音楽の構造の視覚化

　秦先生の実践では、音楽の構造がわかりやすい形で視覚化できていました。送っていただいた写真には、音楽の構造を板書によって示した様子が写っており、音楽の時間的な流れと、曲に出てくる特徴的な旋律、「王」と「馬」がどのように出現するのかが一目で分かるよう示されていました。この図を見ながら鑑賞すれば、児童は鳴り響いてくる音楽の構造が時間とともに変化していく様子が視覚的に確認できると思います。

　「王」と「馬」をカードにし、まず音楽を聴いて児童にこの順番を考えさせ、改めて音楽を聴いて正解を伝えても良かったかもしれません。

　最後に、ご自身も考察で述べているように、音楽を分析的に聴きすぎてしまうと、部分に気をとられ、曲全体を味わったり楽しんだりすることを忘れてしまいがちです。児童の発言に「この曲欲しい！」とあったように、曲全体を通した感想を述べ合う時間を設けてもよかったかもしれません。

　また、児童の発言が意味するものを正しく解釈するのは非常に難しく、その場その場で、教師が「つまり、○○ということだよね？」と言い換えることによって、言葉のもつニュアンスが明らかになることがあります。ぜひ、試してみてください。

（田﨑 教子）

7. 小学校図画工作科における授業づくり

1. はじめに

　平成29年に告示された小学校学習指導要領は、海外での「コンピテンシー」に関する議論に連動した、日本における「資質・能力」という言葉で重ねられた議論を踏まえ、最終的に採用された「知識及び技能」「思考力・判断力・表現力等」「学びに向かう力・人間性等」という三つの柱で再構成された。図画工作科において、これまで脈々と継承や新規開発を重ねながら実践されてきた題材例や指導に関する知見も同様に、「何を知っているか、何ができるか（個別の知識・技能）」「知っていること・できることをどう使うか（思考力・判断力・表現力等）」「どのように社会・世界と関わり、よりよい人生を送るか（学びに向かう力・人間性等）」という視点から見直すことが求められている。しかし、ここでわれわれ実践者は、新たにクローズアップされる「知識及び技能」にばかり議論が集まり、「図画工作科にとっての知識とは○○である」「この技能は必ず図画工作科で身につけさせなければならない」という焦点化された題材のねらいや偏った指導方法に傾倒しないよう、授業づくりへの心構えについて留意しなければならない。図画工作科にとっての知識は、単に教えこんだり、定着しているかどうかを評価したりするのではなく、子どもたちが自分の感覚や行為を通して捉えるものとして指導に向かうことが重要である。つまり「生きて働く知識・技能」として、子どもたちが表現活動の中で発揮していく姿を目指しているのである。

　また、今回の改訂から注目されているプログラミング教育をはじめ、ICT機器の活用についてもネットワークを通じて広く他者と交流し、造形的な見方・考え方を共有する学びの実践が多く開発されている。ここで、AIの台頭や子どもを取り巻くネット環境の急変に対応する必要性を踏まえたうえで確認しておきたいのは、やはり「図画工作科を通して身につけさせたいのはスキルだけではなく、そこで発揮し続ける思考である」という点である。例えば、小学校でのプログラミング教育は学習指導要領で明記された情報活用能力の育成の一環であり、プログラミング体験

などを通じて論理的な思考力（プログラミング的思考）を身につけることを目的としている。つまり、教科の学習時間の中で、コンピュータプログラミングの技能を習得すること自体をねらいとはしていない。授業の形態としては、コンピュータを使わないアンプラグドとコンピュータを使うものがあり、例えば、版画や工作などにおいて作業の手順を計画すること、ビー玉の転がり方を試しながらいかに時間をかけてゆっくり転がすことができるかと、面白いコースやしかけを考えることもプログラミング的思考を発揮すべき活動と言える。これらの思考は一朝一夕で身についたり、教えられて直ちに発揮されたりする能力ではなく、さまざまな体験から得る実感や課題意識を通した切実感によって自分の内面から発動していく表現方法の一つである。

　ここまで現在の図画工作科を取り巻く状況を例に挙げたが、「図工は、知識や技能を教える教科ではない」というメッセージのみが伝わっているとしたら誤解である。

　そもそも授業とは、意図的に設計された学習環境であり、活動のねらいや指導に込めた願いがない授業は存在しない。よく「図工は自由でいいね！」というフレーズを耳にすることがあるが、はたして「図画工作科における自由とはいったい何か」と問い返したい。端的に挙げるならば、この"自由"とは授業者が何も声かけも支援も評価もせずただ静観すること（いわゆる"放任"）ではなく、子どもたちが表現活動を通して豊かな意思決定をすることに対する授業者の"受容"や"共感"と言うべきだろう。

　授業終了の残り5分で活動を止め後片付けについて指示を出そうとする時、子どもたちが「え？　もう終わりですか？」と驚いた表情をする。「あぁ、今日の図工はあっという間だったけど、頭がジーンと熱くなった」とつぶやく姿が思い浮かぶ。時間が経つのも忘れるほど活動に没頭していたその表情からは、間違いなく自分ならではの意味や価値を生み出しながら、今回の学習指導要領改訂で議論されてきたさまざまな資質・能力が発揮されていたのであろうことを実感する。本稿では、図画工作科における授業づくりの方法や授業者の視点を紹介しながら、実践例を通して授業のイメージや子どもたちの発想や表現に向けた指導の工夫について考えていきたい。

2. 図画工作の授業づくりの基本

2.1. 子どもたちの思いや願いを主軸にした授業づくり

　「この授業、たのしそうだぞ！」「なんか、私にもできそう！」「あっ、いいこと考えた！」。子どもたちはさまざまな場面でこのようにつぶやく姿がある。ここで問題になるのは、授業者が彼らの期待感や一人一人の着想や思いをしっかりと受け止めるアンテナを張っているか、という構えである。ここでは、まず子どもたちの「やってみよう」「こうしたい」という前向きな思いや願いを中心に考える授業づくりについて考える。

(1)「やってみよう」を引き出す導入

　まず題材の設定については、子どもたちが自分から取り組みたくなるような工夫が前提となる。もちろん、目指す作品像や作業手順をすべて例示する、という意味ではない。例えば、既習経験や子どもたちの実態に合わせたテーマ設定や意欲を高める原動力となる活動の意味など、多様なアプローチが必要となる。とりわけ重要な視点として、「取りかかりの最初の操作や活動の場面（"表現活動の第1ハードル"と呼ぶ）では、全員が成功体験を得られる（"跳び越えることができる"）よう適度な抵抗感をもっていることが条件となる。あまりに完成度の高い作品例を見せられれば子どもの意欲が減退し、逆に「テーマは自由。何でもよい」という一見解放的なゴールイメージにも子どもはかえって困惑する。これらの微調整には、日頃から子どもたちの関心や生活の様子を観察しておく必要がある。

(2)「こうしたい」に対する受け止めと支援

　導入場面から実際の活動へ移行すると、子どもたちのイメージは少しずつ広がっていく。授業者は「どんなことを思いついているのかな」「何につまずいているのかな」と一人一人のつぶやきや表情にアンテナを張って、個々の思いや願いに耳を傾ける。もし、導入で確認したことが理解できていなかったり、用具の扱い方が安全でなかったりする場合には、その場で適切な方向へ向かうことができるように声かけをする必要がある。ここで、授業者は「せっかくの意欲を無駄にしないようにただ静観したほうがよい」などと考えず、適切な指導をすべきである。さらなる意欲を高めるためにも「今やっていることは、みんなで確認したねらいとずれているね。

でも、今あなたがつくろうとしているテーマは他の友だちはまだ気がついていないから、もう一度考えてみようね」と、本人が自覚していない発想のよさなどを認めつつ、授業者が自分の考えを大切に見守っている姿勢を示すことで、新たな「こうしたい」を促していく。

(3) 互いの「やってみよう」「こうしたい」の違いに対する共感

　同じ題材のねらいを確認し、同じ材料を使っていても子ども一人一人の「やってみよう」「こうしたい」に違いが生まれてくる状況は当然であり、むしろ豊かな発想の広がりや多様な表現方法が次々と生まれてくる題材や授業のしつらえこそ、図画工作科で目指したい授業像であるといえる。まず授業者は学級全体の動向を探りながら、「あの子の発想は、この子のやりたいことに近い」や「あちらの班で盛り上がっている活動を見たら、きっとこちらの子どもたちも刺激を受けそうだ」というように、それぞれのアイデアや関心がどう学級全体へ波及していく可能性があるかを想像してみる。ここで重要なのは、子どもたちの内面に潜んでいる「まわりの人と違うことをやってはいけないのではないか」という消極的な不安を払拭する授業者の姿勢である。むしろ「周囲と違う感じ方や考えが認められる時間・場である」ことに安心して活動に取り組むことができるような共感の雰囲気づくりを心がけたい。

2.2. 図画工作教育の目標と評価

「表現および鑑賞の活動を通して、造形的な見方・考え方を働かせ、生活や社会の中の形や色などと豊かに関わる資質・能力を次のように育成することを目指す」

(1) 対象や事象を捉える造形的な視点について自分の感覚や行為を通して理解するとともに、材料や用具を使い、表し方などを工夫して、創造的につくったり表したりすることができるようにする。　→【知識および技能】に関する目標

(2) 造形的なよさや美しさ、表したいこと、表し方などについて考え、創造的に発想や構想をしたり、作品などに対する自分の見方や考え方を深めたりすることができるようにする。　→【思考力・判断力・表現力等】に関する目標

(3) つくりだす喜びを味わうとともに、感性を育み、楽しく豊かな生活を創造しようとする態度を養い、豊かな情動を培う。　→【学びに向かう力、人間性等】
に関する目標

　図画工作科の目標は、従来の目標に引き続き「活動を通して学ぶ教科としての特質」を前面に示した。図画工作科では、学習活動を表現及び鑑賞の活動とし、それぞれが独立したものとしてだけでなく、互いに働きかけ、一体的に高まっていく構造を基本としている。また、「造形的な見方・考え方」については、図画工作科としての学びの核となるものである。活動を通して、この「造形的な見方・考え方」を働かせることが、作品をつくることおよび自分にとっての意味や価値をつくりだすことにつながる重要なポイントになる。さらに、三つの資質・能力を柱とした先の(1)(2)(3)は、相互に関連させながら目標の実現を目指すものであり、(1)から(3)へという順序性をもつものではない。

　評価については、学習指導要領において具体的な観点や方法について示されていない。ただし、『「指導と評価の一体化」のための学習評価に関する参考資料　小学校図画工作』(2019/ 文部科学省国立教育政策研究所) では、具体的な実践に照らし合わせて評価規準が示されているので、こちらを参考にしていただきたい。学習評価の意義については大きく二つの側面がある。それは、「子どもたちが学習した意義や価値を実感できるようにする」という子どもにとっての意義と、「指導の改善や学習意欲の向上を図り、資質・能力の育成に生かすようにする」という、授業者にとっての意義に分けられる。授業者が設定した目標や目指す子ども像と、授業を通して見えてきた児童の実態および評価の観点が乖離しているならば、そもそも授業者の見取りが誤っていたことになる。

　また、図画工作科の評価にとってもう一つ大事な視点として、「元気が出る評価」というテーマを掲げておく。評価とは、一方的に子どもたちを定期的に判定するためのものではなく、継続的に図画工作科における一人一人の学びを応援していくためのものでありたいという願いがその根底にある。つまり、評価は「子どもの気持ちを中心に」「子どもに身近でわかりやすく」「子どもの活動をさりげなく、具体的に認め、励まし、サポートするもの」「子どものためのよりよい授業をつくりあげるもの」であるべきだ、という考えである。では具体的に、どのように授業のさまざまな場面で子どもたちの様子から見取り、いかに相談に応じたり支援したりするのか。ここでは実践的な方法については割愛するが、今後も子どものための評価を探究し続けていきたい。

3. 図画工作の授業計画

3.1. 「題材計画ありき」から「造形的な見方・考え方」を核とした カリキュラムへ

　平成29年に告示された学習指導要領の改訂では、カリキュラム・マネジメントが重視され、各学校現場においてどのように取り組んでいくか、が重要な課題となっている。これまでの図画工作科における年間計画を振り返ると、どの題材をどの学期（季節や学校行事との関連）で実施するか、さらに「自治体ごとに取り組むコンクールや作品展へ出品するには、何月からつくり始める必要があるか」など、題材の配列を年間行事と照らし合わせながら当てはめていく傾向があった。ところが、教科横断的な取り組み、PDCAサイクルによる進捗状況を反映させた教育改善、学校・家庭・地域での情報共有などの側面に加えて、各教科における「見方・考え方」が主軸に置かれたことにより、図画工作科においては「造形的な見方・考え方」として、知性と感性をともに働かせて対象や事象を捉えられるように、年間の学びを再構成することが求められている。

3.2. 授業計画における学びの連続性と広がり

　前述のような従来の題材計画の考え方ならば、整然と並んだコマ切れの配列表が思い浮かぶが、これらの題材と題材の間に「テーマや素材の共通点や学年ごとの技能的な発展性はあるか」「同じ学期に予定している他教科での学びと連携できるか」という視点で見直すと、何本もの矢印や新たな学びのカテゴリーとなりうるテーマの枠組みが見つかるのではないだろうか。各教科においてどのような資質・能力を育むのかを学校全体で明確にして共有することで、各教科間のつながりや新たな試みが見えてくるだろう。しかも、この視点は1本ずつの学習指導案や授業計画においても示し方が変わるきっかけとなる。例えば、現行の図画工作科教科書では「ふりかえり」（既習経験とのつながり）や「あわせてまなぼう」（教科横断的な取り組みの可能性）などの表記が含まれており、それらを活用して授業計画の可能性を広げていくこともできる。

4. 図画工作の授業内容

4.1. 資質・能力から整理された「内容」

　現行の学習指導要領で示された各学年の内容は、大きな枠組みとしては従来のまま、「A 表現」と「B 鑑賞」および〔共通事項〕の三つで構成されている。ただし、今回の改訂では、上記それぞれに育成すべき資質・能力が位置づけられたのが特徴である。これまで（平成 20 年告示）の学習指導要領では、「A 表現」のもとに「造形遊び」と「絵や立体、工作」という活動の区分がまず示され、それぞれに「発想・構想」と「創造的な技能」が位置づけられていた。それが、現行（平成 29 年告示）の再構成では「A 表現」のもとに（1）表現における「思考力・判断力・表現力等」として「発想や構想」に関する項目と、（2）表現における「技能」に関する項目の二つが設けられた。つまり、「内容」の示し方が活動の区分から資質・能力の側面へと整理されたのである。

　これまでの活動の区分は、上記（1）（2）の項目内で、ア「造形遊びをする活動」に関する事項と、イ「絵や立体、工作に表す活動」に関する事項としてそれぞれ示されている。また、「B 鑑賞」については（1）「鑑賞」に関する項目を設け、ア「思考力・判断力・表現力等」に関する事項が示された。もう一つ、〔共通事項〕とは、表現や鑑賞の中で共通して必要となる資質・能力であり、平成 29 年の改訂では、ア「知識」とイ「思考力・判断力・表現力等」として示されている。

　これらの改訂されたポイントを踏まえて実際に題材を配列し、図画工作科の年間指導計画を作成する際には、「造形遊びをする活動」「絵や立体、工作に表す活動」「鑑賞する活動」がバランスよく配置され、そこで育成される資質・能力のつながりを意識して構成する必要がある。

4.2. 「造形遊び」をする活動

　「造形遊び」というキーワードを聴いてすぐに活動のイメージが思い浮かぶならば、自分がこれまで豊かな「造形遊び」を通した経験を積んできたことが分かるだろう。

　「造形遊び」では、子どもたちが身近にある材料や環境と関わりながら、自分の感覚や行為を通して捉えた形や色などの特徴を基に、そこで生まれてくる自分のイメージを広げ、身体全体の感覚を働かせながら技能を発揮して、目の前にあるものや場所、環境を「つくり、つくりかえ、またつくる」姿が期待される。学年ごとに活

動のイメージを端的に表すと、低学年では「素材そのものを体全体で」、中学年では「素材をとりまく場所をみんなで」、高学年では「素材の特徴を生かして場所・時間・自然環境（光・風・水など）に働きかける創造的な技能の組み合わせ」という展開を想定することができる。それに伴い、造形遊びにおける活動場所のしつらえについて以下のような点が挙げられる。（1）安全に活動することができる広さ、（2）発想を刺激する場所のおもしろさ、（3）やりたいことがダイナミックにできる場所、（4）その場所がもつ特徴（自然環境、雰囲気、物語性など）。学校現場の先生方に造形遊びについての悩みを尋ねると「準備と片づけが大変」「子どもの活動のゴールが見えにくい」「どうしても作品づくりに向けた指導になりがち」という声が聞こえてくる一方で、「実際に造形遊びを多く経験してきた子どもたちと、あまり経験の少ない子どもたちでは、その後の題材に対する反応や作品に大きな違いが出てくる」という声もあがる。授業者は子どもたちの活動を先導する立場ではなく、造形遊びという新たな環境の中で材料や場所と対面した子どもたちの視線や感覚に寄り添いながら、「私だったら、どんなことをしようかな」と体験を共有する立場にいると、子どもたちと一緒に活動の喜びや達成感に共感できるだろう。

4.3. 絵や立体、工作に表す活動

　これまで先人たちが脈々と継承や新規開発を重ねながら実践されてきた図画工作科の題材では、じつに多種多様な材料や用具が取り扱われてきている。ここでは、現行の学習指導要領（平成 29 年告示）「指導計画の作成と内容の取扱い」において示されている、学年ごとに取り扱う材料や用具について取り上げ、今後の題材開発における資料としたい。とくに「立体に表す活動」では、このような材料や用具を総合的に活用することが望ましい。

　（6）材料や用具については、次のとおり扱うこととし、必要に応じて、当該学年より前の学年において初歩的な形で取り上げたり、その後の学年で繰り返し取り上げたりすること。ア）第 1 学年及び第 2 学年においては、土、粘土、木、紙、クレヨン、パス、はさみ、のり、簡単な小刀類など身近で扱いやすいものを用いること。イ）第 3 学年及び第 4 学年においては、木切れ、板材、釘、水彩絵の具、小刀、使いやすいのこぎり、金づちなどを用いること。ウ）第 5 学年及び第 6 学年においては、針金、糸のこぎりなどを用いること。

　（文部科学省「小学校学習指導要領解説　図画工作編」pp.117-118 より抜粋）

4.4. 鑑賞する活動

　図画工作科における鑑賞と聞くと、完成した作品を並べて解説したカード等とともに互いの作品を見合ったり、美術館やインターネットで選んだ作品の中で自分が関心のある作品について調べたり紹介したりする活動をイメージする人も多い。

　鑑賞の定義としては、（1）作品の制作に付随して行われる友達同士による作品の相互鑑賞、（2）本物の作品を味わうことによって鑑賞する態度や理解を深める、（3）スライドや画集などによる美術史や美術に関する知識の習得、の３つが挙げられる。従来の鑑賞学習の場面を思い起こすと、授業者が作品の横に立ち、子どもたちに作品が生まれた時代背景や表現方法の意図などについて解説する姿をイメージするかもしれない。1990 年代にアメリア・アレナスによって提唱された対話型鑑賞教育の方法が日本に紹介されて以降、学校現場での鑑賞のイメージも徐々に変わってきている。「作品から感じたことを思ったままに話してよい」「他人の意見を否定しない」「作品以外の情報には注目しない」などのルールもまた、各学校や授業者の実態に応じて改良を重ねていくべきであり、何より子どもたちも授業者も解放された心で自他の作品から新たな発見や価値を見いだせるような場となることが重要である。

　また、アートカードを用いた日常的な鑑賞活動、子どもたちが自分や友人の作品について作品展等で紹介をする「子どもガイド」、学校内だけでなく地域の商店街や美術館などと連携して独立した「鑑賞プログラム」など、人と人をアートでつなぐ取り組みが実践されてきている。

5. 学びを深める指導の工夫

5.1. 作品展示

　日々の図画工作科の授業で子どもたちがつくり出した作品をどのように展示するか、その場所や期間、方法により学習の様子を発信する効果に違いが出るので、教科主任だけでなく学校全体で展示計画を作成すべきである。例えば、教室前の壁面や昇降口の掲示板に整然と並べる方法が一般的だが、そのほか正門横の掲示板に授業の様子を撮影した静止画をスライドショーで上映することでも、保護者や学校を支えてくださる地域の方に子どもたちの生き生きとした表情や活動風景をご覧いただける。さらに、学校行事としての（主に体育館等で開催する）全校での作品展を通

して造形表現を学んだ6年間の子どもたちの成長を理解していただく機会にもなる。

　現行の学習指導要領は「校内の適切な場所に作品を展示するなどし、平素の学校生活においてそれを鑑賞できるよう配慮するものとすること。また、学校や地域の実態に応じて、校外に児童の作品を展示する機会を設けるなどすること」と示している。鑑賞の項でも述べた、子どもガイドを発展させて校内での鑑賞タイムを設定したり、「地域の名人に教わる○○づくりワークショップ」などの体験型学習と作品展示を同時開催したり、各学校での取り組みの可能性を探ることから始めたい。

5.2. 学びの記録をとること・活用すること

　子どもたちの学びの記録は、授業者が評価資料として活用する目的に加えて、子どもたちが自身の活動を振り返り、次時への課題意識を高めるためにも重要な履歴となる。例えば、振り返りシートを活用して子ども自身による学習感想（各回の成果と課題）や制作途中の進捗状況などについて書き記す方法が一般的であるが、充実した活動時間を保障するためにも、なるべく文章化する場面をコンパクトにまとめたいと願う先生は多いのではないか。また、授業者は活動中ずっと子どもたちに声をかけ、支援を続けているわけだが、名簿を抱えながら一人一人の活動の様子を記述して回る評価活動には限界がある。そこで効果的なツールとなるのが、先生用デジタルカメラや児童用タブレット端末による静止画・動画の撮影記録である。授業場面での具体的な活用例としては、(1)授業者は子どもたちの活動の様子を「導入直後」「展開」「終了直前」などの数回に分けて撮影しながら、個々の悩みや発見に耳を傾けていく、(2)子どもに「自分の心が動いた瞬間」「ひらめいた場面」「友達の活動で感心したところ」などの撮影ポイントを示すことで、自分自身の活動履歴を記録に残したり、他己評価の具体資料にしたりする効果が期待できる。また、これらの画像資料はタブレット端末同士のデータを学校内のネットワーク上で共有することで、子どもたちが授業外の時間に互いの制作過程や学習感想から学び合う効果も考えられる。

（大櫃 重剛）

〈引用文献〉
文部科学省（2017）『小学校学習指導要領解説 図画工作編』日本文教出版

図画工作科の授業実践

> 指導のポイント
> 　本実践は、どの児童も表したいことを見つけ、積極的に活動し、自分の作品に
> 愛着をもつことを目指している。そのために、児童が作品作りに専念できる物語
> を用意したり、作品への思いを表現できるような鑑賞をしたりする。

1. 題材名　こんにちは、むぎゅたん　A表現(1)イ、(2)イ

2. 題材設定の理由

（1）題材について

　小学校学習指導要領（平成29年告示）A表現（1）イ、（2）イに示された内容を踏ま
え、粘土の塊を操作し、どんな生き物を生み出そうか、を考えて表現する。

　粘土は可塑性が高い素材で、誰でも簡単に操作ができ、表したものの形を保存し
てくれる。本実践では、油粘土を使用する。用意のしやすさや、長時間放置しても
乾いて固まることのない特徴は、本時の児童の表したいことを見つけ、どのように
表すかを考える活動の一助になると考える。

（2）児童について

　2年生の本学級は、29名の児童が在籍している。生活科の「うごくおもちゃをつ
くろう」のように、つくるものが決まっていれば、積極的に工夫を加えることがで
きる、しかし、図工の授業になると、何をつくっていいか分からず、手が止まって
しまう児童が多い。本学級の児童の実態を知るためアンケート調査を実施した。

　Q1 図工は好きですか。　　：好き・少し好き 約90%　少し嫌い・嫌い 約10%
　Q2 図工のとき、何をつくっていいか困ったことはありますか。

　　　　　　　　　　　　　　：ときどきある・ある 約52%

　結果の通り、図工で何をつくっていいか、困ってしまう児童は、クラスの約半数
いる。本研究ではこの克服を目指している。

3. 題材の目標

　①手で粘土を操作し、ひねる、つまむ、穴をあけるなど、手や体全体の感覚を
　　働かせながら、表し方を工夫することができる。（知識および技能）

②粘土の塊をひねったり、つまんだりした経験から表したいことを見つけ、どのように表すかを考えることができる。(思考力・判断力・表現力)

③自分らしい「むぎゅたん」を表すことに関心をもち、粘土に積極的に働きかけながら、楽しく取り組もうとしている。(学びに向かう力・人間性)

4. 本時の学習展開

(1) ねらい：粘土をひねったり、つまんだりする操作をする中で、つくりたい生き物をつくる。

(2)評価基準

①粘土の塊をひねったり、つまんだりした経験から表したいことを見つけ、どのように表すかを考えている。

②自分らしい「むぎゅたん」を表すことに関心をもち、粘土に積極的に働きかけながら、楽しく取り組もうとしている。

(3)本時の展開

導入	**1　題材を知る。**「こんにちは、むぎゅたん」 **2　素材への理解を深める。** T「これから、むぎゅたんを探しに行きます。まず、準備体操をします」 ・粘土体操をし、本題材で求められる粘土の操作を確認させる。 　(体育の準備体操のように、1, 2, 3, 4 と声に出しながら。) 　①のばす　②穴をあける　③ひねり出す　④丸める。

展開	**1　卵と出会う。** T「見つかりました。今、手に持っているのは、むぎゅたんの卵です」 C「大きすぎるよ」 C「やわらかいよ」 **2　卵が動き出す。** T「たまごが動き出しました。もぞもぞ。ぐにゃぐにゃ。生まれたがっている」 C1 手のひら全体で粘土を操作する。 C2 指先だけで動かす児童。 T「中から声が聞こえるかもしれないよ」 C1「グワー」　　C2 「ミャア」	・素材を卵に見立て、0からつくり上げること、生み出す感覚を強調する。 ←T「大きくて立派なむぎゅたんなのかも」 ←T「もうすぐ生まれるからだよ」 ・自分の手から生み出す期待感を高められるような声がけをしたい。 ←T「もっと生まれたがっているみたい。あばれてきたよ。大きく動かしてごらん?」 ・作りたいもののイメージを掻き立てる。

展開	**3　むぎゅたんがでてくる。**（制作） T「では、自分だけのむぎゅたんを生みだしてあげましょう」 **知・技 Ⓐ の児童** C1 手のひら全体で操作し、表したいものを考える。 C2 体全体で力を加え、表している。 **知・技 Ⓑ および Ⓒ の児童** C3 指先だけで粘土を操作している。 C4 ちぎったり、くっつけたりしている。また、粘土ヘラで切り込みを入れている。 **4　むぎゅたんと出会う。** T「自分のむぎゅたんと出会えた人は、記念撮影をしましょう。写し方はみんなにまかせます。表情やポーズが思いついた人は教えてください」 C1 一緒にピース。 C2 向かい合って写す。 C3 微笑みかける。	・制作を開始する。 ← 粘土の扱い方を全体に紹介し、Ⓑ、Ⓒの児童の手本にする。 ← 粘土の扱い方を全体に紹介し、Ⓑ、Ⓒの児童の手本にする。 ← T「どんなむぎゅたんが生まれそう？」と聞き、なるべく大胆な動きが引き出せるよう提案する。なお、無理な誘導はしない。 ← T「むぎゅたんが痛がってしまうよ。手のひらを使ってあげて。かわいいものをナデナデするときにあたる部分だよ。」と具体的に言い、操作方法を変えるよう提案する。 ・むぎゅたんと自身を入れて撮影する。画像は、鑑賞の時間に活用する。 ・思い思いの構図で撮ってよいことにする。ポーズや表情を決めさせ、作品への思いや考えをもたせたり、表現できるようにする。 ・撮影の際は、自分の作品に愛着がもてるような声掛けを心がける。 ← T「楽しそう！」　C1「お友達だから！」 ← T「驚いた顔？」　C2「感動の再会です！」 ← T「どんな子なの？」 　C3「とってもかわいいペットです！」

5. 実践の成果と課題

　物語に入り込み、表現を楽しむ児童の姿をたくさん見ることができた。また、記念撮影では、児童の作品に対する思いを見取ることができた。

（上尾市立今泉小学校　宇佐美 大暉　2021 年度卒業）

実践事例「こんにちは、むぎゅたん」における
授業改善のポイント

1. 児童の題材に対する期待感を高める導入場面の工夫

　まず、子どもたちに本時のテーマ「むぎゅたんの卵」を想像させながら（普段から自由に好きなものをつくり親しんでいる）油粘土と出会わせる場面では、粘土の量感や触感について新たな発見を促すことに成功している。また、「卵が動いている」「中から声が聞こえる」といった、低学年の児童が発想を広げやすくなる視点を示すことで油粘土に生命を吹き込み、一人一人にとって大切な卵としての材料を手にして活動のスタートラインに立たせることができた。さらにイメージについて学級全体で高め合う手立てとして、一人一人が感じている「卵の触りごこち」「聞こえてきた声」「どんな動き」「このあと卵が割れたら…」などのイメージを板書いっぱいに書き残しておくと、導入直後になかなかアイデアが思い浮かばない子や新たなイメージを広げようとする子への着想のきっかけとなる。

2. 互いの発想や表現方法を共有し、自分の表現を探求する制作場面の工夫

　油粘土は可塑性が高く、子どもたちによるさまざまな操作にも耐えうる素材である。そこで、授業者は、試しに卵としての粘土の塊を触り始めた子どもたちへ「ひねったり」「つまんだり」「てのひら全体で」「体全体で」「大胆に」「ナデナデするように」といったキーワードを選びながら、本時のねらいに適した操作方法を理解させようと試みていた。ところが、「ちぎる」「ヘラで切りこみを入れる」「またくっつける」といった想定外の操作を始めた児童が現れ、授業者は「痛がってしまう」「やさしく」と声をかけ、生み出そうとしている「むぎゅたん」の気持ちを代弁することで効果的に軌道修正している。

3. さらに互いの造形的な見方・考え方を深める鑑賞場面の工夫

　活動のまとめとして、作品と作者である子ども自身をともに撮影させることで、より作品に込めた物語性が明確になり、鑑賞場面における評価の観点を共有するための基準となった。例えば、形や触り心地で特徴を分類したり、住んでいる場所や性格についての属性から物語性をさらに引き出す工夫も効果的である。

（大櫃 重剛）

8. 家庭科における授業づくり

1. はじめに

　教職を目指す大学生に「小・中・高等学校で学んだ家庭科の中で印象に残った授業」を尋ねると、調理実習と裁縫に関連する内容が圧倒的に多い。その一方で「教師として教えたい家庭科」について尋ねると、生活するうえで必要な知識を身につけてほしい、家庭科の座学の内容も大切であることを伝えたい、という意見が多くみられる。このような隔たりを埋めるために教師としては、思わず学びたくなるように学習へと誘うこと、そして自律的に学び続けることができるように支援することが大切となる。どうしたら思わず学びたくなるのだろう。そこを考える。そして工夫を凝らす。こうした試行錯誤の営みが教師の授業づくりなのではないだろうか。

　そのために必要なのは、児童の実態をつかむことである。どのようなことに関心をもち、どんな願いをもっているのか。また、どのようなことは理解していて、何には気づかないでいるのか。そこを調べる。そして、児童が「当たり前だ」と見過ごしているような日常生活の事象の中に新たな発見を見いだして、生活の奥の深さを感じ取れるような活動、期待に胸を躍らせて学び進めていけるような活動を工夫するための手がかりとするのである。

2. 児童の実態をつかむ

　児童の実態をつかむ方法としては、主に①挙手、②質問紙、③ポートフォリオの三つを用いた調査が行われることが多い。

　①は、題材の導入の際に教師の質問に挙手で回答させる方法である。この方法は、準備が不要で手軽に行うことができるという利点がある反面、児童から思いがけない反応を引き出してしまうこともあり、問いかける内容や言葉がけを慎重に検討する必要がある。また、どのような回答にも臨機応変に対応できる指導力を要する方法であること、周囲の様子をうかがって正直に答えにくい場合もあることを心にと

どめておきたい。

②は、質問紙に記述することで回答してもらう方法である。この方法には、児童の実態を統計的に集約することができるという利点がある。その一方で、実施には時間がかかるという難点がある。対策としては、給食の配膳待ち時間等に行うことが考えられる。なお、食物アレルギーなどの個別対応が必要な事柄に関する質問紙調査については、学期初めなど学習の開始前に必ず行い、児童の実態とニーズとを把握しておく必要がある。

③に挙げたポートフォリオは、各題材の学習記録をつづったもの（ポートフォリオ）の冒頭に「この学習について知っていることや、経験したことのあること、興味をもっていることや知りたいこと」などを記入させて、学習の中間部や最後のまとめの際に振り返らせ、自分の学習の成果と課題とを自覚させる方法である。この記録の変化が児童の実態をつかむための資料となる。他にも「おいしい食事とはどのような食事のことですか？」など、その学習での本質的な問いを学習の冒頭、中間部、まとめの3回に分けて同様に投げかけ、その記述の変化から児童の学びの実態をつかむという活用の仕方もある。また、学習の冒頭での質問紙調査のみを授業のワークシートの中に組み込んで行う方法もある。

3. 指導計画・評価計画を立てる

児童の実態がつかめたら、次に2年間の家庭科学習の中で「育てたい児童像」を考える。それは例えば、「知識や技能をしっかりと習得し、生活の中で活用できる子ども」であったり、「活動を通して友達と学び合い、生活に係わる見方・考え方を深め広げる子ども」であったりする。家庭科の3つの目標「日常生活に必要な基礎的な知識及び技能」、「日常生活に係る課題発見・解決力」「家庭生活を大切にし、生活をよりよくしようと工夫する実践的な態度」のうち、特に力を入れて指導しようと考えていることを自分の指導目標に据えるのである。

こうした大きな目標が定まったら、次にそれを具体化していくための年間指導計画と評価計画とを立てていく。

年間指導計画の作成では、

　① 簡単なものから難しいものへと系統的に配列されているか

　② 季節に合った内容になっているか

③ 学校行事との関連が図れているか

④ 児童の興味・関心に沿った題材配列になっているか

⑤ 他教科との関連が図れているか

⑥ 実技を要する内容については、実習時間の確保が確実にできる時期に配置してあるか

⑦ 長期休み前に家庭で実践できる内容を配置しているか

といった点に留意して、どの題材をいつ学習するのかを決めていく。

　①については、例えば、先に「家庭の仕事」についての題材を配置して、コンロの扱い方や湯の沸かし方を学習しておき、次に「ゆでる調理」の題材に進むよう指導計画を立てておく。すると、湯を沸かす→ゆでる、と習得する技能を積み上げることができる。このように題材の配列を工夫することにより、無理なく知識や技能を積み上げていけるように年間指導計画を工夫するのである。

　②については、旬や衣更えや打ち水など、季節の変化に合わせた生活を感じられるようにしたい。

　③については、例えば宿泊を伴う移動教室などが予定されている場合は、配列を工夫するとよい。「衣服の着方」の題材を、移動教室に持っていく衣服についての学習として展開することができる。また、「金銭の大切さや買い物の仕方」の題材は、移動教室先でお土産などの購入の機会があれば、関連を図ることもできる。他にも地域の高齢者を招いての給食会食会や保護者を招いての卒業お祝い会、就学時検診などの折には、手づくりの名札を布で作ったりして家庭科の学習を活用する機会とすることもできる。

　④は、裁縫用具教材の届く時期にそれらを用いる題材「手縫いの基礎」を配置したり、学期末や年末など、児童が持ち物を家庭に持ち帰る時期に先駆けて整理整頓の内容を扱ったりするといったことである。児童が必要感をもち、授業を楽しみにしたり、学んだことを自分の生活に生かすよさを実感したりできるように指導計画を立てたい。

　⑤については、カリキュラム・マネジメントとしても今日求められている事柄である。家庭科は、社会科や理科との関連が深い教科である。例えば、5年生の「米飯と味噌汁」の学習では、社会科での日本の農林水産業に関する学習との関連が図れる。また、「夏（冬）の快適な住まい方」の学習では、理科の温度・湿度の学習や暖まった空気の流れ並びに熱の伝導についての学習との関連が図れる。また、炊飯に

必要な水の分量を計算するのに算数の小数点のかけ算の知識は欠かせない。調理実習のような時間を追って作業を進めていく活動は、国語の説明文の題材としても有効に活用することができる。さらに、「夏(冬)の快適な住まい方」の学習では、理科の温度・湿度の学習や暖まった空気の流れ並びに熱の伝導との関連が図れる。

⑥については、他クラス・他学年と設備や備品の使用が重ならないかどうかも考える必要がある。

⑦「長期休み」は、学んだことを家庭でゆっくりと実践できる絶好の機会である。休み明けには報告・共有の時間を設けるようにしたい。

このように年間指導計画の作成は、家庭科学習の全体像を作り上げる重要な作業なのである。

評価計画については、年間指導計画を作成する際に同時に考えていくとよい。どの題材でも共通に「知識・技能」「思考・判断・表現」「主体的に学習に取り組む態度」の3観点について評価することになる。しかし、題材によってその重みのつけ方は異なる。ミシン学習のような技能習得を目標とする題材では、技能の評価に重点がある。このように、どの題材でどこを重点に評価するのかという評価計画を立てておくと、バランスよく児童の評価を行うことができる。

評価には、評定のための資料という側面がある。しかし、それだけではない。児童のよさを見取るための大切な作業である。結果だけでなく、学習の過程で努力していたことやその子らしい表現、活躍などをぜひ記録しておきたい。そして、その子らしいよさをさらに伸ばしていけるように励まし、勇気づけていくようにしたい。「指導と評価の一体化」といわれるが、児童に対する評価は、教師の授業の表れでもある。子どもたちの理解が不足しているところがあれば説明内容を見直して補うなど、自分の指導について振り返り、授業を改善するためのものとして活用してほしい。

4. 教材研究について

家庭科の教材研究には、「題材自体を分析し、何を教え、何を考えさせるかを特定していく作業」と、「目標を達成するための手立てとしての教材・教具の開発」との二つがある。

題材自体を分析する方法として、コンセプトマップを作成してみるとよい。具体的にはまず、紙やノートの中央にその題材の目標を書き、円か四角で囲む。次に、

その外側に「知識・技能」「思考・判断・表現」「主体的に学習に取り組む態度」と書いた三つの円を描く。そして、それぞれの円に関連することばをその円の外側に棒を引き出して、どんどん書き出していく。こうして、一つの目標に対してどのような学習内容があり、それにはどのような事柄が関係しているのかを網羅し、俯瞰できる図を描いていく。このような作業をすると、自分が指導しようとしている題材の中で、どのような「知識・技能」等が身につき、どのような事柄を押さえて指導していくべきなのかをつかむことができる。次に何を教え、どこを考えさせるかをじっくりと考える。これは題材分析の方法の一例であるが、肝心なことは、自分が扱う題材の中の「教えること」と「考えさせること」とを戦略的につかみ取ることである。

　教材・教具の開発については、前述した児童の実態を思い浮かべることから作業を始めるとよい。

　例えば、「玉結び・玉どめ」を学習するための児童用の教材を考えるとする。練習用布にそれだけを反復練習させる方法もある。しかし、玉結び・玉どめでつくることができる点をイチゴの表面やキウイの断面のつぶつぶに見立てても楽しい。また、玉結び・玉どめには他の布に縫いつける働きもある。これを活かして、フェルトの端切れを用意しておき、好きな形に切って別のフェルトに玉結び・玉どめを用いて縫いつけていく活動も考えられる。子どもたちは「作品」ができ上がっていくことを楽しみ、それが技の上達にもつながっていくのである。

　このように、その教材を使って児童に何をさせることができるかを考えていくと楽しい教材づくりができる。

　教材は、児童の考えを引き出すための資料にもなる。布の袋を製作する学習を行う前に「残念な袋」という、教員がつくった教材を児童に渡して、どこが「残念」なのかを考えさせる授業を行うこともできる。布端の始末をしていない、布の表裏を間違えている、縫い代の幅が狭く、縫い目が粗い……といった袋である。児童からは「縫い代が狭すぎる」「持ち手が取れそう」などの声が挙がる。この後、児童はどのような点に注意して作業を進めていけばよいかを話し合ったり調べたりして計画を立てる。これは教師が「縫い代を狭くしないこと！」などと細々と注意を与えるよりもずっと効果的な学習となる。大切なことは、何をねらった教材であるか、その点を踏まえて工夫することである。

5. 授業の実際

5.1. 家庭科の学習方法と学習過程

　家庭科は、問題解決的な学習を柱とした教科である。したがって、基本的には「身近な生活を見つめて課題をつかむ」→「方法を工夫し試行錯誤して課題解決を図る」→「学んだことを自分の生活に活かす」→「結果を評価・改善して新たな課題をつかむ」という四つの学習過程を踏まえて展開していく。この中で、最も指導が難しいのが、一つめの過程である。ここで明確に課題をつかむことができれば、児童はいきいきと方法を工夫して次の試行錯誤の活動に進んでいく。では、学習課題をつかむことができるようにするために、教師はどのような手立てを講じるとよいのだろうか。

5.2. 課題設定の仕方―「生活を見つめる」

　生活の中から課題を発見させる有効な方法の一つに、「視点を定めた観察」がある。これは、家庭科の教科書では「生活を見つめる」という表現で記述されている。観察する対象に視点を当てて、克明に「見つめる」ことを促すのである。

　例えば、「沸騰すると鍋の水はどうなりますか」と尋ねたときに、「泡が出る」と答えた児童は、まだ「見つめる」ことが十分にできていない。「鍋の底から大きな泡がボコボコ出てくる」と答えるところまで「見つめる」ように指導しなくてはならない。「何が」ではなく、「何が」「いつ」「どこで」「どのように」までしっかりと見取ることが「見つめる」である。家庭科では、日常生活という児童にとって「当たり前」の事柄を学習対象としている。したがって、このような視点を定めた克明な観察を必須とする。これまでは「当たり前だ」と見過ごしてきた事象も、じっくりと「見つめる」と、様々な発見が見いだせる。

　初めのうちは視点を教師が与えて観察させるとよい。先の例でいえば、「水は鍋のどこから、どのように変わるかな」と補助発問をしておく。視点が定まると、児童の「見つめる」目は細かく切実なものになる。そこから新たな問いをもつことも多い。生活を「見つめる」活動とは、児童が主体的に生活事象と向き合う手立てでもあるのである。

5.3. 試しの活動による「自分の課題」の発見

　問題解決的な家庭科の学習方法は、技能習得の場面にも適用される。調理実習の

場合、あらかじめ材料や作り方を調べて実習計画を立ててから行われることが一般的である。調理を行い、結果を振り返って交流し、学習をまとめることが多い。しかし、1回だけの調理ではいくら課題をつかんでも、それを改善する機会はもてない。児童は実際に調理をしてみた後に「自分の課題」をつかむことが多い。やってみて初めて、どこができないのか、分からないのかに気づくのである。そこで調理実習では「自分の課題」をつかむための「試しの調理」と、その課題を解決するための「本番の調理」の2回を行えるとよい。時間数の関係で1回しか行えないときには、どちらかを家庭実践で補う方法もある。保護者に協力を呼びかけ、家庭と連携して学習を進めていくことも家庭科には必要である。

5.4.　課題解決の方法─児童相互の学び合い

　今日、主体的・対話的な学習の展開が推奨されている。家庭科における技能習得の内容においてもこのことを大切にした授業づくりを行いたい。技能は教師が示範して一斉に指導しがちである。しかし、児童の「分かり方」は一様ではなく、技能の手順を理解するための方法は多様であった方がよい。また、学習はできるだけ主体的なものにもしたい。

　例えば、ボタンつけの学習の授業展開として、まず児童に教科書を頼りに自分でボタンをつける試しの活動をさせる。教科書を見ただけではうまくいかない児童もいる。そこで、技能のポイントを教師が示範しながら説明する。その後、友達同士で教え合うようにさせる。自分がボタンをつけてみて初めて教師の説明が気になるのである。必要性をもって見たり聞いたしてから実践してみる。うまくいかないときは友達のやり方を真似たり、コツを教えてもらったりして体験的に習得する。そして、まだうまくできていない友達に教えることによって習得した技能を確かなものにするのである。教師はこの間、思うように手先が動かないなどの苦労を抱えている児童に個別指導を行うようにするとよい。

5.5.　実践的・体験的な調べ活動

　家庭科では、自分の家庭生活に関わる問題を見いだし、方法を工夫して実践し、評価・改善するという「テーマを自分で設定した問題解決的な学習」を、2年間のうちに一つか二つ取り組むことになっている。これは、中学校における「生活の課題と実践」、高等学校における「ホームプロジェクト」に連なる学習として位置づけら

れている。

　家庭科における問題解決的な学習では、図書館を使って資料や本などを基に調べ活動を展開させるだけでは十分ではない。家庭科は、実践的・体験的な活動を通して学ぶ教科なので、調べ活動においてもこの特色を生かすようにする。つまり、実際に必要な場所に行って環境を調べたり、関係する人々にインタビューしたり、試行錯誤して目的に合った物を製作したり、調理したりする、といった身体を使った調べ活動を行う必要がある。こうしたアクティブな活動を展開するためには、探究しようとしているテーマが児童にとって切実なものである必要がある。そのためには家族や身近な人を対象とし、その人の生活がよりよくなるようなテーマや、自分の生活に関わりのある事柄をテーマとして設定させるとよい。例えば、「病気の祖母のために、毎日薬を飲み忘れないようにウォールポケットをつくる」というテーマのように、対象と活動内容が具体的であればあるほど児童の活動も実践的なものになる。学習した結果が自分を含めた誰かの生活をよりよくするために役立てられることが、家庭科の問題解決的な学習のゴールなのである。

5.6.　生活に生かす実践力の醸成

　家庭科では、実習や実験、観察、模擬体験やロールプレイング（役割演技）などの実践的・体験的な活動を行う。これらは身体感覚や感性を働かせる学び方であるが、感じさえすればそれでよいというわけではない。例えば、学校内の明るさについて、同じ場所でも明るいと感じる人と暗いと感じる人とがいる。この学校での明るさについては、「学校環境衛生基準」で目の健康を考えた明るさの基準が文部科学省によって規定されている。用途によるものさしがあるのである。

　味覚についても同様なことがいえる。味噌汁の調理では、溶く味噌の量についてグループ内で意見が分かれることがある。味噌汁の濃さについての感覚は、家族によっても人によっても異なるからである。しかし、これも「塩分計」を用いれば、塩分濃度を測ることができる。このように、授業の中では個々の感じ方を大切にしながらも、健康・安全、快適性、持続可能な社会の構築といった視点から、自分の体験や感覚を客観的に捉え直すよう促す必要がある。人間の感覚は個々に違う。だからこそ、友達との対話的な学びが効果を発揮する教科なのだともいえる。

　実践的な活動の最終ゴールは、自分の生活への活用という「実践」である。科学的なものさしを上手に利用しながら、自分の感覚や感性も同時に働かせて、自分に

とっての「納得解」をつかむことができるようにしたい。それを互恵的で社会的なよりよいものにするためには、友達との意見交換や交流、そして学びの本質を捉えた「深い学び」を授業の中で実現することが大切である。

6. 家庭科における主体的、対話的で深い学びとは

6.1. 児童にとって魅力的な学習とは

　家庭科の学習を児童にとって魅力的なものにするカギは、「秘密・探検・発見・自慢」の四つの要素を学習に取り入れることである。

　例えば、「米飯と味噌汁の調理」の学習で、米が米飯に変化する様子をガラス鍋での炊飯の実験実習によって観察したとする。その際、「水はいつ、どこに行ったのだろう？」と発問する。すると、家庭科室は児童にとって「探検」の場に変わる。ガラス鍋の中の水の働きから「秘密」を探り出そうとして、児童は俄然、主体的になる。そこでの「発見」は、自分だけの「秘密」である。当然、それを友達に「自慢」したくなる。対話的な学びは、この中で生まれる。そして、生活事象を観察する目や物事に対する本質的な問いをもつ力も、これらの対話の中から育まれてくるのである。

　日常生活の中に不思議はたくさん転がっている。地域によって味噌の色や味が違うのはどうしてだろう、など教師もまた「なぜだろう」と身の回りの生活から問いを引き出し、自ら探究してみてほしい。そうした姿勢が、「深い学び」を引き出すための重要な手がかりとなる。探究的な児童を育てたいとするならば、教師自身がそのように学んでみること、それが一番の早道だといえる。

6.2. 生活の営みに係わる見方・考え方を育む

　2017 年版の学習指導要領では、生活の営みに係わる見方・考え方を「働かせ」て主体的・対話的で深い学びの実現を図る、としている。見方・考え方を「働かせ」るのは、児童である。子どもたちは「白紙」の存在ではない。これまでの経験や知識をもつ。教師はそれらを引き出し、新たな知識や技能を習得したり友達と対話的に学ぶ中で、見方・考え方を再構築できるように導くのである。

　家庭科では、児童の素朴な「生活の営みに係わる見方・考え方」が授業の中で頻繁に表される。例えば、「買い物の仕方」の学習では、児童は量が多くて値段の安いものを買うことが、もっとも「お得」だと考えていることが多い。しかし、売れ残った

商品が大量に廃棄されている現実について学び、話し合った後の児童には変化がみられる。そして、児童の多くが食品廃棄を防ぐためにどうすべきかを考え、買い物についての「見方・考え方」を変える。児童の変化は一時的なものであることも多いが、学校での学びは、確かに児童の心の中に根を下ろす。

「深い学び」とは、学ぶ過程の深さと学ぶ内容の深さ、そして学びへの取り組みの深さのことを指す。こうした「深い学び」を実現するためには、教師自身が児童と学ぶ題材や教材を多角的に検討し、どのように深くアプローチすることができるか、またどこで何を教え、考えさせるのか、さらにどのような深い内容をもっているのかを探究し、授業として組み立てていく必要がある。それを児童と一緒になって楽しみながら行う授業づくりを目指したい。

授業の目標も、児童とともにつくる方法がある。例えば、野菜炒めの場合、「野菜炒めはどうなったら成功?」と尋ねると、「中まで火が通っている」「焦げていないもの」「ベチャベチャしていない」と様々な意見が出る。それらを集約しながら、「やけどに気をつけて安全に調理するという目標も入れたいな」と、教師としてのねらいもそこに加える。こうして教師と児童とで達成目標を決めてから実践するのである。

児童には自分の思いや願いを実現する「自分の生活の主人公」になってほしい。授業づくりとは、「育てたい児童像」への具体的な取り組みなのである。

（和田 早苗）

〈引用文献〉

文部科学省（2018）『小学校学習指導要 解説 家庭編』東洋館出版

勝田映子（2022）『主体的・対話的で深い学びを実現する! 小学校 家庭科授業アイデア＆ワークシート』明治図書

家庭科の授業実践

指導のポイント
- 買い物の工夫を話し合う活動では、自分の買い物経験（特に失敗体験）を基に交流すると、具体的な方法や意見が出され児童の主体的な学習へとつながる。
- 模擬買物体験活動では、タブレット型端末を活用すると人数分の実物を用意せずとも情報の収集や比較ができ、手軽に効果的な活動を展開することができる。

1. 題材名

第5学年　持続可能な暮らしへ ―物やお金の使い方―

2. 学習計画

時	目標	○ 学習内容　・学習活動
第1時	消費者の役割を理解し、物を手に入れるための方法を見つけることができる。	○日常生活を振り返り、身近な物との関わりから物を手に入れる方法を話し合う。 ○消費者の役割を理解する。
第2時	物やお金の大切さに気づき、身近な物の使い方や選び方を見つめ直すことができる。	○収入と支出の関係を理解する。 ・お金の流れについて考える。 ○身近な物の使い方や選び方を見つめ直す。 ・自分の生活の仕方の問題点について考える。
第3時	売買契約が成立する場面を理解し、買い物の方法や支払いの特徴を考えることができる。	○売買契約が成立する場面について考える。 ・買い物の場面を想起し、売買契約が成立する場面について話し合う。 ○買い物の方法や支払いの特徴を考える。 ・メリットやデメリットについて考える。
第4時	買い方の手順が分かり、購入に必要な情報を活用した物の選び方や買い方を理解できる。	○買い方の手順を整理し、購入に必要な情報について考える。 ・買い物の場面を想起し、どのような情報を集め、購入しているかを考える
第5時（本時）	目的に応じて商品の情報を活用し、工夫して物を選ぶことができる。	○購入する商品の選び方を工夫して考える。 ・目的に応じて商品の情報を比較し、理由や考えをもち、購入する商品を選ぶ。

時		
第6時	環境や資源に配慮した物の使い方等を理解し、今後の自分の消費生活を考えることができる。	○身近な物の環境への工夫について考える。 ・環境に配慮してつくられた物を調べる。 ○環境問題に対して自分ができることを考える。 ・今後の生活で工夫したいことを書く。

3. 本時の学習展開（5／6時）

(1)本時のねらい

　目的に応じて、商品の情報を活用し、持続可能な社会に向けた見方・考え方を働かせ、自分なりに工夫をして、物を選ぶことができる。

(2)展開

時	○学習内容　・学習活動	指導上の留意点　配慮事項
導入	○上手に買い物するために、必要な情報について振り返る。 ・必要な情報と集め方を確認する。 　めあて：自分のほしい物を工夫して選ぼう。	・必要な情報は、視覚的に振り返れるように黒板に掲示する。
展開	○文房具でほしい物を一つ考える。 ・ワークシートに選んだ物と目的を記入する。 ○商品の情報を収集し、整理する。 ・商品一覧表から必要な情報を集める。 ○自分の目的に合わせてほしい物を選ぶ。 ・収集した情報を生かし、選んだ理由や工夫した点を課題シートに入力する。 ○友達と選んだ理由や工夫を交流する。	・事前にアンケートを取り、児童のほしい物を把握する。 ・タブレット型パソコンを活用し、商品の情報を収集する。 ・商品の特徴を比較し商品ごとのよさに気づけるようにする。 ・商品を選ぶ基準を明確にする。 ・タブレット型端末を活用する
まとめ	○今後の生活に生かしたいことを考える。 ・自分の考えをワークシートに記入する。	・学習前・後の考えの違いを明確にし、実践意欲を高める。

(3)実践の様子

　まず、これまでの自分の買い物の経験や家からの話を基に、グループでよりよい買い物をするために大切なことについて話し合いを行った。そこでは、買っても使わずに無駄にしてしまった経験があると話す児童が多くみられた。その理由は「値段が安価だったから」「衝動買いをしてしまった」など、あまり考えずに購入した場合が多いことという共通点があった。また、購入の目的に応じて選ぶことが大切で

あること、そのためには商品の情報を収集することが必要であることに気づくことができた。

　そこで本時では、実際に店で取り扱っている商品を用いて、自分の目的に応じて商品を選ぶ学習を行った。児童は商品のパッケージから必要な情報を収集したり、値段を比べたりして自分の購入したい商品を選んでいた。商品を比較・検討する場面では、「こっちにはこのよさがあるけど、あっちは価格が安いから」など悩みながら決める児童が多くみられた。児童の選ぶ理由としては、エコマークなどの環境面、お得さ、便利さなどを総合的に考えて選んでいた。また、お試しエリアを作ることで、通販と実店舗のよさとの違いについて考える児童もいた。本授業の児童の振り返りからは、「環境にやさしい商品があることを初めて知った」「色々な情報を見て、自分に合った物を選ぶようにしたい」などの意見がみられた。

4.　実践を振り返って

　自分の買い物経験を踏まえ、よりよい買い物の仕方について話し合う活動はとても有効的であった。とくに、自分も失敗した経験を基に考えることで、具体的な方法や意見が出され、児童の主体的な学習へとつながっていた。実際に買う物を選ぶ学習では、タブレット型パソコンを活用することで人数分の実物を用意せずとも、情報の収集や比較がしやすく、ネット通販ならではのよさと不便さにも気づくことができた。本単元を通じて、児童が自分の生活を結びつけながら物を選ぶという経験を得られたことはよかった。これらの学習を生かし、今後の消費生活の中で児童が自分なりに工夫し実践できるようにしていきたい。

（東京都小金井市立第二小学校教諭　島崎 七海　2021年度卒業）

家庭科における主体的・対話的で
深い学びを引き出す授業の工夫

1. 自分の生活の中から問題を見いだし課題を設定するための話し合い活動

　家庭科の問題解決的な学習の特色は、児童が自分で自分の生活をみつめ、そこから問題を見いだして課題を設定することである。ところが、これがなかなか難しい。毎日の生活は、問題なく流れていて「当たり前」だからである。どうしたら自分の生活に関心をもたせ、もう一度振り返ってみようと思わせることができるのか。島崎先生の実践（以下、島崎実践と記す）には、この難しい問いに対するひとつの答えが示されている。それは、児童に自分の生活経験を語らせるということである。島崎実践では、買物経験、とくに失敗経験を語らせている。児童は「安価だったから」「衝動買いしてしまった」などの失敗を語り合うことで、「あまり考えずに購入した場合が多いことという共通点」が友だちの経験にもあることを知る。そして「購入の目的に応じて選ぶことが大切であること、そのためには商品の情報を収集することが必要であることに気づくことができた」という。自分の生活をよりよくするために自分が学ぶ。家庭科の主体的な学習が、島崎実践ではいきいきと効果的に展開されているといえる。

2. タブレット型端末を活用した実践的・体験的な学習

　家庭科のもう一つの特徴は、実践的、体験的な学習を通して学ぶ点である。それには多くの準備が必要である。模擬買物体験活動なら、人数分の実物を用意しなくてはならない。忙しい教師にとって、これは大変な重荷である。つい座学にしてしまいたくもなる。この点をどう解決していくか。島崎実践ではタブレット型端末が活用されている。実際に店で取り扱われている商品の画像を使って模擬商店をつくり出し、児童一人一人に配信している。タブレット上でも実際の商品を前にすることで、児童のわくわく感は大いに高まったことだろう。物の選び方、買い方の学習を切実に受け止め、考え、工夫した様子が実践報告からも伝わってくる。今後大いに活用したい模範的な実践事例だといえる。

（勝田　映子）

9. 体育科の授業構想の基本的な考え方

1. Society5.0 予測困難な VUCA の時代

　教育は社会状況と緊密に連動し、絶えず影響を受けながら実践されている。そのため、体育の授業も社会状況に応じて変化しており、現代において求められる体育の授業像を考える際には社会状況を踏まえる必要がある。

　2020 年に新型コロナウイルスが世界中で流行し、WHO が 2020 年 3 月 11 日にパンデミックを宣言した。すでに日本をはじめ、多くの国々で感染が広がり、有効なワクチンの開発もまだだった。人々にとって、この未知のウイルスは恐怖心を煽った。我が国もこのウイルスをコントロールすることができず、緊急事態宣言はその後、4 度発出された。人々の行動は制約を受け、この未知のウイルスと対峙することになった。2024 年現在も新型コロナウイルスは第 5 類に分類されたとはいえ、収束したとはいえない状況である。

　また、2022 年 2 月にはウクライナで第二次世界大戦以降、最も激しい武力衝突と言われているロシアによる領土をめぐる争いが起きている。2 年が経過した今でもこの戦争が終息する兆しは見えてこない。この戦争を巡って国々の間で立場の違いによる葛藤が生じている。

　これらの事案は数年前の我々にとって予測可能なことではなかった。AI の進展が著しいこの時代にあっても、これほどまでに大きな変化について、我々はコントロールできず、多くの影響を受けている。その意味で、現代は VUCA[注1] と呼ばれる予測困難な時代といえるだろう。

　この VUCA の時代を迎えた社会で、日本政府は「Society5.0」という概念を提唱している。この Society5.0 について、日本政府は「第 4 次産業革命の社会実装によって、現場のデジタル化と生産性向上を徹底的に進め、日本の強みとリソースを最大活用して、誰もが活躍でき、人口減少・高齢化・エネルギー・環境制約など様々な社会課題を解決できる、日本ならではの持続可能でインクルーシブな経済社会システムである『Socity5.0』を実現するとともに、これにより SDGs[注2] の達成に寄与す

る」(政府広報、2018:1-3)と述べている(図表1)。

図表1 SDG s ロゴ (国際連合広報センター、2018)

ここで記されているSociety5.0とは「サイバー空間(仮想空間)とフィジカル空間(現実空間)を高度に融合させたシステムにより、経済発展と社会的課題の解決を両立する、人間中心の社会(Society)」(政府広報、2018)として捉えられている(図表2)。

Society5.0について理解するために、一旦、Society1.0から確認することにしよう。Society1.0は狩猟社会である。Society1.0「狩猟社会」では、集団で力を合わせ、獲物を追って狩りを行っていた。まず人間の社会的な営みはここからスタートし、次に稲作が伝わってくるSociety2.0「農耕社会」になる。農耕社会になることで見通しをもって食料の調達が可能になり、人々は定住して、ライフスタイルが変化していった。その後、産業革命が起き、Society3.0「工業社会」が到来する。これまで人力によって生産されていた物が機械によって生産されるようになり、一度に多くの物を製造・販売できるようになった。

次に、インターネットの発達に支えられ、Society4.0「情報社会」が到来する。これまでの物や人の交流がよりグローバル化し、人々が1日で取得する情報の量が格段に拡大した。日本にいながら、世界の人々とコミュニケーションが取れ、その質・量ともに過去のものとは比べ物にならないほど増えた。そして、現代はAIなどの進展に支えられたSociety5.0「人間中心の社会」を迎えている。膨大な情報の量のなか、AIをはじめとした科学技術を生かす人材として「高い理数能力でAI・デー

図表2　新たな社会"Society5.0"

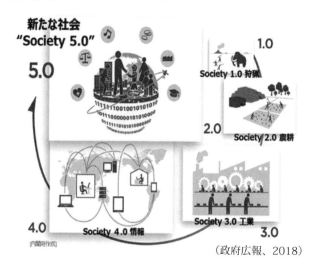

（政府広報、2018）

タを理解し、使いこなす力に加えて、課題設定・解決力や異質なものを組み合わせる力などの、AIで代替しにくい能力で価値創造を行う人材が求められる」（政府広報、2018:14）と示されている。

　すなわち、AIによって代替しにくい能力として「データを理解し、使いこなす力」、「課題設定・解決力」、「異質なものを組み合わせる力」が示され、これらの能力を用いて新たな価値を創造できる人材が求められている。これらの力は、体育の授業で培うことができると考えられる。

2. 令和の日本型学校教育

　Society5.0「人間中心の社会」は、これまで以上に人々の協働が求められている。それは、予測困難で変化が著しい時代だから、1人の人間のもつ能力やアイディアでは限界や盲点があり、乗り越えにくい状況が想定されているのである。1人の人間の能力の限界や盲点について謙虚に受け止め、より効果的に解決するためには多様な他者との協働が欠かせないのである。似たようなものの考え方同士の者がアイディアを出し合っても同じ盲点があり、問題の解決に至らないことがあるからである（サイド、2021）。

　このような状況も踏まえて、文部科学省は令和の日本型学校教育の推進について以下のように提唱している。

2.1. 個別最適な学び

　令和の日本型学校教育の中で個別最適な学びが提唱されている。個別最適な学びでは、学習の個性化が求められ、子ども一人一人の興味・関心等に応じ、教師が一人一人に応じた学習活動や課題に取り組む機会を提供することが推奨されている。これは、体育授業で考えると、一人一人が異なる目標に向けて学習に取り組み、自らのペースで学び、深めていくことを意味する。

　例えば、跳び箱運動であれば、開脚跳び越しを縦向き4段で跳び越す子もいれば6段で跳び越す子もいるだろう。同じ跳び越し方でも高さが異なる。加えて、かかえ込み跳びや台上前転に取り組んでいる子がいてもいいだろう。子どもによっては、これらすべての技ができている子もいる。そういう子は伸膝台上前転、頭はね跳び、前方屈腕倒立回転跳びといった発展した跳び方にチャレンジしてもよいと考える。

　どの跳び方を選択するかは子どもが自分の現在の状況と照らし合わせて検討していけばよい。子どもは自分の挑戦課題（Challenge）とスキル（Skill）がちょうど釣り合った状況になると夢中没頭して運動に参加できる。それをフローという。

　フローは、挑戦課題（Challenge）とスキル（Skill）というCSバランスが取れているときに発生しやすい（Cziksentmihalyi, 1990）。このCSバランスが釣り合い、夢中没頭状態に入りやすい状況を示したものが図表3である。

　ここで念頭に置いてほしいのは、子ども一人一人は発育が異なるし、興味関心やスキルも異なる。授業づくりのベースとして、これらの違いが尊重される風土が醸成されているかということである。

　個別最適な学びを考える際に、クローズドスキルと呼ばれる器械運動系や水泳系の授業はイメージが湧きやすいだろう。クローズドスキルに含まれるマット運動や鉄棒運動には様々な技があり、これらの技に対して、子どもの自分のCSバランスを鑑みながら選択し、興味関心に応じて取り組んでいく姿が想起される。水泳も同様で、いくつかの泳法の中で自分に適した距離にチャレンジしていくことが考えられよう。

　一方で、オープンスキルに分類されるボール運動における個別最適な学びについて考える必要がある。

　例えば、小学3年生でタグラグビーに取り組んだとしよう。多くの子にとって

初めて楕円球に触れる経験になるのかもしれない。その場合、「次の試合に勝ちたい！」と思う子もいれば、「まずはボールの扱いに慣れたい」と思う子もいる。さらにボールを後ろに投げて前進するタグラグビーの特徴ゆえに「まずはボールを後ろに投げてゴールを目指すというゲーム自体に慣れたい」と思う子もいるだろう。

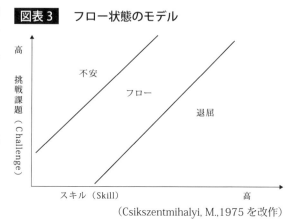

図表3　フロー状態のモデル

（Csikszentmihalyi, M.,1975 を改作）

　このように同じ競技であっても子どもの志向は分かれるものである。その反面、タグラグビーは集団対集団で競い合うスポーツであるため、グループの目標を立てて取り組むという場面も出てくる。このような特徴を有する運動種目での個別最適な学びについて考えてみる。

　それは、ダブルゴールの設定である。ダブルゴールとは、①そのグループの目標、②個人の目標というように二つの目標を立て、取り組んでいくスタイルである。例えば、あるグループでは、①グループの目標として、「みんなで守りを固めて試合に勝つ」と立てたとしよう。運動が得意で足が速いA君は②個人の目標として「全力で前に出て、すぐに相手のタグをとる」と考えたとする。一方で、あまり運動が得意ではないB君は②個人の目標として「後方で守り、抜けてきた相手をつかまえる」と考えたとしよう。この場合、チームとしての目標は、①「みんなで守りを固めて試合に勝つ」として共有しているが、個人の目標である②はそれぞれの子どもの思いや願いによって異なる。

　大切なことは、それぞれの子どもにとって適切な目標が立てられたかどうかである。集団スポーツであっても、グループの目標を立てたうえで、それぞれの子どもの個別最適な学びを保障するため個人の目標を立て、それぞれの子どものCSバランスに則った充実した学習を目指すべきだと考える。これがダブルゴールという学習のスタイルのよさを生かした例であろう。

　なお、OECD Future of Education and Skills 2030 プロジェクトで示されたラー

ニングコンパスにおいても、私たちの望む未来(Future We Want)である個人のウェルビーイングと集団のウェルビーイングを実現していくために、自ら主体的に目標を設定し、振り返りながら、責任ある行動がとれる力を身につけることが重視されている(中央教育審議会、2021)。

　言い換えれば、日本のみならず OECD においても自ら主体的に目標を設定して取り組んでいく学習が推奨されており、その意味でも、子どもが自らの興味関心やスキルに応じて個人にとって学びがいのある学習を選択し、深めていく方向性は世界共通であるといえよう。

　本節ではクローズドスキルとオープンスキルの種目それぞれについて説明をした。どの運動種目であっても個別最適な学びを目指す必要があり、子どもたちはクローズドスキル、オープンスキルどちらも自身の CS バランスに則り、夢中没頭して学習に参加することが期待されよう。

2.2. 協働的な学び

　中央教育審議会の答申において、先述した VUCA の時代について以下のように述べられている。「『予測困難な時代』であり、新型コロナウイルス感染症により一層先行き不透明となる中、私たち一人一人、そして社会全体が、答えのない問いにどう立ち向かうのかが問われている」。すなわち、すでに我々が直面している Society5.0 は答えのない問いに迫られているといえる。このような社会において「目の前の事象から解決すべき課題を見いだし、主体的に考え、多様な立場の者が協働的に議論し、納得解を生み出すこと」の重要性が指摘されている。

　これは、答えのない問いに対し、多様な立場の者同士で協働して最適解を導き出していくことの重要性を述べている。まさに協働的な学びが必要とされる根拠を示しているといえよう。

　この際に念頭におかねばならないことは、「目の前の事象から解決すべき課題を見いだし、主体的に考える」ことである。このことを体育授業に置き換えて考えてみたい。

　例えば、小学 6 年生がハンドボールの授業を行ったとしよう。授業は Teaching Game for Understanding（以下、TGfU と表記）という指導方法に則って展開する。TGfU ではゲーム中心の授業づくりが提唱され、ゲームを実施し、そこで出た課題について話し合ったり、練習したりして解決を試みて、もう一度ゲームをして試す

という学習の流れが示されている（Bunker&Thorpe, 1986）。

　子どもたちがこのTGfUの流れに沿って学習すると、まずゲームを実施する。このときに自分たちがゲームをしたことで得られる反省から課題を見つけ出す、と考える。この場面が「目の前の事象から解決すべき課題を見いだし」に当てはまる。そして、子どもたちが主体的に考えられるように、自分たちのゲームについてICT機器を用いて撮影しておき、自分たちで動画を観ながら話し合いをしてもよいだろう。

　このときに、教師は子どもたちが主体的に考えることができるよう、動画を用いたり、ホワイトボードに書き込みながら自分たちで考えやすくしたり、練習メニューなどが載っている参考資料を用意したりできるだろう。自分たちでハンドボールのゲームの動画を観て、ドリブルに課題があるのか、守りに課題があるのか。それらの課題を解決するためにどのように練習したり、作戦を考えたりしたらよいのか学習することが可能になると考える。

　重要なことは、ハンドボールが得意な子も苦手な子も協働して学習に参加し、自分事としてゲームを振り返り、次の学習につなげていくことである。この学習が協働的な学びで示されている「多様な立場の者が協働的に議論し、納得解を生み出すこと」につながっていくといえよう。

　一方、クローズドスキルに分類される器械運動系であっても、個人で学習を完結させようとするのではなく、互いに動きを見合ったり、助け合ったりする場面を意図的に設定し、器械運動が得意な子も苦手な子も、好きな子も嫌いな子も立場を越えて協働して学べる工夫がこれからの体育授業では求められよう。

　すなわち、オープンスキルやクローズドスキルといった種目の特性に関わらず、他者と協働して学ぶための工夫を教師が準備していく必要がある。

3. まとめにかえて

　本稿では、Society5.0「人間中心の社会」において、予測困難な時代を迎えた体育授業で培いたい力について、その授業の展開の視点について議論してきた。

　ここでは、AIによって代替しにくい能力として「データを理解し、使いこなす力」、「課題設定・解決力」、「異質なものを組み合わせる力」を育むことを前提としながら、実際の授業の工夫の視点として、令和の日本型教育を参考にして体育授業の実際について検討した。

　その中で、個別最適な学びのために、子どもそれぞれにとっての CS バランスを考え、フローを目指したダブルゴールの設定といったことを提案した。加えて、協働的な学びを生み出すために、ボール運動領域であれば TGfU に則ったゲーム中心の学習を行ったり、他者と主体的に学習を深めるために ICT 機器を活用したり、種目に関わらず協働して学習することの必要性を提案した。

　体育授業で大切なことの前提として、子どもが「やってみたい！」と思うことが重要である。個別最適な学びも協働的な学びも、まずは子ども一人一人が「やってみたい！」そう思える工夫が授業の中核として考えていくと、より充実した体育授業が展開されていくと考える。

　言い換えれば、子どもたちが「やってみたい！」というワクワクドキドキした体育授業の中で、個別最適な学びや協働的な学びを通して、Society5.0 で育みたい「データを理解し、使いこなす力」、「課題設定・解決力」、「異質なものを組み合わせる力」を培っていける授業の工夫を求められているといえよう。

（成家 篤史）

〈注〉

注1） 柴田ら（2019）によると、VUCA とは V（Volatility：不安定さ）、U（Uncertainty：不確実さ）、C（Complexity：複雑さ）、A（Ambiguity：曖昧さ）の四つの単語の頭文字からつくられた造語である。

注2） Sustainable Development Goals（持続可能な開発目標）とは、2015 年に国連が「2030 年までに世界が達成すべき目標」として定めた地球の持続可能な開発を目指した 17 の大目標（図表 1 のロゴに示されている）と 169 の小目標で構成されている。

〈引用文献〉

Bunker, D., & Thorpe, R. (1986). The curriculum model. In R. Thorpe, Bunker, D., & Almond, L (Ed.), Rethinking games teaching：7-10.

中央教育審議会（2021）「令和の日本型学校教育」の構築を目指して（答申）

Csikszentmihalyi, M. (1975/2000). Beyond boredom and anxiety. San Francisco CA: Jossey

Cziksentmihalyi, M. (1990) Flow-The psychology of optimal experience. Harper & Row.

外務省（2015）我々の世界を変革する：持続可能な開発のための 2030 アジェンダ（外務省仮訳）、pp.1-37

マシュー・サイド（2021）『多様性の科学』ディスカヴァー・トゥエンティワン

文部科学省（2017）『小学校学習指導要領解説体育編』東洋館出版

OECD ラーニング・コンパス（学びの羅針盤）2030 仮訳（2019）：1-14.

政府広報（2018）未来投資戦略 2018 ―「Society5.0」「データ駆動型社会」への変革―、pp.1-3, 14

コーン・フェリー柴田彰・岡部雅仁・加藤守和（2019）『VUCA―変化の時代を生き抜く7つの条件―』日本経済新聞出版社

フォークダンスにおける
N-感覚的アプローチの実践

指導のポイント
　コロナ禍でかかわり方を制限されてきた児童が、運動の面白さを味わうなかで、運動を通して集団の凝集性の高まりや集団的沸騰状態を経験し、集団で学ぶ楽しさに気づくことを目的とした。

---

1. 単元名「Shall we フォークダンス？」

2. (1)教材について

　今回の学習では三つのダンスを選んだ。三つのダンスはそれぞれに特徴があり、ダンスの難易度を考えてマイムマイム、ハーモニカ、パケティーク・ポルカの順に、学習を進めることとした。

図表1　フォークダンスの特徴

	1時	2時	3時
踊り	マイムマイム	ハーモニカ	パケティーク・ポルカ
ねらい	シングルサークルでの力強い踊り	シングルサークルで、一体感が味わえるダンス	パートナーチェンジのある軽快な踊り
踊りの楽しさ	シングルサークルでの力強い踊り。声を合わせることができ、中央に寄る場面では凝集性が高まる。	マイムマイムよりは難易度が高いダンス。軽快なリズムで踊り、全員で肩を組んで回るシーンで、特に凝集性が高まる。	パートナーチェンジが最大の特徴。誰とでも踊ることでお互いを理解することができ、手拍子等を合わせることで凝集性を感じることができる。

(2)児童について

　コロナ前とコロナ後で、子どもたちに変化が起こっていると感じている現場教員は、私だけではないと考える。コロナ禍では、給食の食べ方や班活動、縦割り活動、学校行事が次々となくなり、友達と関わり合う機会が減ってしまった。他者との関

わりが減少すれば、「友達とけんかをして、仲直りをする」などの日常的な関わりから、「仲間と協力して達成感を得る」関わりも少なくなる。

　体育科の学習もコロナの影響を大きく受け、非常事態宣言が出るたびに、体育の学習形態の変更を余儀なくされた。集団での学びが制限され、集団で学ぶ機会が激減した結果、子どもたちは集団性が乏しくなり、チームやグループ活動がコロナ前のように、スムーズに行えなくなってしまった印象がある。これは、当然子どもたちのせいではない。

　そこで、凝集性の高まりや集団的沸騰状態をクラス全体で味わえるような教材を考え、「フォークダンス」の実践を行うこととした。

(3) 指導について

　1単位時間の学習の流れは以下のようにした。

| アウェアネストーク | → | めあての確認 | → | 心と体の解放 | → | ポイントタイム |
→ | 自己評価・他者評価 | → | チャレンジタイム | → | 学習のまとめ |

　アウェアネストークとは、説話などから、本時で探求したい道徳的な価値に迫る心情を育むよう、気づきを促す方法のことである。

　今回は絵本を題材に、筆者の伝えたかったことに気がつくような問いかけを行い、児童に道徳的価値に対しての気づきを促し、「心のめあて」とした。

　第1時では「相手の気持ちを考えて運動しよう」、第2時では「みんなが楽しくなるように運動しよう」、第3時では「相手と思い合って運動しよう」という心のめあてを立てた。

　本時の心のめあてと運動のめあてを確認後、心と体の解放を行った。表現運動に慣れていない児童の授業は、恥ずかしさから停滞してしまう状況を避けるために心と体を解放する時間が重要である。

　村田（1988）はダンスウォームアップの原則として、1. 気軽であること　2. 気分を切らずに一曲を踊り切ること　3. 友達と踊りで交流し、共感し合う場面をつくることをポイントに挙げている。本単元では、8844221111のリズムで「にんじゃりばんばん」の音楽に合わせてダンスを行った。

　ポイントタイムでは、フォークダンスの動きを覚える。その際にはトリオで教え合いながら行うこととした。ダンスはモニターに映して、子どもたちが常に動きを

アウェアネストーク

心と体の解放

ポイントタイム

チャレンジタイム

確認できるようにしている。

　ポイントタイムで踊りを確認したのちに、３名で「心のめあて」の自己評価・他者評価を行った。しっかりと他者評価できるよう、教師側からも言葉がけを行った。他者から高評価をもらうことで、普段自己評価の低い児童が、自己評価を見直して高く評価している姿も見られた。

　一方、チャレンジタイムは、学級全員で踊る時間であり、この授業の主運動に当たる。ポイントタイムで練習したダンスの動きや「心のめあて」を意識してみんなで踊る。チャレンジタイムでは、子どもたちが「声を出そう」「接触する際に相手を気遣おう」など、様々な意見が飛び交い、どんどん動きが洗練されていく。モニターに映していた手本動画などを途中で消すなど、児童のスキルに合わせて課題を上げていくことで、児童はダンスに没入していく様子が見られた。

3.　考察

　学習を通して、フォークダンスの学習では他者との関わり方が豊かになる児童が増えるのではないかと考えている。具体的な成果としては、アウェネストークを行

い、自己・他者評価を積み重ねていくことで、教師が指導すべき授業における一貫性が生み出された。他者評価では、友達から褒められる経験の少ないＡ児にとって貴重な経験となった。

　授業中にダイナミックな動きになるにつれ、子どもたちの動きがシンクロし、集団的沸騰状態になることから凝集性の高まりが見てとれ、子ども自らが課題のハードルを上げていく姿からも、運動の面白さが拡張していった授業と考えることができる。

（帝京大学小学校　柄澤 周　2002 年度卒業）

N- 感覚的アプローチのさらなる探求

　本実践は「N- 感覚的アプローチ」をフォークダンスの授業で運用し、実践したものである。N- 感覚的アプローチとは、当該運動のおもしろさに子どもたちが触れることを中核とし、子どもが夢中没頭して体育授業に取り組んでいるなかで、人間教育も行っていくという指導方略である。

　授業づくりの特徴としては、まずその運動の中心的なおもしろさを明確にし、それをどの子も触れられるようにするにはどうしたらよいのか、教師が工夫をする。本実践のフォークダンスでは、柄澤先生は凝集性が高まる活動を通すことで集団的沸騰が味わえることがこの運動の中心的なおもしろさであると捉え、各時間、凝集性が味わえるように準備した。具体的には、第１時ではマイムマイム、第２時ではハーモニカ、第３時ではパケティーク・ポルカを扱った。

　実際の授業では、マイムマイムはシングルサークルで力強い踊りがあり、みんなで声を合わせて中央に寄る場面で凝集性を味わった。ハーモニカでは全員で肩を組んで回るシーンで凝集性を味わった。パケティーク・ポルカではみんなで手拍子を合わせることで凝集性を味わった。これら三つのフォークダンスにおいて、それぞれの踊りが持つ凝集性を味わえる場面を大切にし、子どもたち一人一人が味わえることを目指して実践することを通して、集団的沸騰が起き、子どもたちがフォークダンスならではのおもしろさに迫ることができた。

　加えて、単元を通して人間教育にもアプローチしていった。具体的には授業の導入部でアウェアネストークを行い、その授業で気づかせたい道徳的な価値について考えさせる時間を設定した。本実践では、絵本の読み聞かせを通して、子どもたちに気づかせたい道徳的な価値についてアプローチした。そして、それを毎時間「心のめあて」として子どもたちに意識させ、授業の中盤で「心のめあて」について自己評価し、ともに学習していた仲間から他者評価を受けることにした。そして、授業の終末で本時の「心のめあて」について、具現化された行動をしていた場面を柄澤先生が紹介することで、クラスの中で共有できるようにしていった。子どもたちはフォークダンスのおもしろさに触れていきながら、道徳的な価値についても学ぶことができる体育授業が展開されていった。

（成家 篤史）

10. 外国語活動・外国語科の授業づくり

1. 外国語活動の授業づくり

1.1. 外国語活動の1単元の構成

　外国語活動の授業づくりに関しては、文部科学省（2017a）作成の新学習指導要領対応小学校外国語活動教材『Let's try! 1・2』に基づき解説する。同じく文部科学省（2018）作成の学習指導案例を概観すると、外国語活動の各単元では、1単元が4単位時間前後で構成されており、1単位時間ごとの目標は、単元目標を細分化する形で設定されている。おおよそどの単元についても1、2時間目に知識・技能、3時間目に思考力・判断力・表現力、4時間目に学びに向かう力・人間性に関する単元目標が振り分けられている。この目標に基づき、ほとんどの単元で1時間目は語彙への慣れ親しみ、2時間目は表現への慣れ親しみ、3時間目は練習を兼ねた小規模なやり取り、4時間目は大規模なやり取りや発表の活動が設定されている。これは、一語文（語彙）→二語文以上（表現）→模倣（練習）→コミュニケーション（やり取り）の順序を経て獲得される子どもの言語発達と一致しているとみることができ、児童のスムーズな言語発達を促せるように目標や活動が設定されていると考えられる。それでは次に、このような目標に基づき、実際の授業や活動がどのような構成で進められているのかを解説したい。

1.2. 外国語活動の授業の構成と流れ

（1）ウォーミングアップ（挨拶、既習事項の復習など）

　この過程は、毎回の授業の中で行われると考えられる。言語は繰り返し使うことで身につくため、毎回の授業でルーティンとして行える挨拶や、ウォーミングアップの活動のなかで、既習事項から少しずつ表現の幅を広げていきたい。天気を例として取り上げると、最初はイラストやジェスチャーを見せながら定型の質問をするが、子どもが慣れてきたら言語だけで質問する、気温や持ち物（傘や帽子）のことを付け加えて聞くといった方法が挙げられる。また、活動に入る前のウォーミング

アップとして、前時で学んだ言語材料が扱われている歌を歌うことや、短時間で行えるゲームを行うことも有効である。

　このほか、本時の内容には一見関係ないように見える表現でも、教材を提示する際に What's this? Do you like（know、have）～？と聞くなど、実際の文脈の中で既習の表現や語彙を使うことで、児童がよく使われる表現を繰り返し聞く機会を増やすことができ、スムーズな習得を促すことにつながる。

(2) 音声のインプットと意味との接続

　この過程は、1、2時間目に児童が初めて出会う語彙や表現を導入する際に行われる。この段階では、子どもに習得してほしい英語表現や単語を聞かせる。この際、音声とともに、子どもがその内容を推測できるようなヒントを提示することで、音声の意味を推測することにつながる。意味を明確に提示せず、子どもに推測させることはたいへん重要である。なぜならば、例えば「apple はりんごという意味ですよ」と提示すると、その単語を正確な知識として覚えようとすることから、間違いを恐れるようになるためである。慣れ親しみを促すには、子どもが自然と「apple ＝りんご」と推測できるように工夫する必要がある。そのためのオーソドックスな方法としては、単語や表現の意味を絵カードやジェスチャーで示しながら音を提示するやり方がある。例えば、I can play tennis. と言いながら、ラケットでボールを打つ動作をすることで、子どもは自ずと「先生はテニスのことを言っているのかな？」と推測することができる。このように、意味を伴わせながら音を繰り返し聞かせることで、子どもの中に使える語彙や表現として定着していく。この際、担任教員が発音に自信のない場合は、ALT に発音してもらったり、音声教材を活用したりと、できるだけ正しい発音をインプットしたい。ネイティブの発音に触れることで、日本語と英語の発音の違いを比べることができ、それが英語独自の音声に「慣れ親しむ」ことにつながるためである。

(3) 繰り返し聞かせる

　この過程は、前項（2）の過程の後に音声や意味への慣れ親しみを高めるために行われる。音声は一度聞いただけでは定着しない。とくに、食べ物や文房具など、身近な事柄を扱う単元では必要な単語数が多くなることもあり、聞き分けられるか、音と意味が結びついているかの確認も含め、繰り返し聞かせる必要がある。繰り返

し聞かせるためは、チャンツ（リズムに合わせて繰り返し発音する）や歌を利用する、ゲームの中で繰り返し触れる、などの方法がある。しかし、単調に繰り返されると、児童は飽きてしまう。児童の関心を引きつつ繰り返すには、以下のような工夫が考えられる。チャンツや歌の中で繰り返す場合には、次第にスピードを上げる、イラスト等のヒントを次第になくすなど、難易度を上げることで、子どもの挑戦したい気持ちを高めることができる。歌の場合、子どもが歌いたいと思える曲を選択し、少しずつ歌えるようにしていく方法もある。このほか、ゲームの中で繰り返し聞かせることも有効である。ゲームを進行するために、その単語や表現を聞かざるを得ない状況をつくり出すことで、無理なく、楽しく繰り返すことができる。例えば、食べ物の絵カードをビンゴカードに好きなように貼らせ、What do you want? と教員が聞き、子どもが欲しい食べ物を日本語で答えた後に、教員が I want ○○. と英語で言い換える、という方法でビンゴゲームを進行すると、欲しい物を尋ねる表現と答える表現、食材の名前を繰り返し聞くことができる。これを繰り返すと、子どもは答え方を次第に理解するようになり、教員が言い換えなくても、自ら英語で答えることができるようになる。また、「ビンゴにするために欲しい食材」を答えるので、実際の状況と言語材料の意味が一致しているという点でも有効である。実際の欲求や目的に基づいて聞いたり、話したりする経験を授業内で積むことで、実際の生活場面でも子ども自身の必要に応じて使うことのできる表現として習得することができる。

(4) モデルを示し、練習する

　この過程は、おもに3時間目に行われる。十分に子どもが聞き分けられるようになり、また意味を十分に理解していることが確認できたら、次は子ども自身に話させる準備に移る。子どもが自信を持って話すことができるよう、実際に使わせる前に、改めてこの表現や単語はどのような場面で、どのように使うか、どのような役割を持つものなのかをモデルとして示す必要がある。ALT などとのやり取りを見せることが難しい場合は、パペットやペープサートの人形を活用したり、映像教材を用意したりという方法が考えられる。

　モデルを示して子どもの理解を確認できたら、実際の活動を想定した練習を行いたい。前項のビンゴゲームのような活動を練習と位置づけることも可能だが、人とのコミュニケーションを想定した練習にすることで、その後の活動に自

信を持って臨むことにつながる。前項のビンゴゲームで取り上げた What do you want?　I want ○○ . を指導する単元の場合、例えば、ランダムに食べ物のカードを子どもに配り、好きな食材を○枚集めよう、という目的を与えた活動を練習として行うことが考えられる。ランダムに教室内を歩き回り、クラスメイトとやり取りをして、カードを交換しながら目的の食材を集めていく活動によって、ここでも実際の欲求や目的に応じて表現を使うことができる。このあと買い物の活動を行うことが想定されるので、買い物を簡易化した活動によって十分な練習を積むことが自信につながる。さらに、誰がどのカードを持っているか分からない状況にすることで、必要な枚数以上の回数のやり取りをする必然性が生まれ、無意味で機械的な活動になることを避けられる。

(5) 目的のある活動の中で聞いたり話したりする

　この過程は、単元の最後の時間に行われる。十分に練習をして、子どもが自信をもってその表現や単語を使える状態になったら、いよいよ実際の生活場面を想定した活動の中でやり取りする活動に臨みたい。ここでは、○○という表現を使わせるための活動を設定するのではなく、ある目的を達成するために、○○という表現を使う、という活動を設定することが重要である。言語を使わせること自体を目的にしてしまうと、子どもは表現や発音が間違っていないか、ということに意識が向いてしまい、躊躇なく繰り返し使うことが難しくなってしまうためである。また、○○という表現を使った結果、こういう目的が達成できた、という一連の体験を通して、子どもは実感を伴って表現や語彙の実際の役割や使い方を習得することができ、これがコミュニケーションに使える英語を身につけることにつながっていく。

　例えば、本稿で例に挙げている買い物の活動の場合、買い物をすること自体を目的にするのではなく、何のためにするのか、という目的を子どもに意識させたい。買い物の目的としては、単に「○○をつくる」よりも、身近な人への思いや子どもが楽しみにしている行事、他教科の学び等と関連づけることで、子どもがより能動的なモチベーションを保てるような活動設定ができるとよい。例として、「ALT の先生におすすめの日本食を紹介する」、「遠足に持っていく理想のお弁当を作る」、「家庭科で学んだ五大栄養素を踏まえたメニューをつくる」、などの目的をもたせることが考えられる。実際のやり取りをさせる際は、子ども同士で役割を分担し、役割を交代して行うことで問いかけと答えの両方を練習することができる。やり取りの

相手として、教員自身も活動に加わると、子ども一人一人の様子を観察することができ、それは評価の材料にもなる。

　また、このような活動の際、「相手が聞き取りやすいような声の大きさ」や、「相手がコミュニケーションを取りやすいアイコンタクトや表情」について考えさせることで、他者の立場や心情を踏まえてコミュニケーションを取る態度を養うことにつながる。

(6) アルファベット

　外国語活動においては英語の読み書きに関する目標は設定されていないが、「聞くこと」の目標として「文字の読み方が発音されるのを聞いた際に、どの文字であるかが分かるようにする」という内容が設定されており、アルファベットの活字体を識別できるようになることが求められている。外国語活動においては、3年生で大文字、4年生で小文字を扱うことになっている。目標に厳密に従うなら、児童が文字の名前（A ≒ エー、B ≒ ビー）を読める必要はないが、教師が文字の名前を読んだ際、どの文字であるかが分かることが目指されている。しかし、アルファベットを扱う単元には児童が文字の名前を読める必要のある活動が見受けられる。例えば、色と色の名前が英語で記載されている誌面を見て、色の名前に含まれるアルファベットを Do you have P ? のように質問し、友達の選んだ色を当てる、という活動である。このため、ABC ソング等を活用し、文字の形と名前を一致させる活動を継続して行う必要があろう。ABC の表を見ながら ABC ソングを歌う活動がスムーズに行えるようになったら、Z 〜 A の順で歌ったり、Seven steps という歌のメロディーで歌ったりすることで活動に変化をもたせるなど、繰り返しアルファベットに触れさせて定着を図ることが重要である。

2. 外国語科の授業づくり

2.1. 外国語科の単元の特徴

　外国語活動と、教科としての外国語科の内容的な違いは以下の通りである。まずコマ数が倍増し、1単元で扱う言語材料が複数の領域にまたがるようになっている。これは、聞くことや話すことの目標に短い話の概要を捉えることや、具体的情報を聞き取ることが加わり、一度の会話でやり取りする内容が増加したこと

に伴う変化だと考えられる。しかし、新しい言語材料を大量に積み重ねていくというよりは、既習事項を繰り返し使い、表現を拡大しながら定着させることを目指している。例えば、行きたい国について扱う単元では、前の学年や単元で学んだ I want 〜 . や、He/She can 〜 . の表現を発展させ、I want to go to ○○ . You can see/eat/buy ○○ . の表現を用いて国を紹介する言語活動を行う。さらに、聞く・話す活動に、読む・書く活動も加わり、4技能を統合した活動が取り入れられるようになっている。しかし、読み書きは慣れ親しむことから始めるとされており、まずはアルファベットの読み書き学習から開始されるため、5年生の前半は単元と独立した読み書きの活動が行われる。単元が進むにつれ、徐々に単元の新出単語を推測しながら読んだり、モデル文を書いたりする活動が加わる。このため、言語習得過程に基づいた流れがほとんどの単元に共通していた外国語活動とは異なり、外国語科は読み書き学習の進度によって単元の流れが異なってくる。ただ、音声面のインプット→練習→アウトプットの流れはどの単元でも共通している。一つの単元で複数の領域の言語材料を扱うため、この流れは一つの単元の中で複数回繰り返されることになる。

2.2. 外国語科の教科書の特徴

　外国語科はデジタル教科書の発展が目覚ましく、ほとんどの教科書で、指導者用デジタル教科書の機能のみでスムーズに授業を進めることができるようになっている。宇治橋・渡辺（2021）によれば、外国語科は他教科と比較して指導者用デジタル教科書の使用率が著しく高く、多くの学校でデジタル教科書に基づいた授業が行われている。デジタル教科書の使用によって、自然な発音のモデルを提示できる、映像を見せることで児童の推測を促すことができる、といった利点に加え、外国語の指導法を学んでいない教員も安心して授業を進めることができるためと思われる。とはいえ、言語発達過程に基づいたインプットからアウトプットまでの流れや、本稿で紹介する読み書き学習におけるつまずきの背景を理解しておくことで、加えるべき支援や工夫を検討することができるだろう。

　従来の紙の教科書については、QR コードが取り入れられており、児童が自宅でも音声を聞くことができるよう工夫されている。このほか、四技能を統合する活動で、児童が名刺やカードを作成する機会が多く、それらを教科書に貼りつけることで学びの履歴を残せる仕組みになっている。また、ホワイトボードのように繰り

返し使えるアルファベットシートがついている教科書もある。文字を書くことや、カードを作成することについては、電子機器よりも手作業のほうがスムーズに行える可能性が高いため、活動の特性に応じて使い分けていきたい。学習者デジタル教科書については今後普及が進むと思われるため、効果的な使用方法や課題について検討する必要があろう。

2.3. 外国語科の授業の構成と流れ

　本節では、小学校外国語の各社の教科書を概観し、おおむね共通している流れや構成について説明する。全体的な傾向について述べるため、教科書によっては当てはまらない内容もあることに留意されたい。

(1) 5年生の初期の単元

　5年生の初期は、外国語活動同様に音声でのコミュニケーション活動を進めながら、新たに英語の読み書きについて慣れ親しむ活動が導入される。コミュニケーションの活動については、外国語活動と同様の流れで進むが、外国語活動で学んだ既習表現や語彙も活用し、一度のやり取りで複数の情報を伝え合うことが外国語活動との違いである。例えば、自己紹介の活動においては、新出表現として名前のスペルを伝え合う表現を学ぶが、これ以外に既習表現を使って、好きなものや互いの名前を尋ね合う。このため、既習事項については復習の活動を取り入れる必要が出てくる可能性がある。

　読み書きについては、まずは単元の内容とは独立して、アルファベット文字の読み方や書き方を学ぶ活動が短時間ずつ取り組まれる。一方、多くの教科書の最初の単元は自己紹介であるため、単元の内容に関連して、既習のローマ字を使ってお互いの名前を書くという活動も行われる。また、初期の単元においてはまだ文字に慣れ親しんでいる段階だが、イラストや数字などの手がかりとともに単語を提示して音声と一致させる、といった、文字としての単語への慣れ親しみを促す活動も徐々に取り入れられる。このほか、モデル文の空欄にローマ字を書いたり、絵カードを置いたりして文を完成させ、文法や語順への気づきを促す活動もある。この際、児童はまだアルファベット文字の読み書きを学んでいる段階であるため、単語や文章全体を無理に書かせることのないよう留意する必要がある。

(2) 5年生中期頃

　教科としての学習が進むにつれ、音声に関しては、新出語彙・表現が複数の領域にわたるようになり、物語やインタビューなど、まとまりのある話を聞いて情報を聞き取る活動が出てくるようになる。例えば、初期の「教科」について扱う単元では新出語彙は教科名に限られているが、中期の「行きたい国」について扱う単元では、国の名前だけでなく visit、see、eat といった旅行に伴う動作を表す英単語も学ぶ。表現についても、教科の単元では What do you have on ○○ day? という新出表現と、既習である I have 〜 . や I like 〜 . などを組み合わせてやり取りするのに対し、行きたい国の単元では Where do you want to go? や I want to go to 〜 . や You can 〜 . など複数の新出表現を学ぶようになる。複数の領域の語彙や表現を扱うことから、聞く量が増えるなかで必要な情報を聞き取らなくてはならないことが、3、4年生の外国語活動や5年生初期の単元よりレベルアップした点である。児童にとって複数の情報を聞き取ることが難しい場合は、聞き取りづらかった箇所をゆっくりはっきり発音して聞かせたり、聞き取ってほしいカテゴリを一つずつ提示して繰り返し聞かせたり、ジェスチャーや写真などの視覚的情報を手がかりとして示したりするとよいだろう。読み書きに関しては、アルファベット文字の学習を終えたことで、教科書の誌面に英単語や文章が増え始め、絵カードを置いて完成させていたモデル文に関しても、空欄に語群から単語を書き写すようになってくる。読み書きさせる内容に関しては、音声で十分慣れ親しんだものについて扱うことになっているため、音声のインプットを繰り返し行うことや、やり取りの活動を行うなかで、児童がモデル文を活用して表現したい内容をはっきりさせておくことが重要である。

(3) 5年生の後期以降

　5年生の後期以降は、児童が学んできた様々な領域や内容を統合する単元が多くみられるようになる。まずは、四技能の統合である。やり取りの活動で新出語彙や表現に慣れた後、発表原稿を書いたり、英語でポスターをつくって発表したりと、単元の流れの中で複数の技能を総合的に活用するようになる。このような単元においては、音声のインプット（聞くこと）→音声のアウトプット（話すこと）→文字のインプット（読むこと）→文字のアウトプット（書くこと）の順で進めることで、児童がスムーズに取り組むことができる。次に、他教科で学んだ内容と英語の統合である。例えば、家庭科で学んだ栄養素に関する知識に基づいてメニューを組み立て発表す

る単元や、食物連鎖や環境について学んだことを英語で発表する単元などがある。これに加え、外国語活動と外国語科の学習全体で取り組まれてきた既習事項と、新出の言語材料の統合も当然行われる。このような単元の学習を通じて、学んできた言語材料を使って異なる内容を伝えられることを繰り返し体験することで、コミュニケーションに使える英語を身につけることにつながっていくのである。

2.4. 読む・書く活動の指導のポイントと留意点

　小学校で外国語が教科化したおもな理由が、音声中心の外国語活動と、中学以降の本格的な読み書き学習とのギャップを改善するためであることを踏まえると、小学校でどのように英語の読み書きを導入するかは非常に重要である。学習指導要領（文部科学省、2017b）によれば、目標として設定されているのは（1）アルファベットの読み書きが自力でできるようになること、（2）音声で慣れ親しんだ単語や文章を推測しながら読むこと、（3）例文を参考に自分のことや身近なことを書き写すこと、である。以下、それぞれの指導において児童が示しうる困難さや、指導のポイントについて解説する。

(1) アルファベットの読み書き

　アルファベットには名前（A ≒ エー、B ≒ ビー）と音（A ≒ ェア、B ≒ ブ）があり、小学校の外国語ではこのうち名前（学習指導要領では「読み方」）を読めるようになることが求められている。アルファベットは平仮名や漢字に比べ、形状が単純であり文字数も少ないため、この学習に困難を示す児童は少ないと思われるが、困難さを示す児童がいる場合は、イラストを手がかりに文字の形状を把握する『よめる　かける ABC 英語れんしゅうちょう』（NPO 法人リヴォルヴ学校教育研究所、2006）を活用したり、文字の形状を言語化（例：大文字の B の上半分の曲線を取ると小文字の b、q は数字の 9 と同じ向き）したりする必要があろう。b、d、p、q などの反転すると同じ形になる文字については、とくに混同する可能性が高い。両手でサムズアップし、横書きの文字は左から右に読むため、アルファベット順で先に来る b が左手、d が右手と同じ向きであると指導する方法もある。大文字と小文字のペアを学習しづらい場合には、大文字から小文字への変形過程を児童に考えさせる指導例がある（畑江・段本、2017）。文字の形状を様々な方法で特徴づけると、多様な児童が自分に合った方法を選んで学習できるようになる。

(2) 音声で慣れ親しんだ単語や文章を推測して読む

　単語や文章を読むためには、文字列から発音を想起できるようになる必要がある。このため、まずは単語や文章については音声で十分に慣れ親しむことが想定されている。小学校の外国語においては、文字列から発音を推測できるようにすることではなく、文字の音や視覚的な情報からその単語が何であるかを推測して読むことが求められている。つまり、ポスターやチラシの写真や挿絵を手がかりに、単語のカテゴリーを推測し、文字の音を手がかりに単語を推定するということだと考えられる。しかし、文字の音は教科書会社によって扱いが異なる。このため、文字の音から単語を推測することについては、扱う教科書や児童の状態によって困難となる可能性がある。このような状況があることを踏まえると、文字の音や誌面の視覚的情報のほか、単語や文章の形態に見慣れさせておくことが必要だと思われる。「こんちには　みさなん　おんげきですか」という文字列を見た際、「こんにちは　みなさん　おげんきですか」と問題なく読めることから分かるように、我々は単語を一文字ずつ解読することによってではなく、単語として捉えることで素早く音や意味との変換を行っている。英語に関しても、絵カードには必ず単語を印刷し、復習の度に繰り返し見せたり、教室にその単元で使う単語のポスターを貼っておいたりすることで、単語の形態になじみができ、単語の推測に使える手がかりを増やすことができる。また、各社の教科書で設定されている、イラストと単語を線でつなぐような課題や、イラストなどの視覚的情報を手がかりに発音された単語を指差すような課題も、単語形態への慣れ親しみを促せると考えられる。一方で、単語の推測に活用できるような文字の音の指導方法については、今後検討する必要があろう。

(3) 例文を参考に書き写す

　小学校においては、モデル文を参考に単語を置き換え、自分のことや身近なことについての文章を書き写す活動が設定されている。この際、文法や単語のつづりを覚えさせ、自力で正確な作文ができることを目指すのが目的ではないことに留意する必要がある。しかし、小学生の書く活動には、後に文法の仕組みを知識として学ぶ際の下地となる語順などの気づきを育てるという目的がある。このため、5年生の初期の単元では、絵カードを置いて文章を完成させる活動がみられる。文法の決まりを指導し、それに従って文章を構成するのではなく、モデル文の中に絵カードを置くことによって表現したい文章を完成させる活動を繰り返すことで、語順の規則性への気づ

きを養うことが目指される。教科書によっては、比較的早い単元で文章を書く活動が設定されていることもあるため、アルファベット文字の学習状況や児童の状態によっては、絵カードの置き換えによって代替する支援が必要な可能性もある。

　さらに、書くこともコミュニケーション手段の一つとして扱うこともポイントである。テストでよい点数を取るために正確に規則を覚えさせることではなく、手紙やポスターに書くことで、目の前にはいない相手や、不特定多数の相手に自分の考えや好み、意見を伝えるという目的を活動に付与して行う必要がある。

(4) 読み書き指導に関する課題

　前述の通り、小学校における外国語教科化の経緯を考えると、小学校でどのような読み書きの下地を形成すれば中学校への円滑な接続が可能になるのか、という点について検討する必要がある。銘苅（2018）は、中学生を対象とした研究においてアルファベット1文字ごとの子音・母音を合成する力（例：b+a+g=bag）をローマ字テストによって評価し、ローマ字テストが低成績である場合、中学1年生時点で英単語つづり習得困難になるリスクが約24倍になることを報告した。英語の読み書き学習におけるつまずきを軽減するためには、アルファベット1文字ごとの音を理解し、それらを合成できる力を身につけることが効果的であると推測できる。しかし、文字の音の扱いは教科書によって大きく異なる。類似した文字の音の聞き分けや合成について扱う教科書もあれば、アルファベット順に文字の音を紹介するにとどまる教科書もあり、中学校進学時点での習熟度にはばらつきがあると推測できる。このような状況で、中学への円滑な接続が果たせるのかどうか今後注視していく必要があろう。

　文字の音については、国語科で指導されるローマ字を活用することで下地を形成できる可能性が指摘されている（伊藤、2013）。ローマ字の仕組みを知ることにより、母語の音声を手がかりにアルファベット文字が持つ音を推測することや、子音・母音という音の概念や合成について理解することにつながる。また、近年はGIGAスクール構想の広まりにより児童がタイピングする機会も増えてきており、ローマ字の必要性も増している。複数教科を担任一人が指導する小学校の特性を活かし、ほかの教科との連携も視野に入れた指導を検討することで、英語の読み書き指導における課題の改善につながる可能性がある。

（銘苅 実土）

〈引用文献〉

文部科学省（2017a）新学習指導要領対応小学校外国語活動教材　『Let's Try! 1・2』

文部科学省（2018）新学習指導要領に対応した小学校外国語教育新教材について
https://www.mext.go.jp/b_menu/shingi/chousa/shotou/123/houkoku/1382162.htm（最終閲覧 2023/09/24）

宇治橋祐之、渡辺誓司（2021）GIGA スクール構想と「オンライン学習」に向けたメディア利用―2020 年度「新型コロナ下の小学校、中学校、特別支援学校でのメディア利用に関する調査」から―、放送研究と調査、71 巻（6）、48-79

文部科学省（2018b）『小学校学習指導要領（平成 29 年告示）解説　外国語活動・外国語編』

認定 NPO 法人リヴォルヴ学校教育研究所（2006）『よめる　かける ABC 英語れんしゅうちょう』

畑江美佳・段本みのり（2017）小学校におけるアルファベット指導の再考―文字認知を高めるデジタル教材の開発と実践―、小学校英語教育学会誌、17（1）、20-35

銘苅実土（2018）中学生における英単語綴り困難の背景と支援方法に関する研究―英単語綴りの基礎スキルと言語性ワーキングメモリに基づく検討―、博士論文、東京学芸大学

伊東治己（2013）外国語活動における文字の扱い再考 ―文字を使っての指導と文字指導を区別しよう―、鳴門教育大学小学校英語教育センター紀要　第 4 号、27-38

外国語科の授業実践

> 指導のポイント
> これまでの思い出についてやり取りをする場面を設定する。過去形を用いることで、伝えたい自分の気持ちや思いの幅は大きく広がる。児童の「伝えたい」という気持ちを実現できるよう、既習内容を関連づけながら指導した。

1. 単元名「これまでの思い出を伝えよう」Unit 7 My Best Memory

[Here We Go! 6（光村図書）]

2. 単元設定の理由（教材・児童・指導について）

２学期終盤の単元であり、卒業を意識し始める児童にとって、本単元では、既習の過去形を活用し、題材である学校行事に加え、学校生活や家族と過ごした時間など、自分の思い出について語ることができる。前単元までに、過去形を用いたSmall Talk を行ったり、音声に十分慣れ親しんだ語彙を用いて過去のことについて書き写したりしてきた。思い出を「６年生の」や「学校生活だけの」とするのではなく、「これまでの思い出」とし、「外国で放送される日本の小学生の思い出に関する番組のための街頭インタビューに応じる」という最終活動を設定した。

3. 単元の目標

街頭インタビューに応じ、これまでの思い出について伝えるために、過去を表す語彙や表現を用いて自分の気持ちや考えを伝えることができる。

4. 単元の指導計画

① 単元を見通し、やり取りの場面や語彙（学校行事）の言い方を知る。

② 思い出を尋ねたり、答えたりする表現を知り、それらの表現に慣れ親しむ。

③ 思い出について行事やしたことを伝えたり、話された内容を聞いたりする。

④ いつ頃の思い出かを伝える表現を知り、自分の思いや考えを詳しく表現する。

⑤ 思い出について表現を書き写したり、書かれた文章を読んだりする。

⑥ 自分の思いや考えが伝わるよう思い出についてのやり取りを考える（準備）。

⑦ 街頭インタビューに応じ、自分の思い出についてやり取りし、伝える（発表）。

5. 単元の評価規準（紙面の関係上、知識と技能は一体的に記述する）

	知識・技能	思考・判断・表現	主体的に学習に取り組む態度
読むこと	学校行事を表す語句や、思い出を伝える表現について理解し、音声で十分に慣れ親しんだこれらの語句や表現を読んで、意味を理解するために必要な技能を身につけている。	書き手の考えや気持ちを知るために、学校行事でしたことや感想について、簡単な語句や基本的な表現で書かれた文を読んで意味が分かっている。	書き手の考えや気持ちを知るために、学校行事でしたことや感想について、簡単な語句や基本的な表現で書かれた文を読んで意味を分かろうとしている。
話すこと[やり取り]	学校行事を表す語句や、思い出を伝える表現について理解し、これらを用いて、したことや感想などを話す技能を身につけている。	自分の考えや気持ちを伝えるために、思い出の学校行事について、したことや感想などをインタビューに応じ、やり取りしている。	自分の考えや気持ちを伝えるために、思い出の学校行事について、したことや感想などをインタビューに応じ、やり取りしようとしている。

6. 本時の学習展開（2時／全7時）

(1)本時のねらい　　　思い出を尋ねたり、答えたりする表現を知り慣れ親しむ。

(2)本時の評価規準　　思い出を伝える表現について理解し、相手の思い出について尋ねたり、自分のしたことなどを話したりする技能を身につけている。

【話すこと[やり取り]：知識・技能】

(3)展開

過程	○主な学習活動	□指導上の留意点　☆評価
導入	○歌を歌う。（♪ Yesterday Once More） ○前時の復習をする。（学校行事の語彙） ○Small Talk から本時のめあてを確認する。 Today's Goal：思い出を尋ねたり答えたりしよう。	□既習内容を活用してやり取りを提示することで、会話の内容への興味を高められるようにする。

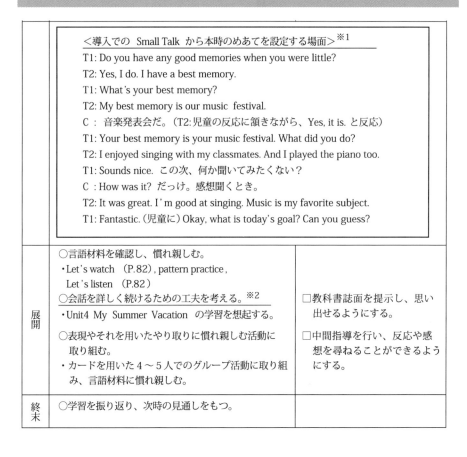

	＜導入での Small Talk から本時のめあてを設定する場面＞※1	
	T1: Do you have any good memories when you were little?	
	T2: Yes, I do. I have a best memory.	
	T1: What's your best memory?	
	T2: My best memory is our music festival.	
	C ： 音楽発表会だ。(T2: 児童の反応に頷きながら、Yes, it is. と反応)	
	T1: Your best memory is your music festival. What did you do?	
	T2: I enjoyed singing with my classmates. And I played the piano too.	
	T1: Sounds nice. この次、何か聞いてみたくない？	
	C ： How was it? だっけ。感想聞くとき。	
	T2: It was great. I'm good at singing. Music is my favorite subject.	
	T1: Fantastic. (児童に) Okay, what is today's goal? Can you guess?	
展開	○言語材料を確認し、慣れ親しむ。 ・Let's watch （P.82）, pattern practice, 　Let's listen （P.82） ○会話を詳しく続けるための工夫を考える。※2 ・Unit4 My Summer Vacation の学習を想起する。 ○表現やそれを用いたやり取りに慣れ親しむ活動に 　取り組む。 ・カードを用いた4〜5人でのグループ活動に取り組み、言語材料に慣れ親しむ。	□教科書誌面を提示し、思い 　出せるようにする。 □中間指導を行い、反応や感 　想を尋ねることができるよう 　にする。
終末	○学習を振り返り、次時の見通しをもつ。	

7. 考察

　本単元で扱う表現に "best" があるが、「ナンバー1 (No.1)」を決めることに困難さを感じている児童がいた。そこで、"good"、"great"、"favorite" などの慣れ親しんできた語彙を用いることで、伝えたい思いや考えの度合いを表現させた。ことばの感覚や感性も伸ばすことができたと考える。また、When I was… (years old/ grade) の表現を導入し、今年度の経験だけではなく、「あの頃」の思い出を表現することができ、自分の思いや考えを伝える幅が広がった。最終活動では、表現に多様性が出て興味深い実践となった。

（海老名市立杉久保小学校　東 優也　2015 年度卒業）

既習事項の活用と伝えたい内容の想起による
充実した言語活動

伝えるための「言語材料」と伝えたい「内容」をそろえることの重要性

　東先生の授業実践には、児童の言語活動を充実させるための二つの大きなポイントがあると考える。一つ目は、本時のめあてを設定するために行った Small Talk[※1]で、児童に表現してもらいたい内容をイメージさせたことだ。卒業という一つの区切りを控えた児童たちにとって、これまでの思い出を振り返るというのは自然な欲求と結びつきやすい題材だと思われる。自分が本当に伝えたい内容だからこそ、児童は何とかそれを英語で伝えようと努力するはずである。この試行錯誤によって、授業における言語活動が単なる定型文のやり取りではなく実際のコミュニケーションとして盛り上がり、使える英語力を身につけることにつながっていく。

　二つ目は、展開のなかで会話を詳しく続けるための工夫を考えさせたことである[※2]。実際のやり取りは以下のように行われた。

T1 ： My best memory is our school trip.

T2 ： どんな会話を続けられるかな。

C1 ： I went to Nikko.　C2: I saw the sleeping cat.　C3: I ate yuba .

T1 ： Good ideas. How was it?

C ： It was fun.

　この過程の役割は、本単元のやり取りに活用できる既習事項（Unit4 My Summer Vacation で学んだ I went to [ate/ enjoyed/ saw/ made] ○○ . などの過去形）を想起させることだと考えられる。児童にとって慣れ親しんだ表現なので使いやすく、伝えられる情報量が増え、やり取りを充実させることにつながる。理論編でも解説した通り、5、6年生の外国語科では既習事項と新出の言語材料を組み合わせ、複数の情報を表現したり、まとまりのある話をしたりすることが目標として設定されている。一度使っただけではなかなか身につかない言語を繰り返し使うことで、児童が自力で使える表現として定着させることを目指したい。

（銘苅 実土）

11. 道徳科の授業構想の基本的な考え方

1. はじめに（道徳科の学習指導案とは）

　道徳科の学習指導案は、年間指導計画に配列された主題のねらいを達成するために、児童にねらいとする道徳的価値をどのように考えさせるのかを十分に考慮し、どのような順序、方法で指導し、学習状況を把握し、さらに今後の指導に生かすのかなど、学習指導の構想を一定の形式に表現したものである。

　道徳科の指導は、道徳教育の全体計画に基づいて、全教職員の協働で作成された年間指導計画に基づいて進めることが基本である。充実した年間指導計画であれば、1単位時間の展開の大要が具体的に示されているので、それに従って授業を行えばよい。しかし、より詳細な指導計画の下に授業を行ったり、授業改善のために研究的に授業を行ったりする場合には、児童の実態に即して、授業者自身の持ち味を生かして作成する1単位時間の指導計画、学習指導案を作成することが必要となる。

　学習指導案の作成に当たっては、主題のねらいを目指して、児童がどのような学習を行えばよいのかを十分に考慮して、何を、どのような順序、方法で指導するのかなど、学習指導の構想を一定の形式にまとめることが求められる。

2. 道徳科の学習指導案の内容

　学習指導案にはとくに決まった形式はないが、授業の様子を明らかにするためには、次のような事項を盛り込むことが必要である。

1. 表題等
　表題は、「第○学年　道徳科学習指導案」とすることが一般的である。また、授業の実施日を記載する。学級の規模を表す児童数も記載するが、学級の児童の総数を示し、特に理由がない場合には男女別の人数を記す必要はない。授業者名は、基本的に授業者の氏名を示す。

2．主題名

2.1．主題とは

　主題は、1時間の道徳科の授業で学習の中心となる問題である。各教科、総合的な学習の時間で用いられる単元は、教科の一定の目標を達成するためにひとまとめにされた学習計画の意味合いで使われることが多く、教材や学習活動を目標ごとに関連をもたせて組織したものである。

　人間のよりよく生きようとする思いや願いは主体的なものであり、その過程で行動として表れる道徳的実践は、単一の道徳的価値だけに根差しているものではない。複数の道徳的価値に支えられて行為として表れるものである。道徳科は、具体的な行為の指導ではなく、行為に根差した様々な道徳的価値の一つ一つを学ぶ。道徳的価値は、基本的には分割したり、他の道徳的価値と序列化したりできるものではない。道徳科では、人間としてよりよく生きるうえでの拠り所としての役割を担う、独立した特定の道徳的価値を一単位時間の授業で学ぶことが一般的である。

　道徳科の主題は、どのような道徳的価値をねらいとし、そのことを学ぶために、どの教材を、どのように活用するのかを構想する指導のまとまりと捉えることができる。

2.2．主題名

　1時間の道徳科の主題名を表現するうえで、授業者以外の者が、主題名を見て授業の内容が把握できるようにすることが大切である。主題名を設定するときの配慮事項の第一は、教師の授業研究を視点として、主題に何らかの具体的な名称をつけておくことによって、教師相互間の主題に対する理解を容易にできるようにすることである。第二に、児童の学習に生かすことである。例えば、導入段階において児童に学習への興味をもたせたり、終末段階での確認に生かしたりする意図で主題名を明示するなどの工夫を行うようにすることである。

2.3．内容項目

　道徳科の内容は、道徳科だけでなく学校の教育活動全体を通じて、様々な場や機会を捉え、多様な方法によって指導されるものである。内容項目は、学習指導要領の第3章 特別の教科　道徳に示されている「第2 内容」を指すもので、それぞれの内容を端的に表す言葉を付記している。学習指導案には内容項目名を明示する必要がある。

3. ねらいと教材

3.1. ねらい

　道徳科のねらいは、１時間の授業で、授業者が指導を意図する一定の道徳的価値と、養うべき道徳性の様相で構成される。ねらいの設定に際しては、複数の道徳的価値をねらいとしないように留意する必要がある。活用する教材の中には、道徳科の多様な内容が含まれている。このことから、それをすべてねらいに含めてしまうような設定の仕方は避けるべきである。道徳科は、一定のねらいとする道徳的価値について自覚を深めるものであり、複数の道徳的価値を含んだ行動の学習ではないためである。

　また、ねらいの文末表現は、指導の重点が道徳的判断力にあるのか、道徳的心情にあるのか、あるいは、道徳的態度にあるのかを明確にすることが大切であり、これによって授業展開が方向付けられる。

3.2. 教材名及び出典

　学習指導案には、活用する中心的な教材の名称を記載する。教科書の教材を活用することが一般的であるが、教材自体が１つの作品である場合が多く、活用する教材の標題はそのまま記すし、教材名には出典を明記する。これは、例えば参観者が事後に改めて教材を調べたり、授業分析を行ったり、自分自身の授業に生かしたりすることに役立つようにするためである。

4. 主題設定の理由

4.1. 主題設定

　「主題設定の理由」は、授業者が指導内容をどのように捉え、何を大切に指導するのか、その指導を教育活動全体でどのように行ってきたのか、その結果としてねらいとする道徳的価値に関わる児童のよさや課題は何か、それに基づいて授業で何を考えさせるのか、そのために教材をどのように活用するのかを再確認するうえで重要である。

　とりわけ、授業研究として授業参観者を招く場合には、主題設定の理由を示さなければ授業の適否を判断することは到底困難である。道徳科の学習指導案には、主

題設定の理由を明記することが不可欠なのである。

4.2. 主題設定の理由を記述する際の確認事項

① 設定した主題に関わる道徳的価値がもつ道徳教育上の意義などについて、授業者の考え方、ねらいや指導内容についての教師の捉え方を明確にする。

② ねらいとする道徳的価値についての教師の捉え方に基づく指導の結果、児童にはどのようなよさが見られるようになったのか、一方で課題は何か、そのうえで児童に考えさせるべきことは何かを明確にする。

③ 使用する教材の特質は何か、児童に考えさせるべきことを教材を活用して具体的にどのように考えさせるのかを明確にする。

　主題設定の理由が定まれば、学習指導過程の方向性が明確になる。

5. 学習指導過程

　学習指導過程は、１時間の授業のねらいに向けて行う指導の手順を示したものである。道徳科の学習指導過程は、１時間のねらいとする道徳的価値について、児童がその理解を基に自己を見つめ、道徳的価値に関わる事象を多面的・多角的に考え、自己の生き方についての考えを深めるといった道徳的価値の自覚を深めるための教師の指導と、児童の学習活動の道筋を示したものである。

　学習指導過程は、児童がねらいとする道徳的価値の自覚を深めるために、教材を活用して、どのような手順で指導がなされるのかを示すものである。年間指導計画や学習指導案の中では、「展開の大要」などとして示されることが多い。学習指導過程を構想するに当たっては、教師の指導観を明確にしたうえで、教師の力量や持ち味を生かした工夫が求められる。学習指導過程は実際の学習指導案を見た者が、１時間の授業の流れなど、その概要を把握できるようなものでなければならない。また、授業者が１時間の指導の道筋を見失うことなく、自らの指導観に基づいて指導の効果を高めていけるように学習指導過程を構想することが何よりも大切になる。

5.1. 導入段階

① 導入段階の役割

　導入段階は、児童が主題について学ぼうとする意欲を高め、本時の道徳的価値に

関わる諸事象について自分との関わりで考えようとする構えをつくる学習を行う。

　道徳科における児童の学ぼうとする意欲とは、ねらいとする道徳的価値に関わる事象を自分の問題として考えようとする意欲である。導入段階での配慮事項は、ねらいとする道徳的価値の自覚を深める学習の中心である展開段階の充実を期して、児童の意識を短時間で的確にねらいとする道徳的価値に向けることである。

② 導入段階の学習活動例

　ア　ねらいに関わる生活経験の発表や話合い

　　児童がねらいとする道徳的価値を自分事として主体的に考えられるようにするために、ねらいとする道徳的価値に関わる児童の生活経験を取り上げたり、それに基づく話合いを行ったりする。例えば、低学年のB［親切、思いやり］の指導で「優しくされてうれしかったことはあるか」、また、C［規則の尊重］の指導で「みんなで使うもの、使う場所にはどのようなものがあるか」などと問い、それらの事例を基に簡単な話合いを行うことが挙げられる。

　イ　教材の内容に関連した説明

　　中心的な教材の内容を理解するうえで、児童に説明が必要な場合には、教材に関連した簡単な説明を行う。この方法は、ねらいとする道徳的価値への問題意識の喚起を直接目指してはいないが、それを含んだ教材に、児童が親しみをもてるようにすることは、展開段階で児童が自分事として考え、道徳的価値の自覚を深める学習を活発化させるうえで有効である。

　このほかにも、児童の意識を短時間で能率的にねらいとする道徳的価値に方向づける教師の説話や、ねらいとする道徳的価値に関わるアンケート結果を提示するなどの方法も考えられる。

③ 導入段階で児童の意識をねらいとする道徳的価値に方向づける意図

　学習指導過程の導入に、「ねらいとする道徳的価値への方向づけをする」という留意事項が示されることがある。児童の意識をねらいとする道徳的価値に方向づける意図は、展開段階で活用する教材に多様な道徳的価値が含まれていることから、本時で考える道徳的価値を、児童の意識の中に焦点化することが求められる。

5.2.　展開段階

① 展開段階の役割

　展開段階は、ねらいとする道徳的価値の自覚を深める学習の中心となる段階で

ある。具体的には、「道徳的価値について理解する」学習、「自己を見つめる」学習、「道徳的価値を多面的・多角的に考える」学習、「自己の生き方についての考えを深める」学習を具体的に行うことが求められる。なお、これらの学習は、個別のものではなく、道徳的価値の理解を図りながら、自己を見つめたり、多面的・多角的に考えたりする学習なども考えられる。

　「道徳的価値について理解する」学習は、単なる道徳的価値の大切さを理解することだけではない。人間理解や他者理解も視野に入れることが必要になる。「自己を見つめる」学習は、教材を通してねらいとする道徳的価値に関わる問題について考える際に、単に教材中の出来事として捉えるのではなく、児童自身の経験に基づきながら、自分の問題として考える学習である。このことが、自己理解を深めていくことにもつながり、自己の生き方についての考えを深めることにもなる。

② 展開段階の学習活動例

　ア　授業者の発問に基づく話合い

　　授業者が構成したねらいとする道徳的価値の自覚を深めるための発問に基づいて、児童がねらいとする道徳的価値について、価値理解、人間理解、他者理解を図るような話合いを行う。

　イ　役割演技など劇的な表現活動に基づく話合い

　　教材の中でねらいとする道徳的価値に関わる場面を特定して、役割演技による即興的な演技や動作化などの表現活動を通して、道徳的価値の理解を自分事として行えるような話合いを行う。

　ウ　児童自身の生活経験などに基づく話合い

　　児童が、これまでの、また現在の自分自身を見つめる学習を行う。具体的には、ねらいとする道徳的価値を含んだ生活経験やそのときの感じ方、考え方を振り返って、自己の生き方についての考えを深めるような話合いを行う。

　このほかにも、ねらいとする道徳的価値の自覚を深めるための学習は多様に工夫できるが、道徳科の特質を十分に踏まえることと、授業者が明確な指導観をもつことが展開段階の学習の成否を左右することになる。

5.3. 終末段階

① 終末段階の役割

　終末段階は、児童が学習を通して深めたり、広げたりしたねらいとする道徳的価

値に対する思いや考えを確認する段階である。

　この段階で留意すべきことは、「実践への動機づけ」を行うことは、「望ましい価値観の押し付け」や「望ましい行為、行動に対する決意表明」とは意味合いが異なるということである。道徳科の目標は道徳性を養うことで、児童の行為・行動の変容を即効的にねらうものではないことを再認識することが大切である。

② 終末段階の学習活動例

　ア　授業者自身のねらいとする道徳的価値に関わる体験談を聞く

　　児童は、１時間の授業で学習したねらいとする道徳的価値に関わる教師の体験談を聞くことで、道徳的価値を実現することのよさを感じて憧れを抱いたり、実現の難しさを再確認して道徳的価値の理解を深めたりすることができる。

　イ　板書などを利用して、本時の学習を整理する

　　１時間の学習の流れを整理することを意図した板書を行った場合、終末段階で１時間の学習を振り返ることで、児童が感じたことや考えたことなどを確認して自己理解を深めることができる。

　このほかにも、例えば本時に学習した道徳的価値に関わる偉人の名言や金言、ことわざ、詩、児童作文などを提示することも広く行われている。いずれにしても、授業者の指導観を明確にした学習展開の一環としての終末段階とすることが大切になる。

5.4.　学習指導過程を構想する際の基本

　授業を構想する際には、授業者が一定のねらいとする道徳的価値について考えさせるべきことを明確にすること、それは、次のような三つの「観」である指導観を明確にすることが求められる。

○ 内容項目に含まれる道徳的価値について、授業者が学校の教育活動全体を通じて指導する上で大切にしていることである教師の「価値観」

○ 価値観に基づいて指導を重ねた結果としての児童のよさや課題、そのうえでさらに児童に考えさせるべきことである「児童観」

○ 児童観を具現化するための教材活用の考え方である「教材観」

5.5. 学習指導過程の構想の手順

① 中心発問の設定

　学習指導過程の構想に当たっては、児童にもっとも考えさせたいこと、つまり「児童観」が中心となる。発問を構成するうえでもっとも重要な中心発問も「児童観」に基づいて設定することが基本になる。また、問題解決的な学習で授業を展開しようとする場合は、当然ながら取り上げる「問題」は「児童観」に基づいたものである。

　例えば、第4学年のB［友情、信頼］の指導で、授業者が本時でもっとも考えさせたいことを「友達同士が互いに理解し、信頼し合うことのよさ」とした場合は、このことが授業でもっとも考えるべき学習になる。この学習は、本時のねらいとする道徳的価値である「友情」あるいは「信頼」のよさを考えさせることになり、道徳的価値の理解、価値理解を図る学習といえる。

　教材として「絵葉書と切手」（文部省　道徳の指導資料とその利用）を活用したとすれば、「友達同士が互いに理解し、信頼し合うことのよさ」を考えることができる発問が中心発問になる。学習指導案の主題設定の理由に記された指導観において、「本時は友達同士が互いに理解し、信頼し合うことのよさを考えさせたい」としているにも関わらず、学習指導過程に示された中心発問が「お母さんとお兄さんの意見を聞いたひろ子が迷っているのはどうしてでしょう」となっていたとすれば、指導観に整合しているとはいえず、指導の一貫性を欠いた授業となることが懸念される。

　このことは、その発問自体が不適切であるということではない。授業者の指導観が「友達との関わりの難しさを考えさせたい」ということであれば、そのような問いも適当であると思われるが、授業者の指導観と中心発問の意図が乖離している授業が散見される現状が少なくない。

　また、授業者が「友達同士が互いに理解し、信頼し合うことのよさ」を考えさせたいとして問題解決的な学習を展開するのであれば、設定する問題は、例えば「友達同士が分かり合うよさを考えよう」、あるいは「友達同士が理解し合うと、どのようなよいことがあるだろうか」などとすることが考えられる。仮に、「本当の友達とはどのような友達だろう」などの問題が設定されたとすれば、指導観に整合しているとは言えず、指導の一貫性が保たれているとは言えない。

② 中心発問を支える発問の設定

　授業においてもっとも考えさせたいことを具現化した発問が「中心発問」である。1時間の授業の中でもっとも充実が求められる学習が、中心発問による学習である。

そのために、中心発問における学習を充実するための布石となる発問による学習を設定することが広く行われている。

　前述の「絵葉書と切手」を活用した授業において、授業者が「友達同士が互いに理解し、信頼し合うことのよさ」を考えさせるために、多面的にその対極にある「友達と信頼し合うことの難しさ」も考えさせることで、「信頼し合うことのよさ」を強化しようと考えたとすれば、「お母さんとお兄さんの意見を聞いて迷っているひろ子はどのような気持ちだっただろうか」などの発問をすることになるであろう。この学習は、「友情」あるいは「信頼」の難しさを考えさせることになり、道徳的価値の理解、人間理解を図ることになることが考えられる。

　道徳の時間が特別の教科として道徳科となったことで、授業において教科書を使用することになった。教科書の教師用指導書を参考にすることもあると思われるが、そこに示されている学習展開は一例に過ぎない。そこに示されている学習指導過程が、授業者の指導観と一致している場合は大いに参考にしてもよいであろう。しかし、授業者の指導観と異なるものであれば、授業者の意向を優先することが重要であることはいうまでもない。

③ 自己の生き方についての考えを深める学習の設定

　道徳科の学習は、学習指導要領の目標に示されているとおり、道徳性を養うために、道徳的諸価値の理解を基に、自己を見つめ、道徳的価値に関わる物事を多面的・多角的に考え、自己の生き方についての考えを深めることである。児童が、このような道徳的価値の自覚を深める過程で、道徳的価値を自分なりに発展させていくことへの思いや課題が培われていく。つまり、教材を活用してねらいとする道徳的価値を自分事として考える中で、それについての自分の考え方や感じ方を再確認して、今後の自分自身のあるべき姿を明らかにするといった学びが行われることが期待できる。

　授業者は、児童がねらいとする道徳的価値を自分事として考えることができるように、様々な指導の工夫を講じる。すべての児童が道徳的価値を自分事として考え、ねらいとする道徳的価値についての思いや課題を確かに培うことができるようにすることが必要になる。例えば、一人一人の児童がねらいとする道徳的価値について「これから自分はどのようなことに気をつければよいのか、どのように生きていけばよいのか」ということを発達の段階に応じて考えられるようにする。

　このことから、授業の終盤に、「これからどうしていきたいですか」などの発問を

投げ掛けることが散見される。児童にこうしたことを考えさせることは大切なことであるが、これからの自分の在り方を明らかにするためには、現在の自分がねらいとする道徳的価値を視点として、どのような状態にあるのかを把握する必要がある。今後のことを考える基盤は、現状認識であり、現状認識を基に考えることが重要なのである。

こうした理由から、自己の生き方についての考えを深めるためには、現在の自分自身を振り返る学習を行うことが求められるのである。

④ 導入段階と終末段階の学習の構想

授業者の指導観に基づく授業が円滑に進むようにするうえで、導入の果たす役割は重要である。導入段階の学習例は、ねらいに関わる生活経験の発表や話合い、教材の内容に関連した説明を例示したが、導入段階で大切なことは、第一に児童の意識をねらいとする道徳的価値に向けること、第二に、ねらいとする道徳的価値について自分事として考えようとする構えをつくることといえる。さらに、授業者が考えさせたいことに、児童の意識を方向付けることにも工夫を凝らすことが求められる。そして、学習の中心が展開段階であることから、短時間で導入を図ることが大切である。

また、終末段階は、児童が学習を通して深めたり、広げたりしたねらいとする道徳的価値に対する思いや考えを確認する段階である。学習例としては、授業者自身のねらいとする道徳的価値に関わる体験を聞かせること、板書などを利用して、本時の学習を整理すること、ねらいとする道徳的価値に関わる偉人の名言や金言、ことわざ、詩、児童作文などを提示することを挙げたところであるが、これらの内容も授業者の指導観に基づくことが大切になる。つまり、「友達同士が互いに理解し、信頼し合うことのよさ」を考えさせる授業であれば、終末段階の説話などもこうした内容にならなければならないということである。

（赤堀 博行）

〈参考文献〉
文部科学省（2017）『学習指導要領解説　特別の教科　道徳編』
赤堀博行監修　日本道徳科教育学会編著（2016）『これからの道徳教育と「道徳科」の展望』東洋館出版
赤堀博行（2017）『「特別の教科　道徳」で大切なこと』東洋館出版
赤堀博行監修　日本道徳科教育学会編著（2021）『道徳教育キーワード辞典 用語理解と授業改善をつなげるために』東洋館出版
赤堀博行（2023）「学校の教育活動全体を通じて行う道徳教育の推進・充実」文部科学省『初等教育資料』No.1038、pp.8-11

第4学年　友情、信頼の授業実践

　本時では、児童の自我関与を深めるスライドによる教材提示、対話的な学びのための基本発問や中心発問および心情バロメーターの工夫、友達のよさを自分事として考えさせる役割演技の工夫を行った。

1. 主題名　　友達を大切に　　B　友情、信頼

2. ねらいと教材

　［ねらい］　互いに信頼し、友達と理解し合おうとする心情を育てる。

　［教材名］　泣いた赤おに　（出典：「かがやけみらい　小学校道徳4年」学校図書）

3. 主題設定の理由（指導観）

(1) ねらいとする道徳的価値について（授業者の価値観）

　友達の思いを受け止め、理解し合うことで、友達との間に信頼が生まれ、豊かに生きるうえで大切な存在として、互いの成長とともにその影響力を広げていくことになる。

　互いに信頼し、友達と理解し合おうとする心情を育てるために、互いに理解し、信頼し合える友達のよさを考えさせたい。

(2) 児童の実態（児童観）

　信頼し合える友達のよさを考えさせるために、総合的な学習の時間の「よりよい生活のために～福祉～」では、友達を深く知ることのできる質問の技「オープン・クエスチョン」を行った。児童がペアになり、テーマを基にインタビューの練習を相互に行うことで、友達のよさを発見することができた。また、体育科のキックベースの学習では、仲間意識をもち、互いの思いを理解するこのよさを感じさせるために、チーム名を決めたり、試合に向けた話合いの時間を十分に設けたりした。

　これらの指導の結果、児童は互いを思う気持ちが友情を育むことにつながることを理解している。一方、友達を大切にすることが、互いに理解し信頼し合うことであるとまでは考えが及んでいない。そこで本時では、「深化」を意図し、より深い信頼関係を築くことのよさについて児童一人一人が考えを深められるようにする。

(3) 教材について（教材観）

　本時でもっとも考えさせたいことは、互いに理解し、信頼し合える友達がいることのよさである。そこで、中心発問で児童を赤おにに自我関与させ、青おにが旅に

出たと知った赤おにには「しくしく泣きながら、どんなことを思っていたか」と問い、深い友情を感じたときの思いを考えさせ、友情についての価値理解を図る。

4. 学習指導過程

段階	学習活動（◎中心発問、○発問）	指導上の留意点（▶評価の視点）
導入	1　事前アンケートの結果を知り、問題意識をもつ。	
展開前段	2　教材を読んで、友達との関わりを考える。 ○作戦を考えて伝えているとき、青おににはどんな気持ちだったか。 ○作戦を聞いたときの赤おにには、どんな気持ちだったか。 ◎青おにの書いた張り紙を読んで泣いている赤おにには、どんなことを思っていたか。	・登場人物に自我関与しやすくするために、スライドを活用し、児童の反応を見ながら読み聞かせる。 ・友達の深い思いやりに気づいたときの気持ちを考えさせる。 ・役割演技を行い、赤おにに自我関与させ、信頼し合える友達のよさを考えさせる。 ▶互いに理解し、信頼し合える友達がいることのよさを考えているか。
展開後段	3　自己の生き方を見つめる。 ○友達を大切にできたと思ったときは、どんな気持ちだったか。	・スクールタクトに記入し共有することで、友情の在り方についての考えを深めさせる。 ▶信頼し合える友達がいることのよさを、自分との関わりで考えているか。
終末	4　スライドショーを見る。	・学級写真を映像化して提示し、余韻をもって終わらせる。

展開（後段）：自己の生き方を見つめる。

　　○ 友達を大切にできたと思ったときは、どのような気持ちだったか。

　　● スクールタクトに記入し共有することで、友情の在り方について考えを深めさせる。

終末：スライドショーを見る。

　　● 学級写真を映像化して提示し、余韻をもって終わらせる。

　　▼ 信頼し合える友達がいることのよさについて自分との関わりで考えているか。

5. 中心発問での児童の反応

　T 赤おにには青おにの手紙を読んで泣いてしまいました。しくしく泣いている赤おにはどんなことを思っていたかな。

　C 青おにが旅に出てしまった。作戦を立てるんじゃなかったなあ。

　C やっぱり、青おにを殴ることなんてしなければよかった。

　C 後悔の気持ち。

　T 友達がいっぱいできてうれしかったですよね。でも後悔の気持ちですか。

　C 友達ができてうれしいけど、青おにがいなくてさびしい。

　C 一人ぼっちじゃなくてうれしいけど、友達の青おにに会えないのは悲しい。

　C 僕は少しだけよかったけど、もう青おにに一生会えなくて、人間の友達がい

て寂しさはやわらぐけど、ずうっと親しかった友達がいなくなった。

C　人間と友達になったけど、青おには親友だからいなくなってほしくなかった。

C　友達は一人しかいないから、大切にしなければいけなかった。どこかに行っちゃったけど忘れないでね。（以下略）

6. 授業を終えて（考察）

　本時で児童にもっとも考えさせたいことは、「互いに理解し、信頼し合える友達がいることのよさ」である。ねらいとする道徳的価値を考えさせるために、中心発問では、児童を赤おにに自我関与させ、友達の深い思いやりに気づいたときの思いを考えさせた。反省や後悔の念の思いだけに終始せず、自分事として考えを深めていくことができるように工夫を行った。

① 表現活動の工夫（役割演技）

　赤おにと青おにを演じた両者に気持ちを問うことで、お互いを思う気持ちを引き出すことができた。また学級全体に問うことで、「互いに理解し、信頼し合える友達がいることのよさ」への考えの深まりがみられた。「友達の人数は増えたけど、大事な親友がいなくなって寂しい」、「助けてくれた青おにが一番の友達だ」等の発言やつぶやきを見取ることができた。

② 話合い活動の工夫

　心情バロメーターの活用により、表面的な友達関係を構築しようとしている赤おにの思いに自我関与させ、人間理解を図ることができた。ともすると、操作することで自分の考えを明確にもつことができたが、互いに比較したり、思いの差異を話し合ったりするための児童同士の話し合いには生かしきることができなかった。

③ 教材提示の工夫

　スライドを活用しながら、読み聞かせを行った。児童は、教材の世界に浸り、登場人物に自我関与させていくことへとつながった。

④ 自己の生き方を見つめるための工夫

　本時でもっとも考えさせたい「互いに理解し、信頼し合える友達がいることのよさ」を自分との関わりで考えさせることが不十分だった。「友達を大切にできたとき」の言葉を精選し、中心発問と整合性のある発問にしていく必要がある。

（東京都大田区立小池小学校　行徳 美季　2020 年度卒業）

指導観を明確にした授業実践

　道徳科の授業は、各学校が独自に作成した年間指導計画に基づいて行うことが基本であるが、その際に重要になるものが授業者の指導観である。学習指導案を作成するに当たって、授業者の指導観は、「主題設定の理由」として、①「ねらいとする道徳的価値について」、②「児童の実態について」、③「教材活用について」の三つの視点で示すことが一般的である。このことについて、道徳科の解説には、①を「ねらいや指導内容についての教師の考え方」、②を「①と関連する児童の実態と教師の願い」、③を「使用する教材の特質や取り上げた意図及び児童の実態と関わらせた指導の方策など」と説明している。

　本実践は、①を「互いに理解し、信頼し合える友達のよさを考えさせたい」として、この視点で日々の道徳教育を行った結果、「児童は互いを思う気持ちが友情を育むことにつながることを理解できるようになった」というよさが見られ、「友達を大切にすることが、互いに理解し信頼し合うことであるとまでは考えが及んでいない」という課題が明らかになった。これらのよさや課題が明確になったことは、授業者が日頃から「互いに理解し、信頼し合える友達のよさを考えさせたい」という意図的な指導があったことによる。漫然とした指導からは、よさや課題を把握することは困難である。これらのよさや課題が明確になったことで、②の「互いに理解し、信頼し合える友達がいることのよさ」を考えさせるという１時間の中心的な指導へとつながった。

　このことは、まさに指導観を明確にした授業構想と言える。道徳科は、同じ内容項目の指導であっても、授業者の指導観によってその具体は多様である。同様に、同じ教材を活用する場合でも、授業者が考えさせたいことが異なれば学習展開は多様である。これが道徳科の授業の難しさでもあり、面白さでもある。

　こうした考え方に立つと、道徳科の授業は週１時間、45分だけで成り立つものではないことが分かる。それは、授業で児童に考えさせるべきことは、日頃の道徳教育、言い換えれば学校の教育活動全体を通じて行う道徳教育の結果から導かれるべきものであるからである。道徳の特別の教科化により、教科書を使用して授業を行うようになったが、教師用指導書をなぞるだけの授業ではなく、本実践のように授業者が明確な指導観をもって授業を構想することを期待したい。

（赤堀　博行）

12. 総合的な学習の時間の授業づくり

1. はじめに

　変化の激しい世の中では、これまでの知識・技能を活用し、新しい知を切り拓いていく力が求められる。総合的な学習の時間における、探究的な活動を行うことは、各教科や日常の体験を通して身につけた資質・能力を課題に合わせて選択したり、組み合わせたりしながら自ら見いだした課題を解決する経験を、学校教育の中で重ねることになる。これからの変化の激しい状況にも対応できる資質・能力を子ども自身が獲得していくことがますます必要となってくる。

　しかし、学校現場においては「総合的な学習の時間」の趣旨が十分に理解されないまま教育活動が行われ、成果が挙げられていない状況もある。例えば、本来であれば各教科や学校行事として行わなければならない指導を総合的な学習の時間と関連づけ指導を行おうと計画しながらも、実際の指導においては、総合的な学習の時間の趣旨が十分に生かされているとはいえない状況がある。このような状況は、総合的な学習の時間において身につける資質・能力を育む機会がなくなるだけではない。本来各教科や学校行事において意図的にねらい、指導することで身につけさせるべき力が、総合的な学習の時間の中で行われることによりその教科や学校行事等の特質から離れ、十分に獲得させられない状況になっていることもある。

　これらの状況は、総合的な学習の時間の趣旨や指導について十分理解している教員がいても解決されないことがある。学校には様々な経験の教員がいる。学校の教育課程を編成する際に、総合的な学習の時間の趣旨を理解している者が計画を立てても、実際の指導に当たる個々の教員の理解が十分でなければ、総合的な学習の時間の趣旨を拡大解釈した指導が行われることになってしまう。とくに、学校ごとに目標や内容を設定する総合的な学習の時間においては、指導を行う学校が変われば指導内容も変わることになる。経験のある教員にとっても、異動等により指導する学校が変わった場合には、改めてその学校の目標や指導内容を確認し、指導に当たらなければならない。すべての教員が趣旨を理解したうえで授

業づくりに当たる必要がある。

　各校において目標や活動を設定する総合的な学習の時間においては、小学校と中学校で取り組みの重複がみられるという課題もある。これは、小学校と中学校が同じ地域にあることで、学校が活用する人材や教材が重なるためである。さらに、小学校と中学校の間で総合的な学習の時間にどのような内容を取り上げるかを検討する機会が少ないためでもある。近年は総合的な学習の時間のみならず、学びの連続性の視点から、小学校と中学校が連携することが重要とされることが多くなってきた。学校の設置者である自治体が学校間で意図的に連携の機会を設定することも増えてきている。このような状況において、連携の中で各校が行っている活動についての情報交換がなされ、発達段階にあった学習活動が実施されるようになってきている。

　主体的に課題に向き合い、解決していく資質・能力を育成するという総合的な学習の時間の趣旨を理解し、授業づくりをしていくことが肝要である。

2. 教育課程からみる総合的な学習の時間の役割

　総合的な学習の時間においては、目標を設定することを明示することや、他者と協働して課題を解決しようとする学習を重視することが学習指導要領（平成29年告示）「解説総合的な学習の時間編」に示された。総合的な学習の時間は小学校第3学年から位置づけられており、他の教科等との関連から、教育課程における役割はおもに次の二つと考えることができる。

　第一に、総合的な学習の時間の探究的な活動を通して、教科等で培われた力を実社会で生きて働く力に仕上げていくという役割である。各教科において育成された力が実社会の中で問題解決に当たる際、そのまま単独で働くことは多くない。それぞれの場面において必要な知識や技能を組み合わせたり、選択したりすることで問題解決に活用できる知識や技能となっていく。探究的な活動を通す中で各教科等において培われた力が学校の教育課程の中で実際に使われ、実社会で活用できる力となっていくのである。

　第二に、各教科と総合的な学習の時間は往還の関係にあることである。各教科等で培われた力が総合的な学習の時間の中で活用されるとともに、総合的な学習の時間における探究の過程で必要となる知識や技能を獲得するために、教科等で学んで

いく。探究的な活動を進めるなかで、改めて必要な知識や技能を各教科等で身につけることは、学びにおいて発展的な扱いができるとともに、目的意識をもった主体的な学びにつながる。つまり、系統的内容をそれぞれの教科の特質に応じた見方・考え方を働かせて学ぶ学習と、総合的な学習の時間において、各教科等で育成された見方・考え方を、実社会・実生活における問題において総合的に活用する教科等横断的な学習の両方を行き来しながら学習を進めていくことが重要ということである。総合的な学習の時間と各教科が往還の関係にあることで、幅の広い、また、深い学びにつなげていく役割をもっている。

このように考えていくと、総合的な学習の時間がカリキュラム・マネジメントの軸となることが考えられる。ときに、第1、2学年の生活科と趣旨が混同されることがあるが、小学校の過程の初期に身近なことや人との関係から学びを始める教科である生活科とは、その教育課程上における役割が異なる。

3. 総合的な学習の時間における「主体的・対話的で深い学び」

探究的な学習は、日常生活や社会にみられる複雑な問題について、その本質を見極めようとする学習である。学習活動においては問題解決的な活動が繰り返される。

総合的な学習の時間における主体的な学びとは、子どもが積極的に学習に取り組む学びであり、学習後に自分の学びやその成果を振り返ることを通して、次の学びに主体的に取り組む態度が育まれる学びである。また、他者との協働や外界との相互作用を通じて、自らの考えを広げ深めるような学びでもある。総合的な学習の時間でも学びを通して、子どもは各教科等で身につけた資質・能力を繰り返し活用・発揮していくことになる。

これらの視点に立った学習指導を行うためには、探究的な学習のよさを子ども自身が理解し、学習を進める中でよりよく問題を解決する資質や能力を育成していくことが望ましい。

4. 総合的な学習の時間の授業づくりの実際

総合的な学習の時間の特質が生かされた授業が展開されるためには、その趣旨を反映した計画と、趣旨を理解した教師による指導が必要となる。次に挙げる視点を

踏まえ、計画・授業に総合的な学習の時間の趣旨を反映させていく。

4.1. 目標の設定

　総合的な学習の時間における目標は、学習指導要領第 5 章 1 に示された「総合的な学習の時間の目標」と「学校教育の目標」から学校ごとに設定する。目標を各学校が設定するのは、教科では、学習指導要領に学年ごとに系統性に沿って目標や指導する内容が示されている。それに対し、総合的な学習の時間においては、地域の特性や学校が育てようとしている児童像に迫るために横断的・総合的な学習や探究的な学習による指導が行われるためである。

　下記に記す例のように、学校の教育目標との関連が明確になるようにしておくとよい。

　　例…探究的な見方・考え方を働かせ、これまでの成長を振り返り自分の将来の夢
　　　　や生き方について学習することを通して、よりよい自分の将来や生き方に対
　　　　する思いをもつとともに友達の思いにも共感し（＝思いやりのある子）、その
　　　　実現に向けて考え（＝学びつづける子）、行動し続ける（＝たくましい子）こと
　　　　ができるようにする。（　）内は学校目標の例

　また、単元ごとの目標についても、学校ごとに定められた総合的な学習の時間の目標を達成させるよう、設定することとなる。その際、どのような学習を通し、児童にどのような資質・能力をつけていくのかを明確にする。

4.2. 育成する資質・能力

　各校で設定した目標のもと、学校が総合的な学習の時間で育成することを目指す資質・能力を設定する。

　平成 31 年 3 月 29 日付 30 文科初第 1845 号「小学校，中学校，高等学校及び特別支援学校等における児童生徒の学習評価及び指導要録の改善等について（通知）」において、「知識・理解」「思考力・判断力・表現力」「主体的に学習に取り組む態度」の三つが評価の観点およびその趣旨として示された。これにより、指導と評価の一体化を図るよう、身につけさせる資質・能力についても、これら三つの視点で示されることが多くなると考えられる。

　評価についてこの三つの視点で考えた場合、小学校学習指導要領 2008（平成 20年）において示されていた、育てようとする資質・能力および態度のうち、「学習方

法に関すること」は「思考力・判断力・表現力」の視点で、「自分自身に関すること」
と「他者や社会とのかかわりに関すること」は「主体的に学習に取り組む態度」の視点
において評価していくこととなる。これらを踏まえ、学校が総合的な学習の時間で
育成することを目指す資質・能力を設定すると、下記の例のようになる。

　　例…

　【知識・理解】

　　探究的な学習の過程において、課題の解決に必要な知識および技能を身につ
　けるとともに、自分や友達の将来や生き方に関わることの中には固有のよさが
　あることや、様々な人とのつながりによって成り立っていることについて理解
　できる。

　【思考力・判断力・表現力】

　　自分の将来や生き方に対する思いの実現に向けて課題を把握したり、収集し
　た情報を基に課題に沿って整理・分析したりして、目的や相手を意識しながら
　表現することができる。

　【主体的に学習に取り組む態度】

　　自分の将来や生き方に対する思いをもち、その実現に向けて主体的・協働的
　に取り組むなかで、学んだ内容や自分のよさに気づき、それを生かして実際の
　生活を豊かにしていこうとする。

4.3. 評価

　評価については、児童の学習状況と資質能力の獲得状況を評価するという面と、
学習活動や探究する課題が学校の設定した資質能力育成に適したものになっている
かという指導の見直しのための評価、という二つの面をもっている。

　児童の学習状況の評価は、ペーパーテストによる評価のみならず、教師による観
察記録、自己評価や相互評価の状況を記した評価カード、学習記録、制作物、学習
の記録や作品などを計画的に集積したポートフォリオなど、多様な方法を用い、多
面的に評価していく。これは、総合的な学習の時間に行われる横断的・総合的な学
習や探究的な学習が一面的な知識・技能によるものでなく、それらが組み合わされ
たり、思考・判断により選択されたり表現したりと、多面的な活動になるためであ
る。学習計画を立てる際にはどの場面や時間において、どのような方法を用いて評
価するかを明確にし、事前に指導計画に位置付け、計画に従い評価を実施する。

　また、評価そのものの信頼性を確保するために、文部科学省（2010）「今、求められる力を高める総合的な学習の時間の展開」（小学校編）の中では信頼される評価として次のことが挙げられている。

　○ 評価規準を共に作成するなど、教師間で評価規準についての共通理解がある。

　○ 学習活動と評価規準に整合性があり、その評価方法も適切である。

　○ 評価の回数が観点ごとに確保され、偏りがない。

　○ 評価規準や評価方法などについての見直しが行われている。

　○ 児童の多様な姿を幅広く評価している。

　教科書がなく、学校ごとに目標や学習単元が設定される総合的な学習の時間であるからこそ、信頼性のある評価を絶えず行う必要がある。

4.4.　内容（学習活動）の構成

　内容を構成するに当たっては、学校における総合的な学習の時間の目標を達成することができる単元を設定する。その際、日常や社会とのつながりを十分に考慮することが大切である。これは、総合的な学習の時間が実社会や実生活につなげるための時間であり、子どもが主体的かつ実感をもって学んでいくことが必要な学習だからである。小学校学習指導要領（平成 29 年告示）解説総合的な学習の時間編によれば、総合的な学習の時間の探究にふさわしい課題は、以下の三つの要件をすべて満たすものである。

　要件 1　探究的な見方・考え方を働かせて学習することがふさわしい内容であること

　要件 2　その課題をめぐって展開される学習が、横断的・総合的な学習としての性格をもつこと

　要件 3　その課題を学ぶことにより、よりよく課題を解決し、自己の生き方を考えていくことに結びついていくような資質・能力の育成が見込めること

　具体的な課題の例としては「現代的な諸課題に対応する横断的・総合的な課題」、「地域や学校の特色に応じた課題」、「児童の興味・関心に基づく課題」の三つが示されている。実際の探究活動においては、しばしばこの三つは関連してくることとなる。

4.5.　探究のプロセス

　総合的な学習の時間に育む資質・能力は、やり方について教えられたことを覚え

るということだけでは身につけることができない。実社会や実生活の課題について
児童が実際に考え、判断し、表現することを通して身につけていくことが大切である。①課題の設定→②情報の収集→③整理・分析→④まとめ・表現を探究のプロセスとし、これを繰り返してくことで資質・能力を育んでいく。①から④のそれぞれのプロセスにおける内容は次のようなものである。

① 課題の設定

　実社会や実生活にある問題は複合的な要素が入り組んでいて、答えが一つではなく、容易に解決することが難しいものが多い。自分で課題を立てるとは、そうした問題の中から自分が取り組むべき課題を見つけることである。

　課題は問題をよく吟味して、児童自身がつくることが大切である。自ら見つけた課題であるからこそ、その解決に向かって主体的な探究的活動ができるのである。

② 情報の収集

　課題の解決に向けて、その解決に必要な情報を自分で情報を集める。その際に、自分で何が解決に役立つかを見通し、情報の収集に自ら出かけて行ったり、情報を取得する手段を考えたり、他者とのコミュニケーションを通したりして情報を集めることが重要である。

　調べる過程において、探究している課題がどのように実社会とつながっているのかを知り、それに関わっている人がいることを知ることで問題意識がさらに深まる。同じ教材や学習対象でも追究する児童の課題が一人一人違えば、互いの情報を表現し合うことで、その問題の複雑さや多様性に気づくことができる。

③ 整理・分析

　収集した情報を整理・分析する。整理は、課題の解決にとって自ら集めた情報が必要かどうかを判断して選択したり、情報を順序よく並べたり、書き直したりする。分析は、整理した情報を比較したり、分類したりすることでその傾向を読み取ったり、因果関係を見つけたりする。また、複数の情報を組み合わせたり、他の児童からの情報を加えたりしながら、新しい関係性を考えることも大切である。

④ まとめ・表現

　整理・分析したことをもとに、自分自身の意見や考えをまとめ、それを表現する。他の児童の発表から得られる考え方や自分の探究の振り返りを通して、新たな課題を見いだしたり、自分の意見や考えが明確になったりする。

　これらの各プロセスにおいて資質・能力が育まれ、さらに、探究のプロセスを繰

り返すことで確実に育っていくと考えることができる。

5. 指導計画の作成

　児童の主体的・対話的で深い学びの実現を図る指導計画を作成するために、児童・教師の双方の立場に立って計画することが大切である。児童の立場から考えるときには、探究の過程で、事象を各教科等で身につけた知識や技能を総合的に活用するとともに、俯瞰して捉える「探究的な見方・考え方」を働かせることができるようにする。一方、教師の立場から考えるときには、探究の過程の充実を図るとともに児童、学校、地域の実態を把握し、創意工夫を生かした教育活動を行えるように計画するのである。

　小学校学習指導要領（平成29年告示）解説総合的な学習の時間編第4章指導計画の作成と内容の取り扱いには「他教科等及び総合的な学習の時間で身に付けた資質・能力を相互に関連付け，学習や生活において生かし，それらが総合的に働くようにすること。その際，言語能力，情報活用能力など全ての学習の基盤となる資質・能力を重視すること。」と記されている。ここでいう「言語能力」は、言語に関わる知識・技能、態度を基盤に「創造的思考と論理的思考」「感性・情緒」「コミュニケーション」を働かせ、情報を理解したり、文章や発話によって表現したりする能力のことである。また、「情報活用能力」は、様々な事象を情報とその結びつきとして把握し、情報および情報技術を適切・効果的に活用し、問題を発見・解決し、自分の考えを形成していくために必要な能力のことである。

　指導計画の作成は、次のような手順で行う。①学校として、総合的な学習の時間の教育活動の基本的な在り方を示す「全体計画」（ここには目標・基本的な内容や方針が概括的に示される）②児童の実態、学校や地域の特色を生かし、一年間を探究的に学習するための「年間指導計画」（ここには、児童の学習経験・活動時期・各教科との関連・連携する関係機関や外部人材等について示される）③課題の解決や探究的な学習活動が発展的に繰り返される一連の学習活動のまとまりである「単元計画」（ここには単元の構想が記される）の順で作成をしていく。

　学校の立地や子どもの実態は学校ごとに違うだけでなく、学校と地域とのつながり方も違ってくる。他の学校での指導を参考にする場合にも、実施する学校で効果的な学習活動になるよう検討する。

6. 指導過程においての配慮事項

　総合的な学習の時間の指導が充実しない一因として、活動に終始してしまい課題解決の学習に結びついていないことが指摘されている。また、そのような状況は子どもにとっても学習成果が実感できず、学習の意欲につながらない。充実した課題の解決に向かう学習活動にするためには、次の三つの活動を重視する。

6.1.　他者と協働して課題を解決しようとする学習活動

　他者とは、友達などのグループ、学級、学年や学校、地域の人、専門家、文化的背景や立場の異なる人など多様な人が想定される。これらの人と協働して学習活動を行うことには、他者から多様な情報を収集できるほか、他者へ説明をすることにより生きて働く知識や技能が習得できたり、集団として考えが練り上げられ個の中にも新たな考えが構成されたりと、様々な意義がある。

　他者と協働して学習を行うことによりコミュニケーションの力が高まり、豊かな人間関係を形成する資質・能力を育むことにつながる。

6.2. 言語により分析し、まとめたり表現したりするなどの学習活動

　探究的な学習の過程では、体験や調査、情報収集したことを分析したりまとめたりしながら自己の学びと関連づけ、自己の変容を自覚し、次の学びに向かうようにする。そのためには情報を分析し、比較・分類・関連づけ・順序づけ・理由や根拠の明示などにより、探究的な学習の過程で獲得したものを意味づけることが重要である。これらのことが学習の成果や自己の成長を実感することにつながる。

　また、プレゼンテーションやポスターセッションなど多様な表現の場を目的に応じて設定することで、学習を振り返り、自分の考えとして整理させることが大切である。言語を活用することで学んだことを顕在化させるのである。

6.3. 「考えるための技法」を身につける学習活動

　『小学校学習指導要領（平成 29 年告示）解説総合的な学習の時間編』においては、新たに「考えるための技法」が示された。これは、学習活動の中で、児童に求める思考を具体化するための方法として「順序付ける」「比較する」「分類する」「関連付ける」「多面的に見る」「多角的に見る」「理由付ける（原因や根拠を見付ける）」「見通す

（結果を予想する）」「具体化する（個別化する，分解する）」「抽象化する（一般化する，統合する）」「構造化する」の 10 点が示された。

　総合的な学習の時間が、各教科等を超えてすべての学習における基盤となる資質・能力を育成することを期待されている中で、こうした教科等横断的な「考えるための技法」について、探究的な過程の中で学び、実際に活用していくことは大切である。例えば、ウェビングマップやフィッシュボーンなどの思考ツールをはじめとした「考える技法」を、様々な場面で意識的に活用し、情報を整理・分析する学習活動を積み重ねることが有効である。ただし、その際に、思考ツールの使い方を学ぶ時間にならないようにする。あくまでも思考ツールは思考を補助するための道具なので、その活用の習熟に陥ってしまわないように注意しなければならない。「考えるための技法」を身につけ、様々な場面で応用することができれば、各教科等での活用による学習の深化とともに、実社会においても未知の状況の中で対応できる思考力を育成することが期待できる。

7. おわりに

　通信機器等が発達している現在、子どもが社会に出た際には複雑な課題に対して、国や言葉、文化を超え世界中の人と協働して課題の解決に当たることとなる。総合的な学習の時間は、各教科等と往還しながらその基礎を培っているという認識をもって指導していくことが肝要である。

（佐野 匡）

〈引用文献〉
文部科学省（2017）『小学校学習指導要領（平成 29 年度告示）解説　総合的な学習の時間編』
文部科学省（2010）『今、求められる力を高める総合的な学習の時間の展開（小学校編）』

総合的な学習の時間の授業実践

> ・主体的に活動する児童の育成を目指し、児童の実態や考えに合わせて柔軟に対応し、指導をしたり、声をかけたりしていく。

【第6学年】
1. 単元名「1年生と交流しよう」

2. 単元設定の理由
(1)児童について

　児童はこれまでの上級生の姿を見て、6年生になると入学してくる1年生のお世話をするということを知っている。「やることが当たり前」という意識の中で、「こんな風に関わりたい」「こんなことを一緒にやってみたい」といった児童の主体的な意欲を引き出し、活動を促すようにした。

3. 単元の目標

　1年生との交流に関心をもち、よりよい関わりを深めていくために必要なことについて考えたり、話し合ったりする。

　自分の生活について振り返り、他学年との交流について自分の課題を把握するとともに、その解決方法について考え、実践することを通して、よりよい関わりを深めていこうとする態度や実践力を育てる。

　1年生との関わりを通して分かった成果や課題について、周りの人に分かりやすく伝える。

4. 単元の評価規準

　上記の目標を基に設定していく。(省略)

5. 単元の指導計画(8時時間扱い)

　①1年生と関わる機会について知り、目標を立てる。(1時間)

　②計画を立て、交流会の準備をする。(3時間)

　③交流会を行う。(1時間)

④ 交流会を振り返り、今後の計画を立てる。（１時間）

⑤ ２回目の交流を行う。（１時間）

⑥ これまでの関わりを振り返り、学んだことを伝え合う。（１時間）

6. 本時の学習展開

(1) 本時のねらい

　１年生と交流会を通して、学校についてのことを分かりやすく伝えたり、ゲームをしたりして関わりを深めたりする。

(2)本時の評価規準

　学校のことについて、１年生に分かるように工夫して表現し、伝えることができる。（思考・判断・表現）

(3)展開

	学習内容・学習活動 ・予想される児童の発言	◇ 指導上の留意点 ◆ 評価の視点
導入	1 実行委員が司会となり、交流会を進行する。 ・今日は交流を通して、学校のことをたくさん知って、一緒に遊んで仲良くなりましょう。	◇ 司会から目的や流れを伝え、１年生が見通しをもてるようにする。
展開	2 プログラムに沿って交流を行う。 ・次は、６年生から１年生に学校のことを伝えていきます。よく聞いて分からないことがあったら何でも聞いてください。 ・私たちは、学校の植物について発表します。 ・このグループでは、学校の勉強について紹介します。 ・私たちは、学校の先生を紹介していきます。クイズもあるので考えてみてください。 ・この教室は広くて色々なものが置いてあるので、今度一緒に見に行きましょう。	◇ ワールドカフェ方式で複数のグループ同士で交流を進め、多くの児童が関われるようにする。 ◇ グループ毎に事前に決めたテーマについて、時間内で１年生に発表することで、様々な内容について１年生が知ることができる。 ◆ 発表・交流の様子
終末	3 交流を振り返る。 ・交流会を振り返り、感想を書きましょう。 ・次からもっと話し方を意識して関わっていきたい。 ・これからも自分から１年生に声をかけていきたい。	◇ 感想の視点（学んだこと、工夫したこと、これからの生活に生かせることなど）を伝える。 ◆ ワークシート

7. 授業の実際

T：教師の問いかけ

C：実際の児童のやり取り　☆：児童による工夫　◇：指導のポイント

導入

T：今日は、先生が出てきて話すことはないと思って、最初から最後まで自分たちでやりましょう。

C：途中で困ったらどうしよう。

C：実行委員に相談しようよ。

◇：児童主体でやり切ることを意識させる。

◇：課題に直面しても自分たちで解決しようとする姿勢を育てる。

展開

C：そこだと見えにくいと思うからこっちにおいで。

C：分からなかったことがあったら聞いてね。

☆：学校についての発表は、タブレットのスライドや紙芝居など、分かりやすく伝えるために効果的な手段を選択して説明していた。

☆：発表する資料を作成する際、1年生が見て分かるように分かりやすい言葉で示したり、イラスト使いながら工夫したりしてまとめていた。

◇：1年生の立場になって考えられるように声を掛けるようになる。

◇：机間指導しながら児童の工夫やよい動きをメモしておく。

終末

C：今回の交流でうまく話せたので、これからは自分から1年生に声を掛けていきたい。他の学年とも交流してみたい。

C：最高学年として、自分たちが中心となって学校の行事をがんばりたい。

◇：振り返りを共有したり、価値づけたりして、今後の生活につなげていく。

8. 考察

・「児童に任せる」ためには、児童のつまずきそうなポイントや困った時の手立てを様々な視点から想定し、準備しておくことが重要である。

・今回の活動で終わらず、学んだことや問題を解決していく過程が日々の生活に生かされるよう、教科横断的な視点をもち、指導に当たることが大切である。

（立川市立幸小学校　井口 祐汰　2019年度卒業）

交流活動と探究的な活動

　本実践は多くの学校で行われている、６年生と１年生との交流を総合的な学習の時間の学習内容と位置づけて行っている。多くの学校で行っている最高学年としての意識をもたせることをねらいとした活動や、異学年交流をねらいとした特別活動とは異なる探究的な活動として行われている。

　探究のプロセスを学習指導要領解説に記されている「課題の設定」⇒「情報の収集」⇒「整理・分析」⇒「まとめ・表現」として、単元の指導計画に当てはめてみると、次のように考えることができる。

　①１年生と関わる機会について知り、目標を立てる。⇒「課題の設定」

　②計画を立て、交流会の準備をする。⇒「情報の収集」（計画）

　　○１年生の様子を知る　○これまで行われてきた交流会への取り組みなど「整理・分析」（準備）

　　○１年生にあわせた会の計画など

　③交流会を行う。⇒「表現」

　④交流会を振り返り、今後の計画を立てる。

　　○１回目を生かした交流会の計画・実施⇒「課題の設定」

　　○交流会の時の１年生の様子⇒「情報の収集」

　　○２回目の交流会の計画⇒「整理・分析」

　⑤２回目の交流を行う。⇒「表現」

　⑥関わりを振り返り、学んだことを伝え合う。⇒「まとめ・表現」

　本実践を通し、子どもは探究のプロセスを二巡学習したことになる。また、考察にあるように、次の探究のプロセスにつなげることを意識しながら指導に当たっていることが分かる。

　総合的な学習の時間は、第１の目標や学校の目標を達成するように、その目標や内容を学校ごとに設定することとなる。学校としての計画をつくる者がその意義を理解しながら作成するだけでなく、一人一人の教員が活動の意義や子どもにつけさせる力を明確に意識しながら指導に当たる必要がある。

（佐野　匡）

13. 小学校特別活動の授業づくり

1. はじめに

　学校現場の教員から「特別活動の大切さは十分理解しているが、実際に指導しようとすると何を、どのようにすればよいのかがわからない。」「特別活動は労力がかかるわりに、児童の成長がわかりにくい。」という声が聞かれる。また、教科書のない特別活動において、教師が自分の経験や勘で指導に当たったり、特別活動のねらいとは程遠い活動を特別活動として行ってしまったりという実態も散見される。

　特別活動は、教育課程において教科等と往還の関係にあり、教科等で学んだことを総合的に仕上げる場として特別活動で発揮し、特別活動の中で必要になった力を改めて教科で学んだり、特別活動を通してつけた力が教科等で生かされたりすることで一人一人が成長をしていく。

　これらを繰り返すからこそ、学校でつけた力が実社会の中で生きて働く力となっていくのである。適切な特別活動の授業づくりを行うことは、児童が学校におけるすべての学びを活用することにつながる。

2. 特別活動の授業づくりの基礎基本

特別活動の授業は、次の四つの特質がある。

①「なすことによって学ぶ」

　　実践的な活動を通して学んでいく。話し合ったり、考えたりしたことを実践すると、そこに課題や問題が出てくる。その課題や問題を次の活動に生かしていく。

②「集団活動を通して学ぶ」

　　よりよい生活や人間関係形成を目指し、目的や方法をみんなで考えながら学んでいく。個人の意思決定を行う際にも、集団思考を通すことで、思考を広げたり、深めたりする。

③「育てる資質・能力を明確にして学ぶ」

　児童が活動をしていると学習が進んでいるような気がしてしまう。しかし、その活動を通してどのような力をつけるのかが明確でなく、学習者である児童も指導者である教師も、成長を実感できないことがこれまでの課題でもある。その活動でどのような力を身につけるのかを明確にする。

④「自主的・主体的に学ぶ」

　自分たちが学びの主体者であることを意識させ、積極的な学びにつなげる。ただし、主体「的」活動であるので、教師の十分な指導が必要である。活動中の指導は必要だが、児童が自分たちで進めている実感をもてるよう、事前の活動や振り返りの際に十分な指導をする。

　学級活動は学級を活動の単位として行われ、児童にとっては一番身近な集団での活動である。教育課程上においては第1学年で34時間、第2〜6学年で35時間位置つけられている。

3. 学級活動の授業づくり

　学級活動（1）と学級活動（2）（3）では、学習過程が異なってくる。

3.1. 学級活動（1）の授業づくり

　学級活動（1）は「学級や学校における生活づくりへの参画」を扱い、内容は次の三つである。

　ア　学級や学校における生活上の諸問題の解決

　イ　学級内の組織づくりや役割の自覚

　ウ　学校における多様な集団生活の向上

　ここでは児童によって見いだされた課題を「議題」として解決するために、合意形成するための話し合い活動を行う。合意形成に向け、意見や考えを「出し合う」⇒共通点や相違点を確認したり、似た意見を集約したりと「比べ合う」⇒いろいろな意見の違いを認めながら、選択したり、折り合いをつけたりしながら「まとめる（決める）」。

　その後、合意形成した内容を実践し、課題を分析し次の課題解決につなげる。

　学級活動（1）の基本的な学習過程は、まず、学級の生活の中から、自分たちに関

わる問題の発見・確認することから始まる。その後、おもに学級会を通して解決方法等について話し合い、解決方法の決定を行う。この際に、一人一人の考えや思いを出し合うとともに、集団での決定がなされるよう合意形成を図っていく。そこで決められたことを実践するが、共通理解を図ったつもりでも実際に活動を行うと、意図がずれていたり、互いの思いの相違などに改めて気づいたりする。その気づきを振り返りの場を設定し、明確にすることで次の活動に生かすことができる。この一連の活動を繰り返し行うことが大切である。

3. 2. 学級活動(1)の話合い活動

　学級活動（1）における話合いは、自分の考えや思いを出し合い、比べ合う中で互いのよさを認め合ったり、合意形成を図ったりするための手段である。話し方の指導は教科等の中で十分行い、その発揮の場として話し合わせるのである。

○事前の活動

　児童が活発に活動するためには、議題を出し合い、何について話すかを共通理解しておく。司会グループを中心に何のために話し合うのかを明確にするために、提案理由を明確にしたり、話の流れを想定し、進行の確認や役割分担をしたりすることが共通理解につながるので、一週間の中で計画的に行えるようにさせる。参加者である学級の児童には、司会グループから何について話し合うのかを「話し合うこと」として事前に示し、事前に自分の考えをもたせる。

　これらの活動は児童が主体的に問題解決に当たるための準備である。学級活動(1)においてはこの事前準備の段階で、教師の指導性が大きく発揮されることになる。

　事前の活動についても、計画的に行うために一週間の流れを児童に伝えて見通しをもたせておく。例えば、月曜日に議題選び、火曜日に学級活動カードづくり、水曜日に学級活動カード配布、木曜日に司会グループ事前打ち合わせ、金曜日に学級活動の話合いといったものを掲示しておくとよい。

○話合い活動

　学級活動（1）の話合いは、児童がおもに司会をしながら進める。流れは次のような例がある。

　　1　開会のあいさつ　　　　「これから第〇回学級会を始めます」
　　2　司会グループの紹介・役割確認　　　「司会の〇〇です。副司会の◎◎です。

　　　　　　　　　　　　　「ノート記録の△△です。黒板記録の▲▲です」

　3　議題の確認　　　　　「今日の議題は〇〇〇〇〇です」
　4　提案理由の確認　　　「提案理由は〇〇〇〇〇です」
　5　共通理解の確認　　　「何か質問はありますか」
　　　　　　　　　　　　　（「先生からです」）
（初期の指導の際には、共通理解を深めるために教師が指導に入ることもある）
　6　話合い　　　　　　　「それでは話合いに入ります」
　　　○話合うことの確認　「話し合うこと1は〇〇〇〇です」
　　　○ 出し合う 　　　　「意見を出してください」
　　　○ 比べ合う 　　　　「賛成や反対はありますか」
　　　　　　　　　　　　　「改善方法はありますか」
　　　　　　　　　　　　　「どちらが提案理由に合っていますか」など
　　　○ まとめる・決める 　「◎◎◎に決めていいですか」
　　　○話し合うことの確認　「話し合うこと2は〇〇〇〇です」
　　　〜以下、 出し合う 　 比べ合う 　 まとめる・決める 　を繰り返す。
　　　1単位時間で話し合えるのは一〜三つ
　7　決まったことの確認
　　　　　　　　　　　　　「今日決まったことを記録の△△さんに確認して
　　　　　　　　　　　　　　もらいます」
　8　振り返り・相互評価
　　　　　　　　　　　　　「今日の話合い活動でよかったことや頑張ってい
　　　　　　　　　　　　　　た人を学級会ノートに書いてください」
　　　　　　　　　　　　　「今日の話合い活動でよかったことや頑張ってい
　　　　　　　　　　　　　　た人を発表してください」
　9　終末の助言　　　　　「先生からのお話です」
　10　閉会のあいさつ　　　「これで第〇回学級会を終わります」

　初期の指導では話合いの流れを確認できるよう司会の児童が手元に置き、進行することも考えられる。

3.2.　学級活動(2)(3)の授業づくり

　学級活動 (2) は「日常の生活や学習への適応と自己の成長及び健康安全」を扱い、内容は次の四つである。

　　　ア 基本的な生活習慣の形成

　　　イ よりよい人間関係の形成

　　　ウ 心身ともに健康で安全な生活態度の形成

　　　エ 食育の観点を踏まえた学校給食と望ましい食習慣の形成

　児童に共通した問題を、一人一人の理解や自覚を深め、意思決定とそれに基づく実践を行うものであり、個々に応じて行われるものである。

　また、学級活動（3）は「一人一人のキャリア形成と自己実現」を扱い、内容は次の三つである。

　　　ア 現在や将来に希望や目標をもって生きる意欲や態度の形成

　　　イ 社会参画意識の醸成や働くことの意義の理解

　　　ウ 主体的な学習態度の形成と学校図書館等の活用

　個々の児童の将来に向けた自己実現に関わるものであり、一人一人の主体的な意思決定に基づく実践にまでつなげることをねらいとしている。学習過程は学級活動（2）（3）で共通しており、資料やアンケートの結果などから自分の問題として課題を「つかむ」⇒原因を整理し、改善する点をつかむように「さぐる」⇒児童の情報交換など集団思考の場を通して解決方法を「見つける」⇒具体的な実践する目標を意思決定として「決める」⇒決めたことを「実行する」、である。また、（1）の「議題」に対し（2）（3）では扱う内容を「題材」と称す。

　学級活動（2）（3）の基本的な学習過程は、まず、学校生活の中から、年間指導計画に意図的に位置づけられた題材を自分の関わることとしてつかむことから始まる。その後、おもに、話合い活動などにより集団思考を行ったうえで、一人一人の意思決定を行わせる。そこで決めたことを実践するが、心情的な決定については実践の評価ができないため、意思決定の際には具体的な行動目標として決定させるとよい。

　年間指導計画にしたがって指導が行われるため、同じ学校の同じ学年であればどの学級でも同じ題材で指導が行われることになる。

　学級活動（2）の展開例を具体的に示すと、次のようになる。例えば、アの「基本的な生活習慣の形成」において、学習の準備の指導を行うことを想定する。

　題材は、「わすれもの０大作戦」など児童が内容を捉えやすいように示す。「つかむ」の段階では自分の経験から忘れ物をして困った経験を想起させる。「さぐる」の段階では忘れ物の調査の結果を示し、忘れる理由や原因を客観的に考えさせる。

「見つける」の段階では集団思考を通し、忘れ物をしない工夫について考えさせる。「決める」の段階では、それぞれが実践するための行動目標を意思決定させる。

　また、学級活動（3）の展開例を具体的に示すと、次のようになる。例えば、アの「現在や将来に希望や目標をもって生きる意欲や態度の形成」において、第６学年の目標を設定するための指導を行うこと想定する。

　題材は、「○○小の最高学年」など児童が内容を捉えやすいように示す。「つかむ」の段階では、児童にどのような最高学年になりたいかアンケート調査した結果を見ながら最高学年の期待と不安を話し合わせる。「さぐる」の段階では、自分たちのめざす最高学年像について共通理解を図る。「見つける」の段階では理想の姿に近づくための取り組みについて集団思考を通し、考えさせる。「決める」の段階では、それぞれが実践するための行動目標を意思決定させる。

　実践においては意思決定したことにねばり強く取り組むようにさせる。定期的に振り返りの機会を設けることで、目標の修正や再設定をさせることもできる。例からもわかるように、学級活動（2）（3）は計画的に設定された題材を基に、同じ学習過程を通し学んでいくことになる。

4. 児童会活動の授業づくり

　児童会活動はすべての児童によって組織される異年齢集団の活動である。代表委員会活動、委員会活動、児童会集会活動があり、運営はおもに５、６年生が行う。

　代表委員会は学級代表や委員会、クラブの代表が集まり、児童会運営が円滑に行われるように連携や調整を図る。委員会活動は学校での生活が楽しく、豊かになるように役割を分担して行う。ここで大切なことは、委員会活動が当番的活動とともに、児童の発意発想による活動を行うことである。代表委員会活動と委員会活動はその機能が異なる。代表委員会の機能を十分に発揮するために、委員会やクラブの代表者も参加することが望ましいことから、代表委員会は委員会活動と別の機会に設ける必要がある。

4.1. 委員活動の授業づくり

　委員会活動は日常の学校生活の中で行われる常時活動と委員の児童全員が集まって行われる定例の委員会活動がある。この定例の委員会活動の中で常時活動を見直

したり、児童の発意発想を生かした活動の計画を行ったりする。話合いの活動においては学級活動の授業同様、事前の活動について委員長等を中心に行うが、組織する児童が複数の学年、学級にわたっているため、年間の計画を事前に立て見通しをもって活動を行う必要がある。ともすると、当番的な活動のみに終わっている委員会を見かけるが、これは年間の計画が立っていないことが原因であることが多い。

　児童の発意発想によって行われる活動の基本的な学習過程は、まず、学校の生活の中から、自分たちに関わる問題の発見・確認することから始まる。そのうえで、委員会活動の時間に話合いを通して解決方法等についての決定を行う。委員会の運営に関わっていない児童、つまり、1～4年生のことも想定し考えていくことになる。そこで決められたことを実践するが、全校に関わる活動なので、委員会の活動報告を全学級で行うことで共通理解を図る。活動後に振り返りの場を設定することで成果や課題を次の活動に生かすことができる。

4.2. 児童会集会活動の指導

　異年齢の児童で活動する児童集会は、運営側であるリーダーと参加側であるフロアの指導を行う。リーダーの児童は参加するすべての学年、とくに下学年のことを考えながら、企画・運営に当たる。参加側であるフロアの児童は運営・企画に協力的に参加する。このように双方への指導を続けることで、上学年には思いやりの気持ちが、下学年には憧れの気持ちが醸成される。憧れをもった児童がリーダー側になったとき、それまでの上学年をモデルとして活動に取り組むことができる。

　思いやりと憧れの気持ちの関係は、思いやりの気持ちを受けた児童が、その心地よさや感謝の気持ちから憧れの気持ちが醸成されると考えられる。したがって、運営側である委員会の指導の際に、下学年の存在を十分に意識させ、実際にはその場にいない下学年について考えながら活動させる。また、上学年の思いや配慮を下学年に伝える指導も大切になってくる。

5. クラブ活動の授業づくり

　クラブ活動は、主として第4学年以上の共通の興味・関心をもつ児童によって組織される。設置の際には児童の希望を第一に考慮する。教師の作成する指導計画に基づき、児童が活動計画を立て、運営を行うこととなる。教師が指導するのは、児

童がどの学年の子とも仲良く活動できることや、自分たちの力でクラブ活動を進めるようにすることである。教師が活動そのものの技術指導や進行を行うのではない。適切にクラブの指導が行えているかどうかは、教師が指示しなくても児童同士が協力し活動が進んでいるかを確認するとよい。

　クラブ活動の内容は

　　（1）クラブの組織づくりとクラブ活動の計画や運営

　　（2）クラブ活動を楽しむ

　　（3）クラブの成果の発表

で、この三つをすべて行う必要がある。すなわち、クラブ活動は計画や自分たちの活動を伝える発表会までを含んでいるのである。

　クラブ活動については実施する時数についてが減少する傾向にある。これは、クラブ活動の実施時数が学習指導要領には示されていないためであると考えられる。学習指導要領には「児童の自発的、自治的な活動」を効果的に展開するために、各学校が必要と思われる授業時数を年間、学期ごと、月ごとに適切に設定することとなる。先に示した三つの内容における力を身につけるためには、相応の時間を各学校が設定する必要がある。

6. 学校行事への参加

　学校行事は、学校が計画し実施するものに、児童が積極的に参加、協力することにより充実する活動である。各学年において「儀式的行事」「文化的行事」「健康安全・体育的行事」「遠足・集団宿泊的行事」「勤労生産・奉仕的行」の五つの行事をすべて行う。特質としては、他の活動と違い、各学年の中での行事の関連を図る。これは、例えば運動会でつけた力を次の移動教室に生かすといったことである。それと同時に、同じ行事内での発達段階に合わせた指導も行う必要がある。これは、例えば運動会でも各学年の発達段階にあわせた競技・演技を行うということである。

　一つ一つの行事によって、学校生活にメリハリをつけることができるが、単なるイベントで終わらせないよう、学校全体で指導計画をつくることが大切である。

　また、他の教科や学級活動との関連を図り、目当てづくりや振り返りを通して、各行事でつけた力が関連し、高まっていくようにする。学校において振り返りの場面を見ると、教師の「楽しかった？」「がんばった？」と心情的な言葉かけや「この自

然教室でつけた力を、明日からの学校生活に生かしていきましょう」など、具体性のない指導で終わってしまうことがある。その行事でつける力は何なのかを明確にするとともに、児童がどのような目標のもとで活動したのかを評価し、次の行動につながる指導を行う。そのためには、行事についてのねらいや意義を教員全員が共通理解し、指導に当たる必要がある。職員会議などでは運営に関わる内容と同時に、ねらいや指導の在り方についても確認を行う。

7. 特別活動における話合いの指導の留意点

　事前の指導は教師が積極的に行うが、話合いでは児童が進行し、教師は見守ることが基本となる。適切なタイミングで指導助言を行いながら、児童が自分たちで合意形成を図れるようにする。実際の指導に当たっている教員からの質問について、指導の留意点を示すと次のようになる。

　第一には、司会グループは固定するほうがよいのか輪番で行うのがよいのか、という点である。実際に指導を行う際には、輪番でみんなが司会グループを経験するようにさせる。運営側である司会グループと参加者側の両方の立場を経験することで、よりよい合意形成のために話合いにどのように参加すればよいのかを身につけさせる。

　第二には、多数決を行えば早く決めることができるのではないか、という点である。安易な多数決は児童が合意形成を図ろうとする機会を奪ってしまう。自分の考えを出し、友達の考えを理解したり、認めたりする過程で思いや意見を寄せ合う経験をする。ただし、十分に意見を出し合い、思いや考えを寄せ合おうとしたうえで決定が得られない場合には多数決で決めることもある。ときに、じゃんけんで決定させる場面を見ることがあるが、同じ理由で適切ではない。

　第三には、児童が話合いを進めているとき、どのようなタイミングで指導・助言をすればよいのか、という点である。これはおもに、人権を侵害するような発言があったとき、話合いが混乱したり、提案理由からそれたりしたとき、児童の自治的範囲を超えたときである。ここでいう自治的範囲とは、児童が自分たちで判断し、決定してよい範囲である。

　指導・助言を行うときには、一部でなく全体に聞こえるように指導する。指導の内容を全員が聞くことで次の活動に生かすことができる。

　第四には、話合いが長くなって決まらないことが多いときの指導の在り方についてである。これについては、話し合うことの共通理解がされていないことが考えられる。具体的な指導として、何のために話し合うのかが提案理由に示されることになるので、提案理由を確認させる。したがって、提案理由が合意形成を図る根拠となるものにしていく。また、議題そのものが決定しにくい内容であることも考えられる。話し合うことが一人一人の趣向によるようなものは合意形成が図りにくい。例えば、「クラスの旗は赤がいいか、青がいいか」という話合いは決定の根拠が個人の趣向になってしまうので全員の考えが一致して決定するのはむずかしい。また、出てきた意見の意図や内容が理解できないまま話合いが進むと決めることができないので、分からないことを率直に質問する雰囲気を日常的に醸成していくことも大切である。

　第五には、「話し合うこと」の決め方である。「話し合うこと」はどのような議題でも何をするか、どのようにするか、だれがするか（役割分担）で考えることができる。すべてを話し合うことが難しいときには、いくつかを選んで話し合う。「どのようにするか」は決定するもの一つに絞らなくてよいことが多く、互いの思いを承認し合う話合いには適している。

8.　おわりに

　特別活動は学校生活に大きく関わっている一方、年間指導時数が示されているものは学級活動のみである。各学校において児童会活動・クラブ活動・学校行事の意義を達成できる授業時数を計画し、実施していく。また、児童にとって一番身近な集団である学級活動において十分な指導が行われることが、特別活動充実の第一歩であるといえる。

（佐野 匡）

〈引用文献〉
文部科学省（2017）『小学校学習指導要領（平成29年告示）解説　特別活動編』

特別活動の授業実践

> 　１年生で行われた学級会の最初の授業である。１単位時間45分の中で話合いをし、決めたことの実践まで行うことで「学級会って楽しい！」という経験を積ませ、「もっとみんなでやってみたい！」という意欲をもたせることがねらいである。

1. 議題　「教室でみんなが楽しめるゲーム大会をしよう」

2. 議題選定の理由

　本授業に先駆け、学級会オリエンテーションで学級会の説明をし、議題を募集した。いくつか出された議題から、「今の１年１組で何をしたらクラスがよくなるか」を考えさせると、「教室で、みんなでゲームをしたい」と言う声が上がり、全員の賛同を得られた。また、児童がこれまでに幼稚園や保育園で経験してきたゲームをすることで人間関係を深めることは、入学してから２か月経った１年生にとって意義のあるものと考えたため、議題として選定した。

3. 単元の指導計画

日時	児童の活動	指導上の留意点	目指す児童の姿 【評価方法】
前々日	・学級会オリエンテーションに参加する。 ・議題を出す。	児童に意欲をもたせるため、実際の活動例を挙げる。	学級会について理解している。 【観察】
前日朝の会	・出された議題のイメージを共有する。 ・全員で議題を選定し、提案理由を考える。	・提案者がやりたいことを事前に聞いておき、説明を補う。 ・クラスの実態を踏まえ、どんなクラスにしたいか、そのためにどんな会にしたいかを考えさせる。	「クラスをよくするために」という観点で議題を選んでいる。 【発言・観察】
当日	話合い活動 （本時の学習展開参照）		

4. 話合い活動について

〇本時のねらい

- ・ 話合いの方法を知る。
- ・ 自分たちで決めた遊びを、自分たちの決めたルールで楽しむ。

〇話合いの内容

- ・ 議題 ⇒「教室でみんなが楽しめるゲーム大会をしよう」
- ・ 提案理由 ⇒【今】時々けんかがある。

　　　　　　　　【何をする】みんなが楽しくなるゲームをすると

　　　　　　　　【どうなる】みんながなかよくなれるからです。

- ・ 決まっていること ⇒ 日時：このあとすぐにやる　　場所：教室
- ・ 話し合うこと ⇒ 話し合うこと① 何をするか決める。

　　　　　　　　　　 話し合うこと② どうやるか決める。

5. 授業の実際

　出し合う 「皆さんは4月に入学して、友達の顔と名前を覚えて仲良くなってきましたね。5月には運動会で力を合わせて楽しみましたね。今、みんなでゲームをして、もっと仲良くなるにはどんなことをしたらいいと思いますか?」と問うと、いすとりゲーム、ばくだんゲーム、フルーツバスケットの三つが出された。

　比べ合う 「三つの意見が出ていますが、友達の意見を聞いて考えを変える人はいますか」と尋ねた。意見を変える児童はいたが、三つの意見どれにも賛成意見が出たままで、意見を絞ることはできなかった。

　決める 「三つの意見が残っていますが、どうやって決めたらいいですか」と尋ね、譲り合うか、意見を合体させるか、まったく違う、新しい意見のゲームをやるかという決め方を示したところ、「合体って、どうしたらいいんだろう……」とつぶやいている児童がいたので、友達と話し合う時間を設けた。

　T：友達と相談をして、いいアイデアを思いついた人はいますか。

　C：いすとりゲームとばくだんゲームを合体させたらいいと思います。

　T：どうやってやるの?

　C：ばくだんゲームを一回やったら、次にいすとりゲームをするようにします。

　　　それを繰り返してやります。

　T：いいね。ほかに考えはありますか。

C：私は、順番にやるのがいいと思います。違うゲームなんだから、一つずつやらないとつまらなくなってしまうからです。

T：今、ばくだんゲームといすとりゲームを合体させるという意見と、一つずつ順番にやると言う意見が出ていますが、どうやって決めますか。

C：やっぱり、一つずつのほうがいいんじゃないかなと思います。だって、ばくだんゲームといすとりゲームをくっつけても、フルーツバスケットは残ってしまうから、それなら一つずつやるのでいいと思います。

T：一つずつやるのでいいですか？（C：いいです）

T：でも、ばくだんゲームといすとりゲームをくっつけるのもいいと思うよ？

意見を出した児童：分かりづらくなるので、一つずつやるのでいいです。

T：では今回は一つずつにしましょう。でも、とてもいい合体意見を出すことができましたね。←教師としては、合体意見のやり方も教えたかった……。

6. 考察

　本実践のオリエンテーションでは、1時間かけて説明や議題を考えさせたりしたが、授業の後半で児童は飽き飽きしていた。低学年ほど長々と話すよりも「まずは実際にやってみよう！」という気持ちで臨むことが大切であると感じた。

　学級活動（1）では、児童が合意形成をし、互いに協力し合って学級生活の充実や向上を目指すものである。児童主体で学習を進めていく必要がある。話合いの際、低学年では教師がおもに話合いを進め、児童が教師のお手伝いをするところから始めるのがいいと感じている。また、すべてを教師の思い通りにしてはいけないこともある。本時では、「合体意見」の考え方も教えたかったが、児童の総意としてそれは反対された。今回は「順番でやる」という児童たちが決めた方法で行うようにした。「自分たちで決めたことを自分たちで楽しめた」という思いを大切にし、今後ほかの決め方も経験させていこうと思う。

　本実践を通じて、「自分たちでしたいことをすることができる」という実感をもつことができ、たくさんの議題が出されるようになった。このような姿を賞賛し、教師自身も楽しみながら児童が学級全体のことを考えて行動する気持ちを育みたい。

（世田谷区立喜多見小学校　塩川 恵　1997年度卒業）

１年生導入期の指導

　１年生の導入期の学級活動（1）の実践である。学級活動を始めるに当たり、活動の意義については十分理解させたい。しかし、１年生に学級活動のねらいや特質を言葉で理解させることは難しい。本実践において指導者は「『学級会って楽しい！』という経験を積ませ、『もっとみんなでやってみたい！』という意欲をもたせること」をねらいとし、実際の活動をするなかで子どもに理解させようとしているところが大切なポイントである。

　学習指導要領解説にある、学級活動（1）における指導のめやすを見ると、「教師が司会の役割を受け持つことから始め、少しずつ児童がその役割を担うことができるようにしていく」と記されている。つまり、話合いや活動の意義について理解することから始めるのでなく、教師と一緒に実際の活動を行っていくなかで知識や技能を獲得していくのである。

　子どもが活動を続けていくためには、その原動力となる「やってみたい」という意欲が大切になってくる。導入期にこの意欲をもたせるために、事例では、決める場面において爆弾ゲームといす取りゲームを交互に行うという子どもの考えを反映させた。教師の「合体意見のやり方も本当は教えたかった…」という思いを意図的に次回以降に回したことで、「自分たちで決めたことを自分たちで楽しめた」という思いにつながったと考えられる。「自分たちでしたいことをすることができる」という実感をもつことができたことから、指導者のねらいが十分に達成できたことが分かる。教科書がない特別活動の指導においては、指導者自身が明確なねらいや子どもに身につけさせる力を意識しながら指導を行うことが大切である。そして、それとともに、子どもの思いや願いを生かすことが能動的に関わろうとする力となり、学級の生活を充実させていくのである。

　事例の中で指導者は、「まずは実際にやってみよう！」と考えている。話合いは意思決定や合意形成を行うための手段である。みんなが納得したと思えたものでも、実践したときに他者との違いに気がつくことになる。この考え方や感じ方の違いを次の活動に活かすことで、よりよい意思決定や合意形成につながるのである。

（佐野 匡）

第3部
特別支援教育の授業構想

1. 特別支援教育での ICT 活用

1. はじめに

特別支援教育における ICT の ICT とはなんだろうか？　文部科学省が出した教育の情報化ビジョンによると、「ICT とは、Information and Communication Technology の略で、コンピュータやインターネット等の情報通信技術のこと」と書かれている。皆さんが使うコンピュータやタブレット、スマートフォンなどもそうだが、情報通信機器を使ったネットワークの活用なども含まれている。

2020 年に GIGA スクール構想というのが始まった。これは、文部科学省が 2019 年に出した「学校教育の情報化の推進に関する法律」が法的な根拠となっている。この法律では「高度情報通信ネットワーク社会の発展に伴い、学校における情報通信技術の活用により学校教育が直面する課題の解決及び学校教育の一層の充実を図ることが重要」であると述べられている。そして、その法律を具体的に進めるために学校では環境整備として「1 人 1 台端末、高速インターネット回線の整備、クラウドの活用」を実施することとした。

社会が大きく変わっていく中で、これまでの学びでは対応できなくなってきた新しい学びを、ICT を活用することで実現しようとするものである。しかし、一般に売られているコンピュータやタブレット端末をそのまま使うのでは難しい子どもたちがいる。そこで、この法律では「情報通信技術の活用により可能な限り障害のある児童生徒が障害のない児童生徒と共に教育を受けることができる環境の整備が図られるよう、必要な施策を講ずるものとすること」としている。特別支援教育の理念では、障害のある子どもと障害のない子どもが共に学ぶことを追求している。ICT を活用することは共に学ぶ可能性を拡げていけるのであるが、その意味を理解し、どのような事が実現できるかを知らないと、逆に障害のある子どもにとっては意味のないものになってしまう。

特別支援教育における ICT 活用の意義については、2019 年に文部科学省より出された教育の情報化に関する手引において、「情報化の推進は、特別な支援を必要

とする児童生徒の学習上または生活上の困難や、社会生活の範囲が限られることを補い、学校や自宅等で様々な情報を収集・共有できるという、大きな社会的意義をもっている。また、インターネットをはじめとするネットワークの世界は、参加する者の国籍、性別、障害の有無を問わない開かれた世界であり、そこに参加していくことは、障害のある人の積極的な社会参加の新たな形態の一つということもできる。また、ICTを活用することは、新たな表現手段を可能にする。例えば，海外のIT企業では障害者を雇用しているが、それは単に福祉のため だけでなく、健常者では発揮できない力を示したり、多様な感性を提案することで、障害の無い人では気づきにくい誰にでも使いやすい製品を作ったりすることになる」と述べられている。

　ここでは、学習上の困難さを支援する視点と、社会に参加するためのツールとしての視点、そして障害があるからこそ、力を発揮する可能性を示唆している。

　ICTを特別支援教育で活用するためには、子どもそれぞれの特性に注目しなければならない。同資料では「障害による物理的な操作上の困難や障壁（バリア）を、機器を工夫することによって支援しようという考え方が、アクセシビリティであり、それを可能とするのがアシスティブ・テクノロジーである。これは障害のために実現できなかったこと（Disability）をできるように支援する（Assist）ということであり、そのための技術（Technology）を指している。そして、これらの技術的支援方策を充実することによって、結果的にバリアフリーの状態を実現しようということでもある」と書かれており、どのような困難があり、それに対しアセスメントを行いつつ、最適な技術を利用することの重要性が示されている。

　この教育の情報化に関する手引は、学習指導要領の発出に合わせて作られている。前の学習指導要領にあわせて作られたのが2010年であるが、この二つの手引で大きな違いがある。それは、前の手引には特別支援教育に関する章が独立していたものが、2019年版には各章の中で特別支援に関する内容が述べられるようになった点である。

　2017年に特別支援教育制度が始まった。その当時はまだ、特別なものとして特別支援教育についての記述を独立して述べる必要があったが、それから10年経ち、通常の教育の中に特別支援教育が浸透していったことにより、すべての教育の場で特別支援教育を学んでほしいという考えがこの変化に込められている。

2. ICT 活用の三つの視点

　学びに困難のある子どもたちへの ICT の活用では「機能代替的な利用」「環境整備としての利用」「学びに向かう意欲を育てる利用」の三つの視点がある。それぞれの考え方に沿ってどのように ICT を活用していけばいいかを示していく。

3. 機能代替的な利用

　機能代替的な利用とは、例えば学習障害により、字を書くことに苦手さがある子どもに書く練習を熱心に指導しても、本人の学習への意欲は下がることになり、学びに向かうことをやめてしまう場合がある。そうするよりも、手で文字を書くのではなく、キーボードで文字を書いたり、音声入力を利用するなど本人ができる方法を提供することで、学習への意欲を高めながら学ぶ方法である。

　以下は、おもに小学校の通常学級に在籍する、発達障害のある子どもの困難さに焦点を絞り、「読むこと」「書くこと」「話すこと」「聞くこと」「計算すること」「思考をまとめること」の六つについて具体的に示していく。

① 読むことの困難

　通常の学級において読み書きに困難のある子どもの場合、視覚障害のある人のように完全に読むことができないというわけではないために、努力が足りないという誤解を受けてしまう場合がある。しかし、本人の努力だけでその解決を図るのではなく、テクノロジーの適切な活用により、学ぶ習慣を身につけて学びの力を高めることの方が大切になる。具体的にはデジタル図書などを利用して「音声による読み上げ・文字の大きさやフォントの変更、画面表示色などの変更・漢字のルビ振り」などが考えられる。

　文部科学省は 2024 年度から本格的にデジタル教科書を学校で導入しようとしている。デジタル教科書の多くは、上記の機能を実現するが、すべての教科の教科書でこれらの機能が実現するわけではない。そこで、文部科学省は「教科書バリアフリー法」という法律の下、教科書のデジタルデータが活用できるように「音声教材」というものを提供している。

　具体的には日本障害者リハビリテーション協会などの六つの団体（図表 1）が委託

を受けて、教科書のデジタルデータを活用した電子データを提供している。それらのデジタルデータは上記のような機能を実現する表示ソフトと併せて活用できるようになっている。学校においては、デジタル教科書を活用しつつ、それだけでは学びが困難な児童に対しては、「音声教材」もあわせて利用することが必要であろう。

図表1　音声教材提供団体一覧

提供団体	提供データ
日本障害者リハビリテーション協会	「マルチメディアデイジー教科書」
東京大学先端科学技術研究センター	「Access Reading」
NPO法人エッジ	「音声教材 BEAM」
茨城大学	「ペンでタッチすると読める音声付教科書」
広島大学	「文字・画像付き音声教材」
愛媛大学教育学部	「愛媛大学 UNLOCK」

② 書くことの困難

　書くことによる困難さは、一般的には読むことの困難さと併せて起こる場合が多くある。現在はタブレットPCがGIGA端末として学校に導入されているので、1人1台のタブレット環境になっているはずで、コンピュータを利用した文字を書くことには慣れているはずである。しかし、どうしても手書きで文字を書かないといけない場面があり、それが原因として学習への意欲を低下させてしまう可能性がある。使い方を限定せず、どちらも使えるようにすることで、学習へのモチベーションを持続し、自己肯定感をもって学習に臨めることが重要となるだろう。

③ 話すことの困難

　自閉症のある子どもなど、コミュニケーションに課題のある子どもの場合、自分の意思を上手に伝えられない場合がある。特別支援学校では、音声で伝えることが難しい子どもに対してVOCA（Voice Output Communication Aids：携帯型会話補助装置）といった機器を使う事がある。これは、シンボルと呼ばれる絵記号を押すと伝えたい内容を音声で発声する。何を伝えたいかが視覚的に分かるので、その中から選び伝えることになる。文字が分かる場合は、タブレット端末の読み上げ機能を使い、書いた文字を読ませるというのも一つの方法となる。音声言語での表出に課題のある子どもでも、自分の考えを示すことが可能になる。

④ 聞くことの困難

　聞く機能に障害はなくとも、通常の学級のざわざわした音の中で教師の言葉が十分に聞き取れない子どもがいる。脳の機能による聴覚情報処理障害（Auditory Processing Disorders）といわれる状態である。聞こえの度合いは人により様々なので、我慢するレベルでなんとかしようとする子どももいるが、全く声を聞き取れず、そのため授業に集中しないと誤解して受け取られてしまうことがある。そのような場合は「周りにある環境からのノイズを軽減させる」「教員の音声を直接本人が聞こえるようにする」といった方法が考えられる。前者は椅子の足に付けるテニスボールなどがあるが、後者では教員の音声をマイクで拾って直接子どもがつけているイヤフォンや補聴器に音声を届けるという方法がある。

　また、授業で話を聞き取って記録することが困難な場合、ボイスメモなどで録音して、後から聞き直し、学習内容を振りかえって確認することで、聞くことだけに集中して授業内容が理解出来ないということがないようにするという指導例もある。

⑤ 計算すること

　算数の学習における困難さとしては「計算における困難さ」「図形やグラフなどの作図の困難さ」などがある。数式の意味は分かっていても極端に計算することに時間がかかる場合は、書きの困難さと同じで視覚的な情報処理に課題がある。そういった場合、無理に筆算を頑張らせるのではなく、ノートの色を見やすくしたり、枠を大きくするという方法がある。タブレットで筆算をすれば画面を本人が見やすく大きくするということも簡単である。

　また、図形やグラフを描くことに困難がある場合は、前記の視覚の問題のほかに、手先の不器用さに課題があることも考えられる。使いやすいコンパスや分度器なども販売されているし、パソコンの作図ソフトなどを使うことも検討する必要があるだろう。

⑥ 考えをまとめることの困難

　思考を整理するためには、さまざまな情報をまとめて処理することになる。しかし、一時的に記憶を貯めてその場で処理するワーキングメモリーが少ないと、学習面で支障がある。そういった場合、自分の考えを外部にだして、すべてのものを記憶で処理するのではなく、視覚化させて考えるようにすることが有効になる。

　ワープロソフトなどでもいいが、1つ1つの項目を組み合わせたり、離したりす

る作業をするにはマッピングソフトが有効になる。情報を視覚化して整理するのは、発達障害のある子どもだけでなく多くの子どもにとって有効な方法であろう。

4. 学習環境を整える活用

　2020年に文部科学省はGIGAスクール構想としてすべての小中学生に1人1台端末を提供し、教育の情報化を推し進めることになった。GIGAスクール構想において、文部科学省は「個別最適な学び」が提供することも目指しているとしている。環境整備がされたことにより、障害のある子どもへ個別の配慮としてICTが提供されたことによる社会的な抵抗が低減されることになるだろう。機器の整備状況は自治体によってバラツキがあるにしても、すでにあるものとして使えることになるのは大きい。これは基礎的環境整備としてのICTの利用ともいえる。ここでは、「デジタル教科書」「電子黒板」がどのように障害のある子どもの学習環境を整えるのに役立つかを解説する。

① デジタル教科書

　デジタル教科書は、2018年の学校教育法等の一部改正等により制度化され、「紙の教科書の内容の全部をそのまま記録した電磁的記録であること」とされた。また、2019年度から、「一定の基準の下で、必要に応じ、教育課程の一部において、紙の教科書に代えて使用することができること」となっている。

　その使用については、2018年の文部科学省告示において、各教科等の授業時数の2分の1に満たないこととされていた。しかし、特別な配慮を必要とする児童生徒等に対し、文字の拡大や音声読み上げ等により、その学習上の困難の程度を低減させる必要がある場合には、教育課程の全部においても、紙の教科書に代えて使用することができることとなっている。また、文部科学省の検討会においては、児童生徒の健康に関する留意事項について周知・徹底を図り、必要な対応方策を講じるとともに、ICTの活用に係る教師の指導力の向上のための施策等を講じていくことを前提として、デジタル教科書の活用の可能性を広げて児童生徒の学びの充実を図るために、2分の1という基準を撤廃することが適当であると提言されている。

　障害のある子どもに対しては「文章等の理解や把握がしやすくなったり、操作が容易になったり、障害等による学習上の困難が軽減される」とある。現在、文部科

学省では本格導入のための機能の標準化を検討しており、障害のある子どもにとって より使いやすい機能となるであろう。すでに先行してデジタル教科書を出している 教科書会社も障害のある子どもの利用を意識して作成している。前述の「音声教 材」との違いは標準ですべての子どもたちが使うものの中に装備されていることで ある。誰もが使えるものであれば、特別な配慮なく障害のある子どもだけでなく学 びに困難がある子どもたちにとっても有効であろう。

② 電子黒板

　ICT機器が入ったことにより、通常の学級における学習形態は大きく変わってき ている。その一つは個別学習での利用である。しかし、一斉指導で学習する場面は まだ残るだろう。その際に気をつけたいのは学習のユニバーサルデザインの考え方 である。つまり、障害のある子どもだけにフォーカスするのではなく、学習に困難 のある子どもも含めて、多くの子どもにとって分かりやすい指導がより効果のある 指導となる。具体的には以下のようなことが考えられる。

(1) 表示する資料を見やすく分かりやすくする

　教材の提示としては、教師用のデジタル教科書の画面を見せたり、パワーポイン トのようなプレゼンテーションソフトを使って表示することになるだろう。その場 合、画面の文字の大きさに注意をしないと、見えづらくなる子どもが出てくる。一 つの画面にたくさんの情報を載せるのではなく、ポイントとなる情報を中心にして する。

　また、文字の配色にも気をつけるべきである。色覚異常の子どもは黒板に赤の チョークで書くと見えづらくなることが分かっている。パワーポイントのスライド でも同様に、色の指定だけでなく、アンダーラインを引くなどして注目すべき内容 を見やすくする工夫は必要である。

　また、文字のフォントも明朝体は読みにくい子どもがいることが分かっている。 MicrosoftのWindowsには、標準でUDフォントがインストールされている。印刷 物も同様にプレゼン資料もUDフォントを利用するとよいだろう。

(2) 字幕を使った文字情報の補助

　これまでは聴覚障害者への情報保障として字幕をつけることが多かったが、人の 手がかかるために、あまり普及しなかった。しかし、コロナ禍によりオンライン会

議システムの広がったこともあり、AI が自動的にリアルタイムで字幕が付けられるようになってきた。Microsoft 社の PowerPoint もインターネットに接続していれば音声を字幕に変換できるようになっている。誤変換もあるが、文字の情報が提供できることで、聞き逃しても文字で確認できることなど、有効な方法となりえる。

(3) 教員の画面と児童生徒の画面の共有

　GIGA スクール構想により Wi-Fi ネットワークが整備されたことで教員の画面を児童生徒のタブレット端末に表示したり、子どもの画面を教員の PC に出すことは容易になってきた。注目すべき内容を子どもが手元で見られることになり、子ども同士の情報を共有することが容易になる。黒板の画面だと理解しづらい子どもにとっても、いま何を学べばいいかが分かり、学びが広がることになる。

5. 学びに向かう意欲を育てる活用

　ICT を活用することで、困難な力を別の学び方で代替することができる。しかし、発達障害のある子どもたちはまったく書けない、まったく読めない、ということはない。ほかの子どもたちと同じような速さで力をつけることは難しいが、本人が意欲的に学習していくことで、学力は次第についていく。

　機能代替的なアプローチをすることで、学ぶ姿勢を身につけて力を発揮するだろう。ここでは、それとは違う ICT を活用方法について述べていく。それは、「得意をのばす」という考え方である。障害のあるといわれる子どもたちでも、パソコンやタブレット、スマートフォンを上手に使いこなす子どもたちがいる。

　ICT 機器は使い方が明瞭で、結果がすぐに見られ、試行錯誤が許される。紙と鉛筆で字を書いたり絵を描く場合、筆記具を器用に持てなかったり、筆圧が足りないために上手に書けなかったり、失敗したときに修正するのが上手くできないとうこともある。しかし、パソコンやタブレットでは本人に合わせた操作方法を選ぶ事ができ、間違えても簡単に修正できる。何より、失敗してもすぐ消せるから、失敗を人に知られなくて済む。

　そのため、さまざまな表現するツールとして ICT の活用は可能性が広がるだろう。海老沢は知的障害のある子どもたちでも環境設定と教材を分かりやすく提示することでさまざまな表現する力を引き出した実践を紹介している。

6. おわりに

　chatGPT に代表されるように ICT の発展はめざましい。10 年後の私たちの生活はもっと劇的に変化していくかもしれない。これまで人がやる仕事として教員が担ってきたものも、もしかするとロボットに置き換わるのかもしれない。しかし、そうなったとしても、新たに人がやれる仕事は生まれるだろう。知識を教えるだけの教員ではなく、子どもたちの学びを支援する教員になるためには、彼らの学習上の特性や困難さを理解し、一番学びやすい方法を見つける事が教員の仕事になるのかもしれない。

　学びへの困難さがある子どもたちのことを理解し、どのような支援ができるかを考える事は、より創造的な力を発揮することであり、子どもたちの未来を変えることになる。

（金森 克浩）

〈引用文献〉
海老沢穣（2023）『iPad ×特別支援教育　学ぼう、遊ぼう、デジタルクリエーション』明治図書
金森克浩（2019）ICT 機器の活用と指導の実際『特別支援教育』ミネルヴァ書房、pp.199-210.
文部科学省（2011）教育の情報化ビジョン
　　　https://www.mext.go.jp/a_menu/shotou/zyouhou/detail/1387269.htm（2023.09.24 Access）
文部科学省（2019）音声教材
　　　https://www.mext.go.jp/a_menu/shotou/kyoukasho/1374019.htm（2023.09.24Access）
文部科学省（2019）学校教育の情報化の推進に関する法律
　　　https://www.mext.go.jp/a_menu/shotou/zyouhou/detail/1418577.htm（2023.09.24Access）
文部科学省（2019）教育の情報化に関する手引
　　　https://www.mext.go.jp/a_menu/shotou/zyouhou/detail/mext_00117.html（2023.09.24Access）
文部科学省（2019）GIGA スクール構想について
　　　https://www.mext.go.jp/a_menu/other/index_0001111.htm（2023.09.24Access）

2. 小学校における特別支援教育の実践
～在籍学級担任と通級担当の連携による「個別最適な学び」の実現～

1. はじめに

1.1.「個別最適な学び」における「指導の個別化」

　「『令和の日本型学校教育』の構築を目指して～全ての子供たちの可能性を引き出す、個別最適な学びと、協働的な学びの実現～（答申）」（令和3年1月26日中央教育審議会。以下「令和3年答申」という）では、平成29年から30年に告示された学習指導要領において示された資質・能力の育成を着実に進めることが重要であることが、改めて確認された。

　そのためにも、ICTも最大限活用しながら、多様な子どもたちを誰一人取り残すことなく育成する「個別最適な学び」と、子どもたちの多様な個性を最大限に生かす「協働的な学び」の一体的な充実が図られることが求められている。

　この、「個別最適な学び」と「協働的な学び」の一体的な充実については、実際の学校における授業づくりにおいて、例えば「個別最適な学び」の成果を「協働的な学び」に生かし、さらにその成果を「個別最適な学び」に還元するなどが挙げられている。

　また、「個別最適な学び」については、令和3年答申において、学習者の視点から「指導の個別化」と「学習の個性化」に整理されており、子どもたちが自己調整しながら学習を進めていくことができるよう指導することの重要性が指摘されている。

　全ての子供に基礎的・基本的な知識・技能を確実に習得させ、思考力・判断力・表現力等や、自ら学習を調整しながら粘り強く学習に取り組む態度等を育成するためには、教師が支援の必要な子供により重点的な指導を行うことなどで効果的な指導を実現することや、子供一人一人の特性や学習進度、学習到達度等に応じ、指導方法・教材や学習時間等の柔軟な提供・設定を行うことなどの「指導の個別化」が必要である。（文部科学省ホームページより）

> 基礎的・基本的な知識・技能等や、言語能力、情報活用能力、問題発見・解決能力等の学習の基盤となる資質・能力等を土台として、幼児期からの様々な場を通じての体験活動から得た<u>子供の興味・関心・キャリア形成の方向性等に応じ、</u>探究において課題の設定、情報の収集、整理・分析、まとめ・表現を行う等、<u>教師が子供一人一人に応じた学習活動や学習課題に取り組む機会を提供すること</u>で、子供自身が学習が最適となるよう調整する「学習の個性化」も必要である。
>
> （文部科学省ホームページより）

とくに、「幼稚園、小学校、中学校、高等学校及び特別支援学校の学習指導要領等の改善及び必要な方策等について（答申）」（平成28年12月21日中央教育審議会。以下「平成28年答申」という）でも、子どもの貧困や特別支援教育、外国につながる子ども、不登校児童生徒といった課題を挙げ、子どもの発達や学習を取り巻く一人一人の教育的ニーズを把握し、一人一人の可能性を伸ばしていくことが課題となっていることが指摘されている。

基礎的・基本的な知識および技能の習得に課題がみられる場合、それを身につけさせるために、子どもの学びを深めたり主体性を引き出したりといった工夫を重ねながら、確実な習得を図ることが求められている。そこから、授業の中で「指導の個別化」が図られていく必要がある。

1.2. 通級による指導と「個別最適な学び」

通級による指導は、障害のある子どもの自立や社会参加に向けた主体的な取り組みを支援するという視点に立ち、子ども一人一人の教育的ニーズを把握して、その持てる力を高め、学習上や生活上の困難を改善または克服するための、適切な指導および必要な支援を行うものである。

この、「一人一人の教育ニーズ」を把握して指導および支援につなげる視点に立てば、通級における指導では、自ずと「指導の個別化」が図られていくことになる。

一方で、通級による指導を受ける子どもが、意欲的に自らの困難を克服していくようにするためには、子どもの興味・関心に応じた学習活動や学習課題を設定していく必要がある。この視点に立てば、「学習の個性化」の必要性も理解できるだろう。

なお、東京都では、発達障害のある子どもが、従来、通級指導学級で受けていた

指導を在籍校で受けられる「特別支援教室」を、小学校では平成30年度から、中学校では令和3年度から全校で導入している。「特別支援教室」では、拠点校に勤務する担当教員が同エリアの学校（巡回校）数校を担当して巡回して指導しており、対象者および指導内容は国の通級による指導と同様の位置づけとなっている。

2. 在籍学級担任と通級担当の連携の必要性

2.1. 在籍学級担任の責任

　例えば、LD（Learning Disability：学習障害）のある子どもについて、「特別支援学校教育要領・学習指導要領解説 自立活動編（幼稚部・小学部・中学部）（平成30年告示）」には、以下のように示されている。

　（抜粋）

特別支援学校教育要領・学習指導要領解説　自立活動編
　　　　　　　　　　　　　　（幼稚部・小学部・中学部）（平成30年告示）
第6章　自立活動の内容　2 心理的な安定

⑴　情緒の安定に関すること

　LDのある児童生徒の場合、例えば、読み書きの練習を繰り返し行っても、期待したほどの成果が得られなかった経験などから、生活全般において自信を失っている場合がある。そのため自分の思う結果が得られず感情的になり、情緒が不安定になることがある。このような場合には、本人が得意なことを生かして課題をやり遂げるように指導し、成功したことを褒めることで自信をもたせたり、自分のよさに気付くことができるようにしたりすることが必要である。

⑶　障害による学習上又は生活上の困難を改善・克服する意欲に関すること

　LDのある児童生徒の場合、数字の概念や規則性の理解や、計算することに時間がかかったり、文章題の理解や推論することが難しかったりすることで、自分の思う結果が得られず、学習への意欲や関心が低いことがある。そこで、自己の特性に応じた方法で学習に取り組むためには、周囲の励ましや期待、賞賛を受けながら、何が必要かを理解し、できる、できたという成功体験を積み重ねていくことが大切である。

　LD のある子どもの場合、週１・２回程度の通級指導により、自信がもてたとしても、その次の回までの在籍学級の学習の中で思うような結果が得られなかったり、ほめられることが乏しく自信を失ったりしてしまえば、通級指導での効果は十分得られない。

　通級による指導は、子どもの自立を目指して行われるもので、その指導の効果が在籍学級における授業や生活の場面において発揮できるようにすることが重要であり、子どもたちが多くの時間を過ごす在籍学級の担任も、通級による指導が生かされるように指導を工夫しなければならない。

　さらに、通級での指導の終了が見込まれる場合には、通級での指導を段階的に減らしていくとともに、在籍学級担任と通級担当が連携し、在籍学級における支援や配慮を検討していくことがとくに重要である。

2.2.　本人の気持ちに寄り添う

　書字に困難のある子どもがいた場合、時間をかければ板書をノートに写したり、ワークシートに考えを記入したりすることができたとしても、本人にとっては大きな負担となり、書くことに集中するあまり、授業で本来行うべき活動に十分参加できなくなってしまうことがある。

　こうした場合、通級による指導の際にタブレット端末を使用して、教師の板書をカメラで撮っておくことや、ノートアプリに文字を入力するなどを指導することで、子どもの特性に応じた方法で学習に取り組むことができるようになる場合がある。

　しかし、子どもの年齢や学級の状況によっては、在籍学級で自分だけが他者と異なる方法で学習することを嫌がる傾向がある。有効と考えられる方法を在籍学級で取り入れることができなければ、指導の効果は十分に期待できない。保護者はもちろん、子ども本人の気持ちを十分に聞きながら、在籍学級での継続した支援について、他の子どもたちへの説明の内容を含め、準備を進めていく必要がある。

2.3.　ユニバーサルデザインの視点で

　書字に困難のある子どもの場合、在籍学級での支援によっては、例えば書く活動の際にノートに限定するのではなく、タブレット端末の使用を許可したり、子どもの課題に応じたワークシートを複数用意したりするなど、ほかの子どもにとっても有効であるツールを取り入れる方法がある。

　教室には、通級指導につながらなくとも、学習上や生活上の課題のある子どもが多数在籍している。そうした子どもに対してもユニバーサルデザインの視点で、多くの子どもの助けになる支援を工夫することで、対象となる子どもも気にすることなく、自分に合った方法を選択することができるようになる。

　つまり、「指導の個別化」を特定の子どものために行うのではなく、多くの子どもが自分に合った方法を選択することができるようにすることで、「自分だけが違う」と感じていた子どもが、「みんなそれぞれ違う」と感じられるようになり、通級指導で始めた支援を、在籍学級でも無理なく継続できるようになるのである。

3. 在籍学級担任と通級担当の連携の実際

　実際の小学校での事例を基に、教科等での連携の視点を示す。

3.1. 小学校第４学年　体育「マット運動」

＜単元の目標＞

知識・技能	思考・判断・表現	主体的に学習に取り組む態度
マット運動の行い方を知るとともに、回転系や巧技系の基本的な技をできるようにする。	自己の能力に適した課題を見つけ、技ができるようになるための活動を工夫するとともに、考えたことを友達に伝えることができるようにする。	マット運動に進んで取り組み、きまりを守り誰とでも仲良く運動をしたり、友達の考えを認めたり、場や器械・器具の安全に気をつけたりすることができるようにする。

＜対象となる子どもの予想された課題と具体的な指導内容＞

・課題１

　全体指示では行うことを理解することが難しく、方法が分からず気持ちを崩してしまわないようにする必要がある。

通級による指導	・技をスモールステップで身につけられるよう、技の基本的なポイントを事前に確認する。
在籍学級での指導	・全体指導や個々の場面で、活動や技のポイントを視覚化して示すなど、見通しをもてるようにする。

・課題２

思ったように体を動かすことができずに苦手意識をもつことがないように配慮する必要がある。

通級による指導	・事前に主運動につながる感覚づくりの運動に取り組む（ゆりかご・アンテナ・えんぴつなど）。
在籍学級での指導	・学級全体でも、授業の初めに主運動につながる感覚づくりの運動に取り組む。 ・「できそう」と思える前向きな言葉がけをする。

＜取り組みの成果＞

・対象の子ども

　通級による指導において事前に学習内容や取り組む運動を知ることができ、落ち着いて活動に取り組むことができた。単元後半では、できるようになった技を友達に披露する場面も見られた。

・その他の子どもたち（ユニバーサルデザインの視点）

　感覚づくりの運動の導入や技の基本的なポイントの視覚化により、運動が苦手であったり意欲的でなかったりした子どもも楽しみながら運動に取り組むことができた。

3.2. 小学校第１学年　算数「３つの かずの たしざんと ひきざん」
＜単元の目標＞

知識・技能	思考・判断・表現	主体的に学習に取り組む態度
２つの数の加減法を基に、３つの数の加減計算の場面を立式し、答えを求めることができる。 ２つの数の加減法を基に、３つの数の加減法の計算の意味やその方法を理解することができるようにする。	具体物や図などを用いて、２つの数の加減法を基に、３つの数の加減法の計算を考える力を養う。	身の回りで用いられている数を数えたり比べたり、数を用いて表そうとする態度を養う。

＜対象となる子どもの予想された課題と具体的な指導内容＞

・課題1

逐次読み（1文字ずつ読み）、まとまり読みができないため、自力での問題文の理解ができるようにする必要がある。

通級による指導	・読み書きにつながる学習や活動を行い、単語や文章をまとまりで読めるようにする。
在籍学級での指導	・問題文を読み上げることで、問いの内容を理解できるようにする。 ・数字を3つ書き込める穴埋め式のワークシートにすることで、視覚的に分かりやすくする。

・課題2

Ａ＋Ｂでも指を使った計算をしているため、Ａ＋Ｂ＋Ｃという3つの数の計算に向けて、10のまとまりを捉えられるようにする必要がある。

通級による指導	・数の認識や計算につながる学習や活動を行う。 　例：おはじきを使って数を数える。指を使った計算の仕方を練習する（10の合成）
在籍学級での指導	・半具体物（ブロック）を使う活動を多く取り入れ、操作して考えられるようにする。

＜取り組みの成果＞

・対象の子ども

　単語や文章のまとまりで読むには時間がかかるが、問題文を読み上げることにより、活動を理解して取り組むことができるようになった。在籍学級の授業の中でおはじきを使って10のまとまりをつくる活動では、自信をもって素早く操作する姿が見られた。

・その他の子どもたち（ユニバーサルデザインの視点）

　穴埋め式のワークシートを準備することで、通級による指導の対象となっていない子どもたちもスムーズに学習に取り組むことができた。複数の子どもたちがワークシートを利用したことで、友達と違うワークシートを使用することへの抵抗も少ないようであった。

3.3. 小学校第3学年　国語「食べ物のひみつ本をつくろう」

＜単元の目標＞

知識・技能	思考・判断・表現	主体的に学習に取り組む態度
幅広く読書に親しみ、本が必要な知識や情報を得ることに役立つことに気づくことができる。	自分の考えとそれを支える理由や事例との関係を明確にして、書き表し方を工夫することができる。	粘り強く書き表し方を工夫し、学習の見通しをもって、説明する文章を書こうとしている。

＜対象となる子どもの予想された課題と具体的な指導内容＞

・課題

　学習に集中して取り組むことが苦手で、とくに文字を多く書くこと（文章を書く）に抵抗感がある。

通級による指導	・丁寧な字を書くことができるよう、文字の形を捉えるために大切な「空間認知」の力を育てるために、点つなぎなどの活動を行う。 ・対象児童の興味のある「昆虫の名前」をマスの中に書く活動を行う（ひらがなから始め、カタカナでも書けるようにする）。 ・昆虫と単語カード（食べ物、乗り物など）を組み合わせて短い文を考え、罫線に沿って書く活動をする。
在籍学級での指導	・個々の習熟度に合わせながら書く活動を指導するために、①ヒントなし、②段落ごとの短冊、③段落ごとの短冊（文章全体が穴埋め形式）の3種類のワークシートを選択できるようにする。 ・対象児童を含め、ひらがなが分からない、カタカナが分からない等のそれぞれの困難を抱える児童に対して、50音表を机に常に掲示する。

＜取り組みの成果＞

・対象の子ども

　通級による指導において事前に文字を書くことへの抵抗感を減らすことができたことや、書く分量を減らしたワークシートを用意することで、安心して学習に取り組む姿が見られた。学級担任が書く時間の終了を告げた際は、「時間が少ない。もっと書きたい」といった発言もあった。

・その他の子どもたち（ユニバーサルデザインの視点）

　複数の子どもたちが自分に合ったワークシートを利用したことで、友達と違うワークシートを使用することへの抵抗も少ないようであった。一方で、ワークシートの選択が正しいかどうか判断が難しい子どももいたが、時間ごとにワークシートの難易度を変更することを可能にしたことにより、自分に合った方法を選択することができるようになった。

3.4.　その他の在籍学級における支援

　通級による指導を進めるなかで、在籍学級において学習上の困難のある子どもが自尊感情を低下させないよう、取り組むことができる支援の一例について以下に示す。

(1) 学習ノートの選択

　小学校ではとくに低学年のうちはノート指導に力を入れることから、学校側で用意したノートを配付したり、ノートを指定したりすることが多い。

　しかし、子どもによっては、以下のような困難があり、書字に抵抗を示す場合がある。

　・罫線だけのノートだと、文字の間隔を取ることができない。
　・マスの中に十字補助線があると、どこに文字を入れてよいか分からない。
　・罫線やマスの線の色、紙の色によって、線を認識することが難しい。

　これは、あくまでも例であるが、小学校第1学年における、板書とノートを対応させて正しく書き写すことができるようにするための指導のように明確な目的がないのであれば、学校だよりなどで、「学校で指定したノートでは、お子様が書きにくさを感じる場合は、担任までご相談ください」などと知らせ、子どもにより適したノートを選択させた方がよい。

(2) 課題等の軽減

　教師が一日10分程度のつもりで出した宿題でも、学習上の困難のある子どもの場合、1時間以上の時間を必要とする場合がある。こうした場合、問題数を減じるなどの課題の軽減が必要となる。

　ただし、子どもによっては自分だけが特別扱いされることを嫌うこともあるので、

例えば 10 問中 5 問を全員に課したうえで、余裕のある子どもは残りも行うようにするなどの配慮が必要である。

(3) 試験の配慮

　読むことや書くことに困難のある子どもがいた場合、定期考査等では時間の延長や採点上の配慮が必要となる。

　時間の延長については、中学校では別室での対応となることが多いが、小学校では、早く終了した子どもに課題を与えるなどの配慮をしていることが多い。

　なお、知識を問う問題の漢字の扱いについては、必ず漢字で書かせなければならないのか、教科等の内容によって正しく判断する必要がある。

4. 教師自身の指導力を高めるための取り組み

4.1. 研修の必要性

　令和 4 年 8 月 31 日に改正された、文部科学省告示「公立の小学校等の校長及び教員としての資質の向上に関する指標の策定に関する指針」（令和 4 年文部科学省告示第 115 号）においては、教員に共通に求められる資質として、「特別な配慮や支援を必要とする子どもへの対応に主として関するもの」が挙げられている。具体的な内容としては、「特別な配慮や支援を必要とする子どもの特性等を理解し、組織的に対応するために必要となる知識や支援方法を身に付けること」が示されている。

　特別支援に関する知識等については、各学校での校内研修に限らず、研究や修養を通して、常に更新していく必要がある。

4.2. 多様な研修の重要性

　特別支援教育に関しては、各学校での実践など、個々の事例に応じた指導や支援の実際について研修を受ける機会が多くある。同様に、以下の内容についても、研修等を通して理解を深めていく必要がある。

(1) 進学に関すること

　令和 6 年 4 月 1 日から義務化される「合理的配慮」については、例えば高等学校の入学試験で配慮される措置内容は、対象の子どもが在籍している中学校での定期考

査や学習の場面で配慮していることを念頭に検討される。だからこそ、小・中学校では、高等学校での配慮を十分理解しておく必要がある。

例：＜東京都立高等学校入学者選抜で申請可能な配慮＞

　検査時間の延長（英語は最大70分、他の教科は最大75分まで）、問題用紙や解答用紙の拡大、問題用紙や解答用紙へのルビ振り、座席位置の指定、別室での受検、車椅子の使用や、補聴器やルーペ、ICT機器等の持ち込み・使用等。

(2) 保護者理解に関すること

　障害のある子どもをもつ保護者は、子どもの成長の過程で多くの悩みを抱えている。学校での合理的配慮や支援の方法を検討するに当たっては、保護者の気持ちにも十分寄り添う必要がある。

　そのためにも、実際に障害のある子どもを育てた保護者から話をうかがったり、中学校の通級担当から進学についての話を聞いたりするなどの機会を設定することも効果的である。

　保護者から話をうかがう場合には、子育ての苦労や学校での子どもの様子、保護者として取り組んだことなど悩み等に共感し、寄り添うことができるようにする必要がある。また、中学校の通級担当から話を聞く場合には、中学校での取り組みだけでなく、進学先の高等学校で受けることができる配慮や、高校入試での配慮の申請の実際等について知ることができるようにすることが重要である。こうして得られた情報を保護者に伝え、将来的な見通しの一助とすることが肝要である。

　また、このような取り組みを行う際は、学校の教員だけでなく、保護者の参観を許可することで、学校全体の特別支援に対する理解を深めることにもつながる。

5. おわりに

　学校での特別支援教育の推進に当たっては、子ども一人一人の気持ちに寄り添うことが肝要である。本章の締めくくりとして、ディスレクシアと診断された中学生の人権作文を以下に紹介する。子どもは自分の特性を理解するようになればなるほど、現実との間で葛藤しながら成長していく。教師は一人の大人として、一人一人の子どもを見つめ、寄り添いながら、指導に当たってほしい。

（小林　力）

　私も、初めてディスレクシアと言われた時は、そんな障害があるとは知りませんでした。でも、原因がはっきりしたので、少しホッとしました。

　2学期からは、プリントにルビを振ってもらったり、パソコンをつかったりして勉強できることになりました。学校の校長先生や先生たちが、どうしたら私が楽しく勉強できるようになるか、一緒に考えてくれたのです。

　パソコンを使えば、黒板の文字を写したり、正しい漢字を探したりできるので、今より授業に集中できるのではないかと、とても楽しみです。

　それでも、不安がないわけではありません。パソコンを使って勉強したりテストを受けたりするときに、周りの人がどう思うか心配です。ずるいと思われたり、読み書き以外のことについても、あれもこれもできないのではないかと誤解されたりするのではないかと思うからです。

　世の中には、自分以外にも読み書きなどで苦しんでいる人がいると思います。だから、たくさんの人にディスレクシアのことを知ってほしいと思いました。みんながディスレクシアのことを理解してくれるようになれば、私のように不安があっても、周りの皆と同じように勉強できる人が増えると思います。

　そして、目が見えない人がメガネをかけるのと同じように、パソコンを使うなどして勉強することが、あたりまえになってほしいです。

　そんなちょっとしたことが、あたりまえになる社会に、なってほしいです。

〈引用文献〉

中央教育審議会（2016）「幼稚園、小学校、中学校、高等学校及び特別支援学校の学習指導要領等の改善及び必要な方策等について（答申）」

文部科学省（2017）「小学校学習指導要領（平成29年告示）」

文部科学省（2018）「特別支援学校教育要領・学習指導要領解説　自立活動編（幼稚部・小学部・中学部）（平成30年告示）」

中央教育審議会（2021）「『令和の日本型学校教育』の構築を目指して〜全ての子供たちの可能性を引き出す、個別最適な学びと、協働的な学びの実現〜（答申）」

文部科学省（2020）「初めて通級による指導を担当する教師のためのガイド」

文部科学省（2022）「公立の小学校等の校長及び教員としての資質の向上に関する指標の策定に関する指針」

帝京大学（2024）「帝京大学大学院教職研究科年報」（第15号）

3. 一人一人の教育的ニーズに応じた 各教科等の指導
～障害のある児童などへの「個別最適な学び」の実現に向けて～

1. はじめに

　平成19年度にスタートした特別支援教育は、従前の「障害による困難」に応じた教育（特殊教育）から「学ぶこと（生きること）の困難」に応じた教育へと視点が転換された。小学校、中学校、高等学校等の教育において重要なことは、障害の有無に関わらず、学習や対人関係につまずきのある児童生徒をはじめ、海外から帰国した児童生徒や外国人の児童生徒、さらには不登校の児童生徒など、配慮や支援が必要なすべての子どもが特別支援教育の対象であることを認識することにある。ここでは、「通常の教育」と「特別な教育」を分けられた教育として捉えるのではなく、一人一人の教育的ニーズに応じた支援が行われる特別支援教育を、一般的な学校教育に包含された教育として理解することが必要である。

　2022年文部科学省が実施した調査によれば、小中学校等の通常の学級に在籍する特別な教育的支援を必要とする児童生徒数は8.8％であることが明らかになった。一方、通常の学級に在籍しながら通級指導教室に通う児童生徒数は、平成21年の54,021人から令和元年には133,398人となり、約2.5倍に増加した。

　このように、特別支援教育への期待が高まるなかで、これからの小学校、中学校、高等学校等における教育においては、障害の特性や学習上の困難に応じた各教科等の指導力向上を図ることが求められている。通常の学級に在籍している障害のある児童生徒などへの教科指導では、学習目標を達成させるための教材や指導の手立てを工夫する必要があり、専門的知識を有する校内外の指導者と連携を図りながら、誰もが同じように授業へのアクセスができるようにするための配慮や支援の提供について考えなくてはならない。

　本章では、これからの小学校教師に求められる特別支援教育の専門性を概観し、各教科等の指導における障害のある児童や、学習上のつまずきのある児童に対する

指導のあり方について整理する。

2. 特別支援教育の専門性とは何か

2.1. すべての教師に求められる特別支援教育の専門性

　文部科学省は、特別支援教育を巡る状況の変化を踏まえ、インクルーシブ教育システム構築に向けた取り組みを進展させていくための方向性とその実現に向けた方策を「新しい時代の特別支援教育の在り方に関する有識者会議 報告」（令和3年1月）にまとめた。この報告では、特別支援教育を担う教師の専門性の向上のため、すべての教師に求められる特別支援教育に関する資質・専門性について、以下のように提言している。

> 　全ての教師は、障害の特性等に関する理解と指導方法を工夫できる力や、個別の教育支援計画・個別の指導計画などの特別支援教育に関する基礎的な知識、合理的配慮に対する理解等が必要である。
> 　加えて、障害のある人や子供との触れ合いを通して、障害者が日常生活又は社会生活において受ける制限は、障害に起因するものだけではなく、社会における様々な障壁と相対することによって生ずるものという考え方、いわゆる「社会モデル」の考え方を踏まえ、障害による学習上又は生活上の困難さについて本人の立場に立って捉え、それに対する必要な支援の内容を一緒に考え、本人自ら合理的配慮を意思表明できるように促していくような経験や態度の育成が求められる。
> 　また、こうした経験や態度を、多様な教育的ニーズがある子供がいることを前提とした学級経営・授業づくりに生かしていくことが必要である。
> 　　　　　　　　　　　　　　　　　　　　　　　　　　※下線は筆者による

　この提言では、障害の「社会モデル」の理解をすべての教師に求めている。報告に示される「社会モデル」とは、「障害」が個人の心身機能の障害と社会的障壁の相互作用によって創り出されているものであり、社会的障壁を取り除くことが社会の責務である、という考え方である（ユニバーサルデザイン2020関係閣僚会議「ユニバーサルデザイン2020行動計画」2017）。また、障害者基本法第2条には、障害者とは「心身の機能の障害があるものであって、障害及び社会的障壁により継続的に日

常生活又は社会生活に相当な制限を受ける状態にあるもの」と定義されている。ここで重要なことは、「障害者」が有する困難さの原因は、<u>本人にある</u>（本人がもつ）と捉えるのではなく、<u>社会にある</u>と捉え、「障害者」を様々な障壁によって日常の生活や社会への参加が<u>困難な状態にある人</u>と捉えていることである。前者の考え方が障害の「個人モデル（医学モデル）」、後者が「社会モデル」といわれている。

　さらに同法第２条では、社会的障壁を「障害がある者にとって日常生活又は社会生活を営む上で障壁となるような社会における<u>事物、制度、慣行、観念</u>その他の一切のもの」と定義している。ここでの事物の障壁は、施設や設備などの「物理的なバリア」のことである。学校教育の現場では、教科書や教材等もこれに当てはまる。制度の障壁は、条約やルールなどの「制度的なバリア」である。慣行の障壁は、例えば聴覚障害者に情報提供の保障に配慮せず講演会を企画するといった、障害のある人の存在を意識しない習慣や「文化・情報面でのバリア」である。観念の障壁は、障害のある人への差別や偏見、無関心や心ない言葉などのことであり、「意識上のバリア（心のバリア）」といわれている。次項では、学校教育の現場において「社会モデル」の考え方を踏まえた指導が必要な理由について解説する。

2.2. 社会モデルの理解と合理的配慮

　障害の「社会モデル」を踏まえて学習上のつまずきを理解するために重要なことは、本人と児童を取り巻く学習環境との関係の中で困難さが生じているというメカニズムを理解し、児童は様々なバリアによって、通常の「授業にアクセスできない状態」にあると捉えることである。

　例えば、発達性ディスレクシアの児童は、読むことや書くことに困難さがあるため、教科書の内容を理解することや、板書をノートに書き写すことに負担がある。そのため、他の児童と同じように学習目標に向かうためには、より多くの時間と本人の努力が必要となる。こうした状態は、児童にとって<u>公平な学習環境</u>にあるとはいえない。このような場合は、デジタル教科書による音声読み上げ機能を使って文章を理解することや、タブレット端末を使ったキーボード入力によって板書を写すことを認めることによって、<u>公平な学習環境</u>が保障される。

　一方で、個別の配慮が認められず、すべての児童と同じ条件で読むことや書くことなどの学習をさせると、授業におけるバリアは取り除かれることなく、児童の負担が大きくなってしまう。

　また、書字障害のある児童に対して、マス目が小さく文字が書きにくいプリントを配付することは慣行のバリアになること、テストにおけるタブレット端末使用の申し出に応じないことは観念（意識上）のバリアに当たり、「障害者差別解消法」で禁止する「差別」に当たるということを認識するなど、バリアのない授業づくりの意識をもつことが教師に求められる。

　各教科等の指導においては、障害のある児童や学習上の困難がある児童が平等かつ公平に学習活動に参加できるよう、<u>一人一人に必要なサポート</u>（合理的配慮）の提供を目指すことが大切である。多様な教育的ニーズがある児童を前提とした学級経営や授業づくりを行うためにも、すべての教師が「社会モデル」の考え方を踏まえた教育的対応を行うことが望ましい。

3. 小学校の通常学級における指導

3.1. 障害のある児童などへの指導の工夫

　小学校学習指導要領（平成29年3月告示）には、第1章第4の2の（1）のア「障害のある児童などへの指導」の中に「特別支援学校等の助言又は援助を活用しつつ、個々の児童の障害の状態等に応じた指導内容や指導方法の工夫を組織的かつ計画的に行うものとする。」と示されている。また、学校教育法第81条第1項には、「幼稚園、小学校、中学校、高等学校等において、障害のある児童生徒に対し、障害による学習上又は生活上の困難を克服するための教育を行うこと」と規定されており、このことは、通常の学級でも教師が特別支援教育の目的や意義について理解し、教育上特別な支援を必要とする児童が在籍していることを前提に、各教科等の指導を行う必要があることを示している。

　障害のある児童の範囲には、視覚障害、聴覚障害、知的障害、肢体不自由、病弱・身体虚弱、言語障害、情緒障害、自閉スペクトラム症、限局性学習症（SLD）、注意欠如多動症（ADHD）などのほか、学習面または行動面において困難のある児童で発達障害の可能性のある者が含まれる。各教科等の指導は、このような障害のある児童の特性を的確に把握したうえで、学習の「困難さ」に対する「指導上の工夫の意図」を理解し、一人一人の教育的ニーズに応じて指導の手立てを検討する必要がある。その際、小学校学習指導要領解説の各教科編のほか、文部科学省が作成する『障害のある子供の教育支援の手引き〜一人一人の教育的ニーズを踏まえた学びの

実現に向けて〜（文部科学省、2022年）』を参考にしながら障害の種類や程度など
に関する知識や具体的な配慮、支援方法に対する理解を深め、各学校が組織的に対
応できるようにしていくことが望ましい。

3.2.　各教科等における指導の工夫

　現行の小学校学習指導要領には、各教科等の「指導計画の作成上の配慮事項」の中
で、当該教科等の指導における障害のある児童などに対する学習活動を行う場合に
生じる困難さに応じて、指導内容や指導方法の工夫を計画的、組織的に行うための
具体的な配慮が例示されている。

　学習指導要領解説教科等編には、すべての授業において、「個々の児童の見えに
くさ、聞こえにくさ、道具の操作の困難さ、移動上の制約、健康面や安全面での制
約、発音のしにくさ、心理的な不安定、人間関係形成の困難さ、読み書きや計算等
の困難さ、注意の集中を持続することが苦手であることなど、学習活動を行う場合
に生じる困難さが一人一人異なることに留意し、その困難さに応じた指導内容や指
導方法を工夫すること」と示されている。このことは、障害のある児童などへの各
教科等の指導においては、特別支援学校学習指導要領における自立活動の内容を踏
まえた授業づくりが必要であることを意味している。

　また、各教科の指導に当たっては、教科の目標や内容の趣旨、学習活動のねらい
を踏まえ、学習内容の変更や学習活動の代替を安易に行うことがないよう留意する
とともに、児童の学習負担や心理面にも配慮する必要がある。

3.3.　国語科における指導の工夫

　小学校学習指導要領（平成29年告示）解説国語編には、国語における障害のある
児童への配慮として、以下の三つの例が示されている。

　①「文章を目で追いながら音読することが困難な場合には、自分がどこを読むの
　　かが分かるように教科書の文を指等で押さえながら読むことを促すこと、語
　　のまとまりや区切りが分かるように、分かち書きされたものを用意すること、
　　読む部分だけが見える自助具（スリット等）を活用するなどの配慮をする」

　このような配慮は、読む、書くといった基礎的な能力の習得に困難さのある限局
性学習症（SLD）の児童において必要である。教科書の音読の際に読み違いや読み飛
ばしの頻度が多かったり、拾い読みだったり、読むことが遅かったりした場合は、

視知覚の特性によって困難さが生じている可能性があるため、児童にとって読み取りやすい書体を使ったり、文字間や行間を広げたりするなどして負担を軽減しながら、文章の理解が促進される方法や学習の環境を整えるなどの工夫が考えられる。

　②「自分の立場以外の視点で考えたり他者の感情を理解したりすることが困難な場合には、児童の日常的な生活経験に関する例文を示すことによって、行動や会話文の気持ちに気づかせたり、気持ちの移り変わりが分かる文章について、キーワードを示したり、気持ちの変化を図や矢印などで視覚的に分かるように示してから言葉で表現させたりするなどの配慮をする」

このような配慮は、他者との社会的関係の形成に困難さのある自閉スペクトラム症（ASD）の児童において必要である。共通する傾向として、言葉や表情、身振りなどを総合的に判断して相手の思いや感情を読み取りながら会話することが困難な場合や、言葉を字義通りに受け止めてしまう場合がある。そのため、行動や表情に現れている他者の真意の読み取りがしやすくなるよう、生活上の様々な場面を想定し、物語の登場人物の立場や考えていることなどを推測できるような教材や手立ての工夫が考えられる。

　③「声を出して発表することに困難がある場合や、人前で話すことへの不安を抱いている場合には、紙やホワイトボードに書いたものを提示したり、ICT機器を活用して発表したりするなど、多様な表現方法が選択できるように工夫し、自分の考えを表すことに対する自信がもてるように配慮する」

このような配慮は、周囲の環境から受けるストレスによって他の状況では話すことができるにも関わらず、話すことが期待されている特定の状況において、一貫して話すことが困難な選択性緘黙のある児童において必要である。場所や場面が変化することにより、心理的な圧迫を受けて緊張感が高まることで適切な言動ができなくなる場合があるため、本人と相談しながら、スモールステップで話せる場面を増やしたり、代替手段を活用したりするなど、児童が表現しやすい条件を整えたうえで、少しずつ授業で自分の考えを伝えられるように配慮するなどの工夫が考えられる。

また、児童が教室内で安心してコミュニケーションを取ることができ、日常生活や学習に意欲的に取り組めることができるように指導することも大切である。

3.4. 理科における指導の工夫

　小学校学習指導要領（平成29年告示）解説理科編には、理科における障害のある児童への配慮として、以下の例が示されている。

- 「実験を行う活動においては、実験の手順や方法を理解することが困難であったり、見通しがもてなかったりして、学習活動に参加することが難しい場合には、学習の見通しがもてるよう、実験の目的を明示したり、実験の手順や方法を視覚的に表したプリント等を提示したり、配付したりするなどの配慮が考えられる」

　このような配慮は、物事の計画を立案し、効率的に実行するための実行機能に困難さのある注意欠如多動症（ADHD）や自閉スペクトラム症（ADS）の児童において必要である。初めて経験する活動は、どのように行動したらよいかが分かりにくく、結果を予測することが難しいため、情緒が不安定になる場合がある。そのため、あらかじめ何が起きるかを示すことによって学習活動への参加が促される。また、自閉スペクトラム症の認知の特性として、耳から入る聴覚的な情報を処理することよりも、目から入る視覚的な情報を処理することの方が得意であるという「視覚認知の優位」があることから、言葉での指示の内容や実験手順、時間の経過等を視覚的に把握できるような教材の活用や指導手立ての工夫が考えられる。

3.5. 体育における指導の工夫

　小学校学習指導要領（平成29年告示）解説体育編には、体育における障害のある児童への配慮として、以下の二つの例が示されている。

①「複雑な動きをしたり、バランスを取ったりすることに困難さがある場合には、極度の不器用さや動きを組み立てることへの苦手さがあることが考えられることから、動きを細分化して指導したり、適切に補助をしながら行ったりするなどの配慮をする」

　このような配慮は、身体のいくつかの部位をつなげる協調運動が、本人の年齢や知能に応じて期待されるものよりも不正確であったり、困難な状態にあったりする発達性協調運動症（DCD）の児童において必要である。跳び箱を跳ぶ、ボールを投げるといった粗大運動や、字を書く、ボタンをかけるなどの指先を使った微細運動の獲得が遅かったり、ぎこちなかったりする場合がある。そのため、苦手意識や劣等感を感じないように心理的な配慮を行いながら、目的に即して意図的に体を動かす

ことができるように手足の簡単な動きから始めて、興味や関心をもっていることを生かしながら、運動動作や道具等を使って手指を動かす経験を積み重ねるなどの工夫が考えられる。

②「勝ち負けに過度にこだわったり、負けた際に感情を抑えられなかったりする場合には、活動の見通しがもてなかったり、考えたことや思ったことをすぐに行動に移してしまったりすることがあることから、活動の見通しを立ててから活動させたり、勝ったときや負けたときの表現の仕方を事前に確認したりするなどの配慮をする」

　このような配慮は、特定のものにこだわることを特徴とする自閉スペクトラム症（ASD）や衝動の抑制に困難さのある注意欠如多動症（ADHD）の児童において必要である。このような場合には、自分の行動と出来事の因果関係を図示して理解させたり、実行可能な目当ての立て方やチェック表を活用した振り返りの仕方を学んだりすることによって、ルールを守って学習活動に参加する姿勢や相手の気持ちを想像した適切な表現方法を身につけるなど、自ら適切に行動を選択し、調整することができるような手立ての工夫が考えられる。

3.6. 総合的な学習の時間における指導の工夫

　小学校学習指導要領（平成29年告示）解説総合的な学習の時間編に示されている障害のある児童への配慮のうち、以下の二つの例を紹介する。

①「様々な事象を調べたり、得られた情報をまとめたりすることに困難がある場合は、必要な事象や情報を選択して整理できるように、着目する点や調べる内容、まとめる手順や調べ方について具体的に提示するなどの配慮をする」

②「学習の振り返りが難しい場合は、学習してきた場面を想起しやすいように、学習してきた内容を文章やイラスト、写真等で視覚的に提示するなどして、思い出すための手掛かりが得られるように配慮する」

　このような配慮は、言語理解や論理的な思考、メタ認知機能に困難さのある軽度の知的障害のある児童において必要である。学んだことが断片的になりやすく、既習内容を統合して次の学習や日常の生活に生かすことに困難さがあることから、抽象的な内容より具体的な内容を扱うといった教材や、指導の手立ての工夫や学習の目標に対して自分がどのように取り組めたのかをモニタリングする力を育てるために、丁寧な振り返りの経験を積み重ねるなどの工夫が考えられる。

4.「個別最適な学び」の実現に向けて

4.1.「指導の個別化」で何が求められているか

　中央教育審議会は、「『令和の日本型学校教育』の構築を目指して〜全ての子供たちの可能性を引き出す、個別最適な学びと、協働的な学びの実現〜（答申）」（令和3年1月）の中で、児童が自己調整を図りながら学習を進めていくことができるよう指導するための「個別最適な学び」として「指導の個別化」と「学習の個性化」の重要性を指摘した。答申では、子どもに基礎的・基本的な知識・技能を確実に習得させ、思考力・判断力・表現力等や、自ら学習を調整しながら粘り強く学習に取り組む態度、すなわち学びに向かう力等を育成するためには、教師が児童生徒一人一人の特性や学習進度、学習到達度等に応じて指導方法や教材、学習時間等の柔軟な提供・設定を行うといった「指導の個別化」が必要であると示されている。奈須（2022：128-129）は、指導の個別化で処遇する個人差について、学習到達度や学習速度に加えて、児童の認知スタイルと学習スタイルに応じた学びを考えることでより豊かで的確な処遇が可能になると述べている。ここでの認知スタイルとは、情報を理解したり、問題について思考したりする際に自分にとって理解しやすい学び方と捉えることができる。また、学習スタイルとは、目標に向かうために自分はどのような方略で取り組むことが合っているかといった、取り組みやすい学び方と捉えることができる。

　多様な教育的ニーズのある児童には、平等かつ公平に学習活動に参加でき、学習目標を達成できるようにするための合理的配慮を提供することに加えて、一人一人の認知の特性や学習のしやすさを考慮し、個々に合った学び方を提供することが望ましい。個人差に適した学び方をオプションとして用意することによって、児童が自ら目標を設定し、自分に合った学び方（学習方略）を選択しながら主体的に学習に向かう態度が育まれると考える。

4.2. 学びのユニバーサルデザインによる授業づくり

　学びのユニバーサルデザイン（Universal Design for Learning：以下 UDL とする）とは、「個々に違いをもったすべての子どもたちが、同じ学習内容に対して平等に公平に学習へのアクセスと機会をそれぞれ適切な方法で得ることができるということを意味している」（Hall ら、2018:17-18）。UDL では、子どもが学習に参加しや

すくするために必要な３原則を以下のように示している。

原則Ⅰ：「提示（認知）のための多様な方法の提供」―学習者が理解しやすい情報を提供するために、教材の提示や教示の仕方を工夫することによって個々の認知特性に応じて学習へのアクセスを可能にすること。

原則Ⅱ：「行動と表出のための多様な方法の提供」―学習を進めやすい方法を提供するために、子どもが学習課題にアプローチする方法や学習過程を記録したり、表現したりする方法に多様な選択肢が用意されていること。

原則Ⅲ：「取り組みのための多様な方法の提供」―学習の目的や意義を理解し、目標に向かって学習を自己調整できるようになるために、興味を惹く学習活動や粘り強く継続できるような多様な動機づけの工夫をすること。

　このように UDL は、子ども一人一人に適した学び方があることを前提に、自分に合った学び方を選択できるための多様なオプションが用意されていなければならない。こうした UDL の考え方は、障害のある児童や学習上のつまずきのある児童の「個別最適な学び」を実現する授業づくりの手がかりとなると考える。

（中村 晋）

〈引用文献〉

Hall, E.T., Meyer, A., & Rose, H.D.（2012）Universal Design for Learning in Classroom: Practical Application（トレイシー・E・ホール , アン・マイヤー， デイビッド・H・ローズ編（バーンズ亀山静子訳）（2018）『UDL 学びのユニバーサルデザイン　クラス全員の学びを変える授業アプローチ』東洋館出版）

奈須正裕（2022）『個別最適な学びの足場を組む。』教育開発研究所

文部科学省初等中等教育局（2021）「新しい時代の特別支援教育の在り方に関する有識者会議 報告」

文部科学省初等中等教育局特別支援教育課（2022）『障害のある子供の教育支援の手引き〜子供たち一人一人の教育的ニーズを踏まえた学びの実現に向けて〜』ジアース教育新社

ユニバーサルデザイン 2020 関係閣僚会議（2017）「ユニバーサルデザイン 2020 行動計画」

4. 特別支援教育の教育制度と実践

1. はじめに

　特別支援教育は、特別支援学校で取り組まれることはもちろんであるが、小中学校こそ特別支援教育の推進が必要であるといわれている。その理由としては大きく二つ考えられる。一つは、2022年文部科学省調査でも明らかなように、小中学校の通常の学級の8.8%に、知的発達に遅れはないものの学習面または行動面で著しい困難を示す児童生徒が在籍しており、つまり、発達障害の可能性のある児童生徒が35人学級なら3人は在籍していることになるからである。したがって、通常の学級で学級経営や授業を進めるに当たって、教員は必ず特別支援教育についての知識や指導のスキルが求められることとなる。

　次に、インクルーシブ教育システムの推進が求められるからである。この取り組みを推進するためには、共生社会の形成が不可欠である。障害のある子どもたちへの配慮や支援はもちろんのこと、その子どもたちを支える周りの子どもたちの理解や支援なくしては成り立たない。つまり、インクルーシブ教育システムを推進するためには、障害のない子どもたちに障害のある子どもたちへの理解や啓発を促すことが求められ、そのような子どもたちが成長していく中で共生社会が形成されると考えられる。ゆえに、子どもたちへの障害に対する理解や社会的弱者に対する配慮などを促す教育が求められるのである。

2. 障害のある子どもたちの学びの場

2.1. 義務教育段階における連続性のある学びの場

　我が国においてインクルーシブ教育システムを進めるに当たり、特別支援教育の在り方に関する特別委員会資料によると、義務教育段階の障害のある子どもたちの連続性のある多様な学びの場は次のように示されている。

・自宅・病院における訪問教育
・特別支援学校
・特別支援学級
・通常の学級に在籍して通級による指導
・専門的スタッフを配置して通常の学級に在籍
・専門家の助言を受けながら通常の学級に在籍
・ほとんどの問題を通常の学級で対応

　ここで特徴的なことは、通常の学級に在籍しながらも様々な支援の形態が用意されていること、それぞれの学びの場について児童生徒の教育的ニーズが変われば学びの場を移動できることである。このことが「連続性のある学びの場」であり、より適切な教育形態で授業を受けることができる。そのために、特別支援学校学習指導要領（知的障害教育）と小中学校の学習指導要領においても教育内容等について連続性をもたせている。

2.2. 就学指導について

　2013年9月、学校教育法施行令の一部改正による政令（就学相談・就学先決定に関する政令の改正）が施行された。これまで、特別支援学校の就学基準に該当する子どもは原則、特別支援学校に就学するとされていたものが、この改正により、可能な限り本人・保護者の意向を尊重し、教育的ニーズと必要な支援について合意形成を行うこととして、就学先を総合的に判断し決定することになった。

　つまり、インクルーシブ教育システムの推進が今後加速すると考えられることから、小中学校の通常の学級や特別支援学級に在籍する障害のある児童生徒の割合が増加すると考えられ、小中学校の教員は特別支援教育に関するより専門的な知識や指導スキルが求められることとなる。

2.3. 特別支援学校の就学基準

　学校教育法第七十二条では「特別支援学校は、視覚障害者、聴覚障害者、知的障害者、肢体不自由者又は病弱者（身体虚弱者を含む。以下同じ）に対して、幼稚園、小学校、中学校又は高等学校に準ずる教育を施すとともに、障害による学習上又は生活上の困難を克服し自立を図るために必要な知識技能を授けることを目的とする」と示されている。また同法第七十五条には「第七十二条に規定する視覚障害者、

聴覚障害者、知的障害者、肢体不自由者又は病弱者の障害の程度は、政令で定める」とある。この政令とは学校教育法施行令第二十二条の三であり、そこには特別支援学校の就学対象となる障害の程度が示されている（図表1）。

図表1　学校教育法施行令第二十二条の三に規定する障害の程度

区分	障害の程度
視覚障害者	両眼の視力がおおむね〇・三未満のもの又は視力以外の視機能障害が高度のもののうち、拡大鏡等の使用によっても通常の文字、図形等の視覚による認識が不可能又は著しく困難な程度のもの
聴覚障害者	両耳の聴力レベルがおおむね六〇デシベル以上のもののうち、補聴器等の使用によっても通常の話声を解することが不可能又は著しく困難な程度のもの
知的障害者	一　知的発達の遅滞があり、他人との意思疎通が困難で日常生活を営むのに頻繁に援助を必要とする程度のもの 二　知的発達の遅滞の程度が前号に掲げる程度に達しないもののうち、社会生活への適応が著しく困難なもの
肢体不自由者	一　肢体不自由の状態が補装具の使用によっても歩行、筆記等日常生活における基本的な動作が不可能又は困難な程度のもの 二　肢体不自由の状態が前号に掲げる程度に達しないもののうち、常時の医学的観察指導を必要とする程度のもの
病弱者	一　慢性の呼吸器疾患、腎臓疾患及び神経疾患、悪性新生物その他の疾患の状態が継続して医療又は生活規制を必要とする程度のもの 二　身体虚弱の状態が継続して生活規制を必要とする程度のもの

2.4. 特別支援学級の障害の程度

　特別支援学級の法制度については、学校教育法第八十一条第一項に「幼稚園、小学校、中学校、義務教育学校、高等学校及び中等教育学校においては、次項各号のいずれかに該当する幼児、児童及び生徒その他教育上特別の支援を必要とする幼児、児童及び生徒に対し、文部科学大臣の定めるところにより、障害による学習上又は生活上の困難を克服するための教育を行うものとする」と示されている。また同第二項には「小学校、中学校、義務教育学校、高等学校及び中等教育学校には、次の各号のいずれかに該当する児童及び生徒のために、特別支援学級を置くことができる。

一　知的障害者

二　肢体不自由者

三　身体虚弱者

四　弱視者

五　難聴者

六　その他障害のある者で、特別支援学級において教育を行うことが適当なもの」と示されている。なお、この「その他障害のある者」は、言語障害、自閉症・情緒障害とされている。

　特別支援学校、特別支援学級いずれに就学するかは、先に述べたように、現在では就学基準のみならず総合的な判断によることに留意しなくてはならない。

2.5. 通級による指導について

　通級による指導とは、小中学校の通常の学級に在籍し、その障害に応じた必要な指導を一定時間受けることである。1993年度より通級による指導が制度化され、その対象者を言語障害者、情緒障害者、弱視者、難聴者、肢体不自由、病弱者および身体虚弱者とした。また、2006年度より自閉症者、情緒障害者、学習障害者または注意欠陥多動性障害者も通級による指導の対象とした。なお、2018年度より高等学校においても通級による指導が制度化されている。

　通級による指導は、通常の学級に在籍しながらその障害を補うための指導を受ける。例えば、学習障害のため書字に困難がある場合、ワープロ等により書字に代わる学び方を身につけることで通常の学級で円滑に授業が受けられるようにするなどの指導である。通級による指導では、教科学習の内容を補うのではなく、障害による学習面や生活面における困難の改善・克服に向けた指導が基本となる。そのため、特別の教育課程により授業内容は「自立活動」に該当する。通級による指導は、インクルーシブ教育システムを推進していくうえで、キーポイントとなる指導形態であると考えられる。

　また、東京都では増加する通級による指導のニーズに対応するため、2018年度までにすべての小中学校で通級による指導が受けられるよう整備を行った。東京都では通級による指導を特別支援教室と呼んでおり、発達障害のある子どもたちへの支援の充実を図っている。

3. 特別な支援を必要とする子どもたちの教育課程

3.1. 障害のある子どもたちの教育課程

　障害のある児童生徒の教育課程について、知的障害がない場合は小中学校と同様の学習指導要領により授業を進めることとなる。ただし、障害種ごとに配慮事項が必要となる。また、この学習指導要領による授業が難しい場合や知的障害のある児童生徒については、特別の教育課程を編成することができる。

3.2. 指導計画における配慮事項

　特別支援学校学習指導要領解説各教科等編（小学部・中学部）（平成30年3月）には、小中学校学習指導要領に基づいた授業を進めるに当たり障害種ごとの指導における配慮事項が示されている。これは、特別支援学校における配慮事項として示されているが、小中学校の通常の学級や特別支援学級における指導についても参考となる。

＜特別支援学校（視覚障害）における配慮事項＞
・的確な概念形成と言葉の活用
・点字等の読み書きの指導
・指導内容の精選等
・コンピュータ等の情報機器や教材等の活用
・見通しをもった学習活動の展開

＜特別支援学校（聴覚障害）における配慮事項＞
・学習の基盤となる言語概念の形成と思考力の育成
・読書に親しみ書いて表現する態度の育成
・言葉等による意思の相互伝達
・保有する聴覚の活用
・指導内容の精選等
・教材・教具やコンピュータ等の活用

＜特別支援学校(肢体不自由)における配慮事項＞

・「思考力、判断力、表現力等」の育成

・指導内容の設定等

・姿勢や認知の特性に応じた指導の工夫

・補助具や補助的手段、コンピュータ等の活用

・自立活動の時間における指導との関連

＜特別支援学校(病弱)における配慮事項＞

・指導内容の精選等

・自立活動の時間における指導との関連

・体験的な活動における指導方法の工夫

・補助用具や補助的手段、コンピュータ等の活用

・負担過重とならない学習活動

・病状の変化に応じた指導上の配慮

　特別支援学校学習指導要領には、特別支援学校が対象とする障害種が示されているため、発達障害等については示されていない。しかし、通常の学級や特別支援学級においては学習障害、注意欠陥多動性障害、自閉症等の発達障害のある児童への指導が求められる。文部科学省(2021)「障害のある子供の教育支援の手引～子供たち一人一人の教育的ニーズを踏まえた学びの充実に向けて～」には、特別支援学校の5障害に加え、発達障害や言語障害、情緒障害などのある子どもたちへの指導上の配慮事項や留意点等がまとめられており、授業はもちろん、生活支援等に活用できる。文部科学省のウェブサイト上でも公開されており、実践を進めるうえで非常に参考となる。

3.3. 学習指導要領における合理的配慮

　合理的配慮とは、障害者の権利に関する条約に、「障害者が他の者と平等にすべての人権及び基本的自由を享有し、又は行使することを確保するための必要かつ適当な変更及び調整であって、特定の場合において必要とされるものであり、かつ、均衡を失した又は過度の負担を課さないものをいう」と示されている。

　教育に当たっても、障害のある児童が十分に授業等が受けられるよう個別の配慮

を行う必要がある。文部科学省では、合理的配慮の例について示しており、例えば視覚障害には、教科書、教材、図書等の拡大版および点字版の確保、LD、ADHD、自閉症等の発達障害であれば、口頭による指導だけでなく、板書、メモ等による情報掲示といったことが記されている。

　また、特別支援学校学習指導要領解説各教科等編（小学部・中学部）（平成30年3月）にも障害種ごとの指導計画作成に当たっての配慮事項が示されており、特別支援学級等の指導についても参考となる。例えば、肢体不自由のある児童には、「身体の動きや意見の表出の状況等に応じて、適切な補助具や補助的手段を工夫するとともに、コンピュータ等の情報機器など有効に活用し、指導の効果を高めるようにすること」などが示されている。

　なお、「障害者差別解消法」では合理的配慮の提供について義務化されており（2024年から民間事業者の合理的配慮の提供が義務化、公的機関はすでに実施済）、必ず合理的配慮について検討し提供しなくてはならない。また、障害者の権利に関する条約では、合理的配慮の否定は差別に当たるとされている。学校および教員は、合理的配慮の提供について最大限検討をしなくてはならない。

3.4. 特別の教育課程

　学校教育法施行規則第百三十八条には「小学校若しくは中学校又は中等教育学校の前期課程における特別支援学級に係る教育課程については、特に必要がある場合は、第五十条第一項、第五十一条及び第五十二条の規定並びに第七十二条から第七十四条までの規定に関わらず、特別の教育課程によることができる」と規定されている（学校教育法施行規則第五十〜五十二、七十二〜七十四条には小中学校［普通教育］の各教科、時間数等を規定している）。

　特別の教育課程とは、小学校学習指導要領（平成29年3月告示）に次のように示されている。

- 障害による学習上又は生活上の困難を克服し自立を図るため、特別支援学校小学部・中学部学習指導要領第7章に示す自立活動を取り入れること。
- 児童の障害の程度や学級の実態等を考慮の上、各教科の目標や内容を下学年の教科の目標や内容に替えたり、各教科を、知的障害者である児童に対して教育を行う特別支援学校の各教科に変えたりするなどして、実態に応じた教育課程を編成すること。

　この特徴の一つは、自立活動の指導を取り入れることである。自立活動について
は次の項で説明する。もう一つは、学習に遅れなどのある場合、該当学年よりも下
の学年の学習内容などで授業を行えることである。また、知的障害などにより準ず
る教育課程が難しい場合、特別支援学校学習指導要領「知的障害である児童生徒に
対する教育を行う特別支援学校の各教科」に置き換えることができる。これを一般
的に知的代替の教育課程という。教育課程の設定については、児童や学級の実態を
十分検討し計画的に実行する必要がある。

3.5. 自立活動の指導

　自立活動は、特別支援学校における特徴的な指導であるが、前述の通り、特別支
援学級や通級による指導で行うことができる。特別支援学校学習指導要領に示され
た自立活動の目標は、「個々の児童又は生徒が自立を目指し、障害による学習上又
は生活上の困難を主体的に改善・克服するために必要な知識、技能、態度及び習慣
を養い、もって心身の調和的発達の基盤を培う」とされており、個々の児童に設定
される具体的な「指導内容」の要素が 6 区分 27 項目で示されている。例えば、区分
の一つである「人間関係の形成」では、発達障害などにより自己理解や行動の調整が
難しかったり、集団への参加に課題があったりする場合、ロールプレイなどにより
相手の感情の理解や集団への参加方法などの学習を進める。つまり、障害による困
難さを主体的に改善・克服するための学習であり、教科の学習とは一線を画するも
のである。また、漢字の学習など国語の内容を教えるとき、障害のため集中や姿勢
を一定時間保つことが難しい場合がある。このような場合、国語の内容とともに自
立活動の区分の一つ「身体の動き」の内容を同時に含むことができる。教科の内容と
合わせて自立活動の内容を含むことができることも自立活動の特徴である。

3.6. 交流及び共同学習

　小学校学習指導要領（平成 29 年 3 月告示）第 1 章総則第 5 学校運営上の留意事項
には、「家庭や地域社会との連携及び協働と学校間の連携」が示されており、「教育
課程の編成及び実施に当たっては、他の小学校や、幼稚園、認定こども園、保育所、
中学校、高等学校、特別支援学校などとの間の連携や交流を図るとともに、障害の
ある幼児児童生徒との交流及び共同学習の機会を設け、共に尊重し合いながら協働
して生活していく態度を育むようにすること」とされている。

　また、特別支援学級の児童が通常の学級で授業を受ける場合も「交流及び共同学習」に含まれる。例えば、音楽や体育の授業、給食などを協力学級などと呼ばれている通常の学級に特別支援学級の児童が参加する形態である。これらを実施するに当たっては、計画的、組織的に進める必要があり、「交流及び共同学習」を実施するに当たっては、特別支援学級の児童が通常の学級で授業内容が分かり、学習活動に参加している実感・達成感をもちながら、充実した時間を過ごしていることが重要である。なお、文部科学省通知「特別支援学級及び通級による指導の適切な運用について」（令和4年4月27日）には、「特別支援学級に在籍している児童生徒については、原則として週の授業時数の半分以上を目安として特別支援学級において児童生徒の一人一人の障害の状態や特性及び心身の発達の段階等に応じた授業を行うこと」と示されている。

3.7. 教科書の選定

　教科書とは、教科書の発行に関する臨時措置法第2条において「小学校、中学校、義務教育学校、高等学校、中等教育学校及びこれらに準ずる学校において、教育課程の構成に応じて組織排列された教科の主たる教材として、教授の用に供せられる児童又は生徒用図書であって、文部科学大臣の検定を経たもの又は文部科学省が著作の名義を有するもの」とされている。また、学校教育法第34条では、小学校においてこれらを使用せねばならないと定められている。なお、文部科学大臣の検定を経た教科書とは、一般的に小学校の授業で使用されている教科書（文部科学省検定済教科書）である。現在では、学習者用デジタル教科書がある場合には、文部科学大臣の定めるところにより、児童生徒の教育の充実を図るため必要があると認められる教育課程の一部において、紙の教科書に代えて学習者用デジタル教科書を使用できると法改正が行われた。デジタル教科書は、肢体不自由や学習障害がある場合、学習上の困難を軽減させるために有効な教材となり得るので、必要に応じて使用していくことが大切である。また、検定済教科書には拡大教科書という一般の教科書の文字をそのまま拡大したものもあり、弱視の児童にはこのような教科書を給与することもできる。

　小中学校学習指導要領に基づいた教科指導を行う際は、原則、検定済教科書を使用することとなるが、特別支援学校や特別支援学級の知的障害のある児童生徒で検定済教科書での学習が難しい場合には、その児童の教育課程に対応した教科書を使

用することができる。これらは、学校教育法附則第9条第1項の規定による教科書（一般図書）と呼ばれている。その代表として、文部科学省が著作の名義を有する教科書（文部科学省著作教科書）がある。これらは一般的に「星本」と呼ばれており、「国語」「算数・数学」「音楽」が用意されている。また、これらの教科外や適切な教科書がない場合には、その他の図書を教科書として使用することができる。これらは「一般図書」と呼ばれており、例えば『ゆっくり学ぶ子のこくご』（同成社）や『くらしに役立つ国語』（東洋館出版社）などを使用するケースがあるが、知的障害が重度である場合には絵本などを教科書として給与することもある。

4. おわりに

　特別支援教育の本質は、「一人一人の教育的ニーズを把握し、その持てる力を高め、生活や学習上の困難を改善又は克服するため、適切な指導及び必要な支援を行うもの」である。この理念の実現のため、特別支援教育の制度や障害のある子どもたちへの理解や支援方法などについての学習を進め、教育実践に当たっていただきたい。

（大井 雅博）

〈引用文献〉
特別支援教育の在り方に関する特別委員会資料（2010）「合理的配慮」の例
文部科学省（2017）「小学校学習指導要領（平成29年告示）」
文部科学省（2018）「特別支援学校学習指導要領」
文部科学省初等中等教育局（2022）「特別支援学級及び通級による指導の適切な運用について（通知）」

おわりに

　教員の職務は職層により多様であるが、校長、副校長以外の職には、「児童の教育をつかさどる」ことが学校教育法に定められている。「児童の教育」とはどのようなものであろうか。一般的には、教員は、児童の登校から下校まで、様々な場や機会に教育を行っている。教育とは、「知識を与え、個人の能力を伸ばすことと解されており、一定期間、形式的、組織的に行う学校教育を指す場合が多い」（小学館日本国語大辞典）　なお、大学の教員の職務は、学生の「教育をつかさどる」のではなく、教授、准教授、講師が「学生を教授し、その研究を指導する」とされている。学校教育法には、「教育指導」という文言が散見される。指導とは、教え導くことであり、勉強・研究の方法などに関する助言を与えて導くこととされている。教育は一定のスパンをもって行うものであり、指導は教育の目的を実現する過程で行われる具体的な働きかけと考えることができる。

　教育は、人格の完成を目指して行うことが、教育基本法の第1条に掲げられており、そのための五つの目標が第2条に示されている。これらの目的や目標は、学校教育だけでなく家庭教育、社会教育に求められるものである。学校教育は、各学校が児童の実態や学校の実情、教師や保護者の願いなどを基に、教育目標を設定するが、学校教育が目指すものも人格の完成である。教育の目標達成を目指す学校教育の目標は、学校教育法に校種ごとに示されている。小学校教育の目標は、同法21条の義務教育の目標の基礎的なものを達成することである。そして、そのための教育課程は、学校教育法施行規則に、国語、社会、算数、理科、生活、音楽、図画工作、家庭、体育及び外国語の各教科、特別の教科である道徳、外国語活動、総合的な学習の時間、特別活動と示されている。これらが小学校における授業である。

　本書は、小学校の授業構想の考え方を、具体的な実践を基にまとめたものである。いずれの教科の授業実践も、教科の中で完結するものではなく、児童の人格の完成に発展するものであると考えて行ったものである。授業は、教師の指導と児童の学習によって成り立つものである。指導は、一定のスパンをもって行う教育における具体的な働きかけである。本書に掲載した授業実践は、適切な指導になっていただ

ろうか。読者各位からの忌憚のないご意見を希求して結語としたい。

　　帝京大学初等教育研究会『小学校教師の専門性に基づく授業構想』編集委員会

執筆者一覧（五十音順）　　○印は編集委員

【第1部、第2部、第3部】

○赤堀 博行（教育学部初等教育学科）　　　　第2部 11. 執筆

　大井 雅博（教育学部初等教育学科）　　　　第3部 4. 執筆

○大櫃 重剛（教育学部初等教育学科）　　　　第2部 7. 執筆

　勝田 映子（教育学部初等教育学科）　　　　第2部 8. 講評執筆

　金森 克浩（教育学部初等教育学科）　　　　第3部 1. 執筆

○鎌田 和宏（教育学部初等教育学科）　　　　第2部 2. 執筆

○坂本 喜代子（教育学部初等教育学科）　　　第2部 1. 執筆

　阪本 秀典（教育学部初等教育学科）　　　　第2部 4. 執筆

　佐野 　匡（教職センター）　　　　　　　　第2部 12.、13. 執筆

○田﨑 教子（教育学部初等教育学科）　　　　第2部 6. 執筆

　中村 晋（教育学部初等教育学科）　　　　　第3部 3. 執筆

○中山 京子（教育学部初等教育学科）　　　　第2部 5. 執筆

　成家 篤史（教育学部初等教育学科）　　　　第2部 9. 執筆

○福島 健介（教育学部初等教育学科）　　　　第1部 1. 執筆

　松波 紀幸（教職センター）　　　　　　　　第1部 3. 執筆

　銘苅 実土（教育学部初等教育学科）　　　　第2部 10. 執筆

　森 　一平（教育学部初等教育学科）　　　　第1部 2. 執筆

　山崎 美穂（教育学部初等教育学科）　　　　第2部 3. 執筆

　和田 早苗（白鷗大学非常勤）　　　　　　　第2部 8. 執筆

【第2部実践レポート】

　井口 祐汰（東京都立川市立幸小学校）　　　　　　　第2部 12. 執筆

　宇佐美 大暉（埼玉県上尾市立今泉小学校）　　　　　第2部 7. 執筆

　柄澤 周（帝京大学小学校）　　　　　　　　　　　　第2部 9. 執筆

　神永 裕昭（東京都足立区立桜花小学校）　　　　　　第2部 1. 執筆

　行徳 美季（東京都大田区立小池小学校）　　　　　　第2部 11. 執筆

　小林 力（東京都府中市立若松小学校）　　　　　　　第3部 2. 執筆

　塩川 恵（東京都世田谷区立喜多見小学校）　　　　　第2部 13. 執筆

　島崎 七海（東京都小金井市立第二小学校）　　　　　第2部 8. 執筆

　田部井 淳（東京都立川市立第八小学校）　　　　　　第2部 4. 執筆

　萩原 翔平（帝京大学大学院教職研究科）　　　　　　第2部 3. 執筆

　秦 彩奈（埼玉県さいたま市立西原小学校）　　　　　第2部 6. 執筆

　東 優也（神奈川県海老名市立杉久保小学校）　　　　第2部 10. 執筆

　堀部 健一郎（神奈川県茅ケ崎市立緑が浜小学校）　　第2部 2. 執筆

　山崎 優菜（富山県黒部市立村椿小学校）　　　　　　第2部 5. 執筆

小学校教師の専門性に基づく授業構想

2024 年 3 月 31 日 第 1 刷発行

著　者　　帝京大学初等教育研究会
発行者　　池田　廣子
発行所　　株式会社現代図書
　　　　　〒 252-0333　神奈川県相模原市南区東大沼 2-21-4
　　　　　TEL　042-765-6462　FAX　042-765-6465
　　　　　振替　00200-4-5262
　　　　　https://www.gendaitosho.co.jp/
発売元　　株式会社星雲社（共同出版社・流通責任出版社）
　　　　　〒 112-0005　東京都文京区水道 1-3-30
　　　　　TEL　03-3868-3275　FAX　03-3868-6588
印刷・製本　　株式会社丸井工文社